イノベーション

民主主義

コミュニティ　　再生

社会変革

市民のための政策学

市民社会　　持続可能性

只友景士・阿部大輔・清水万由子・南島和久 編著

ガバナンス　　協働

公共性

共

生

創造

晃洋書房

はしがき

　本書『市民のための政策学』は，大学進学を考える高校生・受験生，政策学部に入学した１回生に手に取ってもらい，政策学の学問の扉を開いてもらうことを目的に書かれたものである．そのために，龍谷大学政策学部に在籍（2025年２月現在）している全教員が一人一章を担当して執筆している．

　龍谷大学政策学部・政策学研究科は，2011年４月１日に創設され，2020年に創設10年目を迎えた．創設10周年記念実行委員会の場で，「政策学部として，政策学の教科書を作りたい」という雑談から本書のプロジェクトはスタートした．本書は，そんな雑談から５年越しに実現したものである．2011年の学部創設以来，「チーム政策」を合い言葉に，教職協働，学生とともに学部・研究科を創っていくという気風が，創設15年目に教員全員が執筆した本という形での知的コモンを創ることができた．

　さて，政策学といえばどのような学問をイメージするだろうか．外交・安全保障問題，成長戦略や物価高対策などの経済問題などを大所高所から扱う国家統治の学を思い浮かべる人が多いのではなかろうか．しかし，本書は，政策学を国家統治の学とは描いていない．むしろ，政策学を市民一人ひとりの学問として描いている．市民一人ひとりの学問としているが，「個人の利益の最大化」を基軸にした個人主義的な学問ではない．そのあたりの事情は，龍谷大学政策学部の教育の特徴として捉えることができる．政策学部の教育上の特徴を３つあげるなら，① 政治学，法学，経済学，経営学，社会学，都市計画，環境学などを専門として幅広く学び，多様な学問分野から政策を考え，統合的な知性を鍛えるリベラル・アーツ的な政策学であること，② 社会の持続可能な発展のために主体的・自立的に行動でき，公共性を深く理解し，高い市民性をもつ地域公共人材の育成，③ 社会課題の解決を越え，社会を変える社会変革志向であろう．政策学部では，人類的な視野に立ちつつ，社会を変える主人公になる人を育てようとしてきた．そのための学際的理論的基礎を教授し，挑戦的なアイデアを生み，実践する人材を育てんとしてきた．そのため，本書は，統治者のための統治の学問というより，市民主導で社会変革をすすめる「市民」のための政策学たらんとする意気込みを込めて書かれている．

　こうした「チーム政策」の伝統について付言しておくと，政策学部創設の原動力ともなった地域公共人材・公共政策開発システム・オープン・リサーチ・センター（2003年設置），それを引き継ぐ地域公共人材・政策開発リサーチセンター（2011年設置）を中心とした学部内の研究プロジェクト，社会科学研究所の共同研究プロジェクトが活動しているなかで，プロジェクト研究と教育実践の中で伝統は常に再創造されてつづけていることが特筆されよう．

　本書の構成について触れておきたい．本書は，６部31章で構成されている．目次をみながら，最初に，各部のタイトルの前に，「政策学にとっての」を付けて読んでみて頂きたい．次に，各章のタイトルの前に，「私たちは」を付けて読んでみて頂きたい．「私たちは」と付けるのは，「学生自身」であったり，「執筆した教員自身」であったり，「社会の構成員の一人ひとり」がという意味であったりするのである．「政策学にとっての」をつけた６部のタイトル，「私たちは」を付けて読んだ31章のタイトルにあらわすもの，それが龍谷大学政策学部の政策学の姿の一部であり，政策学の学問の扉は多様であることを知ってもらいたい．どの章からでも良いので，興味を持った章から自由に読み進めてもらいたい．

　本書を手に取る一人ひとりの政策学の学問の扉を開き，予測不可能で変化の激しい海図無き時代に，確かな軸を見いだす羅針盤となり，自らの生き方や進路を見いだす手懸かりになったのならば，執筆者一同の望外の喜びである．最後に，本書の出版に当たってはお世話になった晃洋書房の丸井清泰氏，福地成文氏に感謝申し上げたい．

編集委員を代表して　只友景士

目　　次

はしがき

第Ⅰ部　公共と政策

第1章　政策学を知る …………………………………………………………… 2
　　　　──政策学のトリセツ──
第2章　政治と経済の関係を考える ………………………………………… 8
第3章　経世家となり地域を変える ………………………………………… 14
第4章　地域から未来を拓く …………………………………………………… 20
第5章　住民の意思に基づく地方行政を追求する ……………………… 26
第6章　憲法理念を実現する …………………………………………………… 32
　　　　──生存権を手掛かりに──

第Ⅱ部　市民と公共

第7章　地域公共人材となって参加・協働の未来を拓く ……………… 40
第8章　地域公共人材のコミュニケーション能力を考える ………… 46
第9章　市民の力で社会を変える …………………………………………… 52
第10章　コミュニティメディアで小さな声を伝えあう ……………… 58
第11章　科学教育で地域を育てる …………………………………………… 64

第Ⅲ部　都市と計画

第12章　都市の変化を読み取り，空間資源を再編する ……………… 72
第13章　若者のためのまちづくり …………………………………………… 78
第14章　生活者の視点からコミュニティを考える …………………… 84
第15章　「災間」の時代を生き抜く ………………………………………… 90
　　　　──生き抜くための処方箋としての「地域レジリエンス」──

第Ⅳ部　環境と未来

第16章　地球規模の環境問題に挑む ………………………………………………… 98
第17章　気候変動対策で社会的イノベーションをすすめる ……………………… 104
　　　　──急速に進むエネルギー転換──
第18章　脱炭素化を地域から推進する …………………………………………… 110
第19章　東アジアで環境問題を考える・学ぶ …………………………………… 116
第20章　健康を守る ………………………………………………………………… 122
　　　　──健康の保持・増進を支援する体制──

第Ⅴ部　地域と革新

第21章　内発的な地域づくりに関わる …………………………………………… 130
第22章　地域の力で地元経済を支える …………………………………………… 136
第23章　山間地域の衰退問題の取組から考える ………………………………… 142
第24章　まだ見ぬ自分が社会を変える …………………………………………… 148
　　　　──ソーシャル・イノベーションの理論と実践──
第25章　生物賑わう未来を創る …………………………………………………… 154

第Ⅵ部　認識と視座

第26章　社会とつながり，政策の主体になる …………………………………… 162
第27章　言語で世界観をひろげる ………………………………………………… 168
第28章　批判的思考力を身につける ……………………………………………… 174
第29章　国際マーケティング・リサーチを学ぶ ………………………………… 180
第30章　付加価値創造に向けたものの見方を考える …………………………… 186
　　　　──イノベーションに必要な不合理とは──
第31章　仏教の視座から「共生」を考える ……………………………………… 192

龍谷大学地域公共人財・政策開発リサーチセンター関連書籍一覧　　（197）

第 I 部

公共と政策

第1章 政策学を知る
──政策学のトリセツ──

南島 和久

「政策」とは何か．あるいは「政策学部」とはいったいどのような内容を学ぶところなのか．これらを踏まえるのが本章の目的である．「政策」は，政府や公務員の世界の話と思うかもしれない．そう思うなら，「政策学部」は公務員の予備校と変わらないということになるのかもしれない．わたくしたちの社会の「政策」は，公的な組織だけでなく，民間企業やNPOなどさまざまな担い手によって支えられている．公共空間の問題とその解決方法を探ること，それが政策学である．

I 「政策」という言葉

(1) 社会のなかの政策

「私たちの暮らしは政策と密接な関係にある」といわれるとどのように感じるだろうか．「そうした実感はない」というのが正直な感想ではないだろうか．「政策とは何か」を考えるにあたってまずはこの点を掘り下げてみよう．

毎朝の顔を洗い，朝食の用意をする状況を思い浮かべてみよう．私たちは洗顔や朝食のため水道水を使用したり，調理のためにガスや電気を使ったりしている．水道にしろ，ガスにしろ，電気にしろ，それらは私たちの暮らしになくてはならないものである．それらの利用代金は「公共料金」とよばれる．「公共料金」と「政策」は密接な関係にある．

例えばこれらのうち「水道」をとりあげてみよう．水道の料金は自治体ごとに異なる．そもそも上下水道は日本中どこでも完備されているわけではない．水道料金が1000円未満の自治体もあれば，6000円を超える自治体もある．障がい者やひとり親家庭には減免制度もあるが，これも自治体によって異なる．結局，自治体がこれまでどのような政策を展開してきたのか，その地域がどのような特性をもっているのかによって，水道料金は大きく異なっている．

さらに都市部は要注意である．都市部の水道施設の多くは高度経済成長期に整備されてきた．水道施設のうち水道管の法定耐用年数は40年である．そこで近年問題となっているのが老朽化した水道管の更

新問題である．そのためには多額の財政負担がかかり，これを更新する管路更新率は年々低下してきている．そこで，なるべく安価に水道管を更新できないかということになっており，民間資本を活用するPFI（Private Finance Initiative：民間資本を活用した社会資本整備の手法）の導入が各地の自治体で検討されている．契機となったのはPFIによる水道管の整備等を可能とするための2018年の水道法改正であった．PFIを活用した水道管の更新方策は通称「水道PFI」とよばれている．

ただし，水道PFIについては賛否がある．諸外国での水道PFIが必ずしも成功例ばかりではないからである．このため，水道PFIについては自治体選挙の際に問われるケースが相次いでいる．

電気やガスについてはどうだろうか．ここには，国際社会の状況がどうか，為替相場がどうなっているのかという問題が絡んでいる．また，エネルギー問題についてはそもそも国の原子力政策をどうすべきか，あるいは再生可能エネルギーやカーボンニュートラルへの取組をどのように進めていくべきなのかという論点もついてまわる．こうした状況のなかで経済政策も含めた政府政策のあり方が問われているのである．

ここでとりあげたのはごく一例だが，あらためて「私たちの暮らしは政策と密接な関係にある」という文章を見てみれば，私たちの暮らしは確かに政策と不可分の関係にあるということが読み取れるのではないだろうか．

政策学はこうした私たちの暮らしに密接なかかわ

りをもつ「政策」について議論する学問である．具体的に，「政策」とはいったいいかなるものなのであろうか．つぎにこのことについて考えてみよう．

(2) 政策とは何か

「政策」は英語では 'policy'（ポリシー）という．「ポリシー」とは何か．辞書を引いてみると「政府・政党などの政策」「会社などの方針」「信条や思想」と説明されている．これらのうちで身近なものは自分自身の「信条や主義」だろう．

例えば就職活動の面接の際に，「座右の銘」や「自分の好きな言葉」を聞かれることがある．ここで問われているのは，自分自身がどういう人間であるのか，あるいはどういう生き方をしてきたのかなどを端的に表現することである．例えばその答えとして「継続は力なり」であるとか，「チームワーク」などが考えられる．このような言葉には，これまでの人生において，「難しい状況を乗り越えてきた」あるいは「成功してきた」という思いや，これからどのように生きていこうとしているのかという方向性が詰まっている．

ここでは何らかの問題状況が「ポリシー」の前提にあるという点を踏まえたい．例えば成績が伸び悩むような状況があるとしよう．この問題に対しては繰り返し過去の問題や練習問題等を解くことによって点数を伸ばすことができるかもしれない．あるいは，野球やサッカーなどのスポーツにおいて，いつも勝てない対抗戦の相手については，メンバーの技量やチームワークの水準を上げて勝率を上げることができるかもしれない．

何らかの努力によって問題を解決できる場合，それを行おうとする未来へ向けた取組や方針・方策が，ここでいう「ポリシー」である．それは問題に対して向き合おうとする主体的な姿勢を含み，繰り返し反復される取組なのである．

企業や政府・政党の場合はどうだろうか．企業の場合には「社訓・社是」や「経営理念」「ビジョン」「スローガン」などが「ポリシー」となる．また，政府・政党の場合には，時の政権の「施政方針」「所信表明」のほか，「党是」「公約」「マニフェスト」など

が掲げられる．それらにもまた，過去を振り返るとともに，未来へ向けた「ポリシー」である．

Ⅱ 政策の主体

(1) 市民

政策を議論するにあたって重要なのは，「誰が」政策を考えたり実行したりするのかという「主体」の問題である．こうした政策主体にはどういうものがあるのか．ここでは「市民」「企業」「政府」に分けて整理してみよう．

「市民」が提起する政策で注目しておきたいのは社会的な問題提起や社会運動である．社会運動は古くからある．例えばここでは明治期の自由民権運動，大正期の護憲運動・普選運動・婦人参政権運動，戦後の労働運動，安保反対闘争，原水禁などの反核運動，公害反対運動，革新自治体運動，消費者運動などを想起したい．近年では平和安全法制への反対運動，原発再稼働反対運動などが注目を集めた．このほかにも，インターネット上のハッシュタグ・アクティビズム（SNS上でハッシュタグをつけて意見を主張するタイプの社会運動．2013年のアメリカ発のブラック・ライブズ・マター運動，2017年に始まったMeeToo運動などが有名）の社会的な影響も無視できない．これらの諸活動は何らかの社会問題の存在が前提となっている．ある種の社会問題が広く認知され，かつ，政府の対応や裁判所の判決が不十分であるとき，社会運動は盛り上がるのである．

社会運動は一定の継続性や反復性を帯びる．この点に関連し，NPO（特定非営利活動法人）の登場にも注目したい．NPOは市民が自発的に市民活動を行う場合の法人格を取得できる制度として整備された．背景にあったのは1995年の阪神・淡路大事震災や1997年の島根県隠岐島沖で発生したナホトカ号の重油流出事故であった．これらの震災・事故ではボランティアの活動が注目を集め，1998年のNPO法の制定へとつながった．NPOの登場は市民活動に継続性や反復性の土台を提供した．とくに災害時にはNPOを含めたボランティアの活動にいまでもなお大きな期待が寄せられている．

(2) 企業

「企業」が政策主体となるというのはどういう状況だろうか．企業は顧客を確保し，営業利益を上げることを目的とする．だが，公共空間の側から考えればまた違った企業活動の姿が見えてくる．

例えば，先に触れた水道，ガス，電気には民間企業がさまざまな形で関わっている．これらは社会的な生活基盤を提供するものであり，政府の強い関与の下に事業を展開するものである．また，企業自身も社会的な活動を積極的に行うことがある．例えばメセナ活動（文化・芸術，環境，福祉，スポーツ活動の主催や支援・資金援助など）は企業の社会的責任（CSR）の一環として取り組まれている．このほか，SDGsへの取組を推進したり，これに協賛したりする企業も少なくない．

政府政策に対する企業の関与も注目される．一方で政府政策に対して企業の積極的な政策提言活動が行われている．さらに進んで特定の政治勢力との間の政治的協力関係を構築することもある（政治学ではこれを利益政治や圧力団体という）．このほか，純粋な企業活動の一環として政府が行う事業に入札等を通じて参加したり，研究開発を共同で行ったりする場合もある．いまや政府の政策も企業の協力なくしては成り立たない時代となっている．

私たちの社会を隅々にまでわたって支えているのはさまざまな民間企業の経済活動である．そして，現代社会では公共政策にとって企業活動は不可欠な存在となっている．もちろん，その一部には企業と政府政策との特別な関係も生まれる．企業側から政府の政策への提言や要求もこうしたなかで生じているのである．

(3) 政府

「政府」の政策は安定した社会秩序を生み出そうとする点にその本質がある．安定した社会秩序が保たれなければ政府への批判が広がり，政権運営も不安定になるからである．もちろん，安定的な社会秩序を構築することは政治の大きな役割でもある．そのために政府は，歴史的にその守備範囲を拡大させてきた．

近代以前の世界において，為政者の役割は国防・治安維持・裁判や一時的な公共事業など限定的されていた．近世・近代を経て為政者の役割は徐々に拡大されてきた．

日本の近代化の過程では，対外的な主権の主張とともに陸海軍，官僚制や地方制度が整備された．とくに大日本帝国憲法の制定（1889年公布）に前後し，市制町村制（1988年公布）や府県制・郡制（1890年公布）といった地方制度が整備されたことや，憲法制定とともに帝国議会が開設されることとなったことは重要である．こうしたなかで政府政策の基盤となる中央地方関係もかたちづくられてきた．

ただし，当初の政府の守備範囲はまだまだ限られたものであった．選挙権にしてもはじめて行われた衆議院議員総選挙は満25歳以上の男子，かつ，直接国税15円以上（地租および所得税）を納めている人に限られ，その人口に占める割合はわずか1％に過ぎなかった．財政的に潤沢ではなかった当時の政府は多くの政策を手がけることができなかった．さらには，日清・日露戦争と向き合うなかで軍備に多くの財政を割かなければならなかった．同時に，教育政策や産業振興策も重視された．教育は国民経済の発展や軍人育成の基盤として，産業振興策は殖産興業にはじまり財閥の形成を梃子としながら軍部との連携を深めていった．

その後も政府は徐々にその守備範囲を拡大させたが，その契機となったのは二つの世界大戦と選挙権の拡大であった．満25歳以上の男子普通選挙が実現したのは1925年，女性の国政参加が認められたのは1946年であった．第一次世界大戦が1914年から1918年まで，第二次世界大戦が1939年から1945年までなので，この前後の時期に選挙権の拡大が図られた形である．選挙権の拡大は一般市民の社会的不満を政府政策として吸収する基盤ともなった．ただし，それを可能とするためには財政的な裏付けが必要であった．戦後においてこれを担保したのが高度経済成長であった．

1960年代以降には，医療・福祉といった領域の政策が拡大し，「福祉国家」とよばれるようになった．1990年代にバブル経済が崩壊するまでは，オイ

ルショックなど一時的な停滞は見られつつも，日本経済は右肩上がりの成長を続けた．この間に日本の政府政策もその規模を拡大させ，飛躍的発展を遂げることとなった．

1990年代以降は低成長の時代となり，「失われた30年」とよばれるようになった．この間，消費税増税や行政改革が政治的課題となったが，こうした効率化一辺倒の政策には批判も少なくなかった．そうした政府政策への不満は経済が冷え込むほどに蔓延することとなる．また時として選挙を介し，政権交代を引き起こすことにもなる．そうした歴史を経て政府政策は現在の形となっているのである．

Ⅲ 政策学とは何か

(1) 政府政策の限界

政策を学ぶ意義は，私たちの暮らしをどうするのか，あるいはどうあるべきかを考えるということと密接につながっている．ただし，政府政策だけにこれを頼ることには限界がある．

かつては，「政策」といえば政府政策のことだけを指すものであるかのように考えられていた．全国の大学には「総合政策学部」や「公共政策学部」といった名称の学部が多数存在しているが，当初，それらの学部は「公務員になるための養成機関」と受け止められることも少なくなかった．だが，「政策を学ぶ」ということは公務員養成に限定されるものではなくなっている．この点を解きほぐしていこう．

ここでの重要な問いは，「政府政策が今後も拡大を続けることができるのか」である．先に「失われた30年」という言葉を紹介したが，この前提には経済成長率が5％となるような状況が再来するはずであるという淡い期待がある．現在日本の経済成長率は平均して2％を切っている．専門家の間で長期トレンドとして予想されているのは，少子高齢化や増税，金利の引き上げなどを見込み，「引き続き低成長が続く」というものである．それでもなお，経済成長を人為的に引きだそうとするなら，資本集中による国際競争力の強化が不可避となる．だが，特定

の資本への集中は貧富の格差を拡大することにもなりかねない．政府の経済政策というのは簡単にはいかないものである．

経済成長に限界があるのだとしたら，私たちの暮らしはどのようにしてよりよくしていくことができるのだろうか．その答えを求めるためには，広く「公共政策」の全体像に視線を移さなければならない．

(2) 小さな自治

私たちの暮らしをよくするために政府政策を頼るというのは1990年代までの一般的な考え方であった．それは発展途上国でよく採用される考え方でもある．問われるべきなのはこの考え方を今後も採用し続けることができるのかである．

私たちの豊かな暮らしの基盤には活発な経済活動がある．しかし，経済発展のために政府政策を拡充しようとすれば，相応の税負担が求められる．他方，担税力（税金を負担する能力）を引き上げようとすれば賃上げが必要となる．そこで話は元に戻る．そのためには企業の経済活動を拡大させなければならないからである．

少子高齢化や増税，金利の引き上げが進行する日本社会において，果たしてこのような考え方を継続的に採用し続けることができるのだろうか．ここに「失われた30年」の難しさがある．

他方，私たちの暮らしをよくするというのはこうした物質的な豊かさのレベルを上げていくという話なのかといえばどうだろうか．私たち自身が住む地域で生活上の困りごとをよく相談でき，地域社会で自律的に問題を解決していくことは考えられないのか．誰もがなにがしかの困りごとを抱えている．そうした社会問題へのいわばミクロな対応を充実させることはできないのか．成熟社会の豊かさというのは，そうした自治的な取組にこそ宿るものなのではないのか．1990年代以降には地方分権改革が進められてきたが，そこにはこうしたこれまでとは違う考え方があった．

私たちの暮らしをよくするための答えはたった1つしかないわけではない．そこにはいくつものアイデアがあるはずである．社会全体で考える価値があ

るのはどのような問題なのか．私たちの社会を豊か
にするためにはいったいどうしたらよいのか．いっ
たん政府政策から距離を置き，こうした問いをもつ
ことも，また重要なのかもしれない．

(3) 現場主義

政策学を学ぼうとするとき，大事にすべきことが
ある．それは「現場主義」である．現実の具体的な
問題から出発することは，政策学を提唱する多くの
論者が主張してきたことである．ただし，これは単
に「現場に行けばよい」という話ではない．

問題を解決していくために必要なのは，さまざま
な智恵・知識を総動員して論理的な組み立てを行
い，その解決に向けたデザインを手がけていくこと
である．重要なのは現実の問題と真摯に向き合い，
その課題をどうやったら解決することができるのか
と問い続けることである．

このとき，もしかすると学問の縦割りが邪魔にな
ることがあるかもしれない．地域社会の様々な問題
は，学問の縦割りとはまったく無関係に存在してい
るからである．例えば法学部は法学者になるとか，
法曹になるとか，法律専門職につくとか，あるいは
公務員になるための効率的な知識の伝授を目的とし
ている．ただしそれで現実の問題に対処できるのか
というと，これはまた別の話である．法的知識を活
用することができるのは法律問題だけである．現実
の問題解決はそれとは別の次元にあるのである．

知識は実際に使ってみなければ分からない．もし
かすると問題に適合した知識があるかもしれない．
既存の知識だけでは太刀打ちできないこともももち
ろんある．そんなときに特定の知識だけにこだわるの
は適切ではないかもしれない．そこで問われるのは
幅広い教養なのかもしれない．

社会的な問題を解決していくためにはどうしたら
よいのか．そのためには特定の学問以外の考え方に
も耳を傾ける必要があるのではないか．自分のなか
の問題解決のためのレパートリーを増やすことで，
あるいは複数のアプローチを総動員しながら再構築
していくことで，はじめて問題解決のデザインは手
に入る．そうした柔軟な思考力をもつ問題解決のデ

ザイナーや問題解決能力をもつ人材を政策学部は育
成しようとしている．

政策学でいう「現場主義」とは，問題解決に向け
た入り口に過ぎない．たくさんのアプローチを吸収
し，幅広い視野を持つこともあわせて求めているの
である．

Ⅳ 政策学を学ぶにあたって

(1) 政策学と民主主義

あらためて政策学とはどのような学問的特性を持
つのであろうか．そもそも政策学は，民主社会を建
設するために多くの学問分野が連携するというコン
セプトの下に誕生したものである．政策学は特定の
学問分野のディシプリンに限定されていない．ま
た，統計学や法解釈学などの特定の分析手法にも限
定されるものでもない．だから政策学は学際的だと
いわれる．様々な学問分野の方法論を持ち寄り，そ
れらを総動員しながら実社会問題解決に向かってい
く．その主体的姿勢こそが政策学の大事な部分であ
る．

ゆえに，政策学は体系的な学問体系とはならな
い．「政策学とは何か」と聞かれて答えにくいのは
このためである．政策学を学ぼうとするならば，最
初は自分が気に入った特定の学問に身を寄せ，その
立場から他の分野との連携を模索することになる．
政策学を学ぶ近道はこれである．

本章の最後に，「民主主義は政策学にとって不可
欠である」という点に触れたい．政府政策において
典型的だが，しばしば政策論議は「統治の技術」と
なりがちである．市民が反対していればそのための
「説得の技術」として，あるいは税収を上げたり財
政を効率化したりするための具体的なツールとして
使われることが少なくないのである．往々にしてそ
うしたアプローチは市民社会には歓迎されるものと
はならない．

政策学が求めているのはこうした「統治の技術」
ではない．上に述べたように政策学には「市民の技
術」であることが期待されている．

(2) 政策過程

　「『民主主義の学』としての政策学」という視座はきわめて重要である．社会問題を解決する，社会のなかにある困りごとを解決する，そのために現場主義を大事にする．それが政策学が目指す方向性である．

　政策学を学ぶにあたって，政治学の分野では「政策過程モデル」という考え方が大事にされている．これは，政策には「問題発見」「課題設定」「政策立案」「政策決定」「政策実施」「政策評価」というプロセスがあるという考え方である．かつては，これらのプロセスのなかでとくに「政策決定」ばかりが重視されがちであった．「政策決定」の質がよくなれば政策もよくなるのではないか，「政策決定」が合理的になれば多くの人々のためになる政策となることができるのではないかと素朴に思われていたからである．

　しかし，「政策決定」の前には「問題発見」「課題設定」「政策立案」といった複数段階のプロセスがある．時代とともにそれぞれの段階について民主的な構造を作り出すことはできないかが問われるようになっていった．さらには，「政策決定」の後のプロセス，すなわち「政策実施」についても研究が進められていった．決定された政策がそのまま実行されるわけではないかもしれない，あるいは，決定された政策がその当初の目的が達成されないかもしれない，さらには政策は失敗してしまうこともあるのかもしれない．そうした情報は市民にも知る権利が

あるのではないかということが問われ続けてきたのである．こうした議論が積み上げていくうちに上で紹介したような政策過程モデルが，政策を議論する際の基本枠組みとなっていった．

　政策過程モデルでもっとも重要な段階は，「政策の効果が適切に発現しているか」を問う「政策評価」である．「政策効果」は「問題が解決できたのかどうか」に関係している．それは，私たちの暮らしがよくなるのかどうかという点にも深く関係している．その裏側には，「問題が解決されたのかどうか」という問いが横たわっている．

　政策学は，私たちの，私たち自身による，私たちのための学問なのである．

【参考文献】

石橋章市朗・佐野亘・土山希美枝・南島和久編（2018）『公共政策学』ミネルヴァ書房．

今村都南雄・武藤博己・沼田良・佐藤克廣・南島和久（2015）『ホーンブック基礎行政学〔第3版〕』北樹出版．

只友景士・奥野恒久編（2025）『若者と民主主義の今』晃洋書房．

南島和久（2020）『政策評価の行政学』晃洋書房．

馬場健・南島和久編（2023）『地方自治論』法律文化社．

武藤博己監修，南島和久・堀内匠編（2024）『自治体政策学』法律文化社．

山谷清志編（2021）『政策と行政』ミネルヴァ書房．

山谷清志（2025）『日本の政策評価』晃洋書房

第2章 政治と経済の関係を考える

安　周永

　本章では，政治学の重要なテーマの一つである政治と経済の関係について概観する．資本主義経済では，人は自らの意思に基づき，財や資源を交換する．労働力も商品の一つとなり，労働者と雇用主の合意の下で取引が行われる．しかし，経済の実態は国により異なる．アメリカでは大学の学費が何百万円もする一方，北欧では無料である．日本の最低賃金は1055円（加重平均，2024年）だが，ドイツでは2000円程度（12.41ユーロ，2024年）である．先進国でも，低負担・低福祉の国もあれば，高負担・高福祉の国もある．このような違いは，税金がいかに徴収されて財政運用されるか，また労働者保護の法律がどのように作られているかなど，政治の違いによって生じる．
　政治と経済の関係は，時代や地域によって様々であり，われわれの生活を考える上で，とても大切な問題である．

I　われわれの生活と政治経済

　人が現代社会で生きていくには，基本的には何かしらの形で働き，その対価として得た収入で衣食住にかかわる財やサービスを購入しなければならない．これは，市場での自由取引を前提とする資本主義社会で生きていく現代人の宿命である．大学生も例外ではない．入学してアルバイトを探す際には，仕事内容や時給を確認し，その仕事をしたいと思えば店に応募する．店側がその応募者に仕事がこなせると判断し，採用が決まれば，両者の間に労働契約が結ばれる．一方，昼休みにはいろいろな食堂や弁当屋の中から，その日に食べたいものを，自分の財布の中身と相談して選ぶ．店側も客からの代金を受け取り，食事を提供する．このように大学生の日常の中でも，市場での取引という経済活動が頻繁に行われる．言うまでもなく，アメリカでも，ドイツでも，韓国でも，資本主義社会に生きる大学生は皆，こうした学生生活を営むことになる．

　しかしながら，大学生活には国による大きな違いも存在する．例えば，大学生にとって重要な問題である学費の負担は，どの国かでまったく異なる．日本は高等教育機関に対する私費負担の割合が64%でイギリスやアメリカの数字と近く，OECD平均に比べて家計負担が重いことがわかる（図2-1）．すなわち日本では，貧困家庭の子どもが大学進学を躊躇したり，進学できてもアルバイトに忙殺されたり

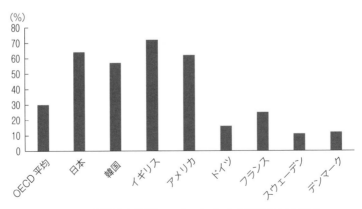

図2-1　高等教育機関への支出に占める私費負担の割合
（出所）経済協力開発機構（2023：327）から筆者作成．

する可能性があるということになる。一方、北欧諸国ではほぼ、大学生自らが学費を負担する必要がない。北欧では、国民の重い税負担により、学費無償化などの高福祉が実現されているからである。

税金をいくら徴収し、またこれを支出財源として、財やサービスをどのように国民に提供するのかは、国によって異なる。これを決めるものこそが政治である。政治においては、市場で対等な者同士が合意に基づいて取引を行うのとは異なり、政府による垂直的な配分が行われている。例えば、100円ショップで商品を買うかどうかは消費者が決定できるが、購入した以上、本体価格に賦課された消費税は店に払わざるを得ない。皆さんは消費税に不満を持つかもしれないが、少なくとも政府は税金を徴収する権力を、法律や一定の手続きの下で認められているため、皆が支払わざるを得ないのである。

Ⅱ　政府と市場の関係

こうした垂直的配分の政府と水平的配分の市場とは、相互に補完することもあるが、矛盾するところもある。本来、市場においては、売り手と買い手とが各々の利益を追求しても、価格には「見えざる手」と呼ばれる自動調節機能が働き、結果として資源の最適な配分が行われる。また、自由な競争が企業の雇用、投資、技術革新を促すことで、多くの人が豊かな生活を享受することができる。この観点に立てば、政府の市場への介入は、これら市場メカニズムを損ない、非効率的な資源配分をもたらすことになる。それゆえ、こうした観点からは、政府の役割は最小限に抑えるべきということになろう。

一方、市場がもたらす問題、いわゆる「市場の失敗」もある。売り手と買い手の自由競争と最適な資源の配分は、理想的な完全自由市場では生じるが、現実的には独占的企業の存在、情報や知識の非対称性などによって阻害される。また、市場での自由取引の裏では、環境汚染や気候変動問題、貧富の格差などが生じており、世界中で深刻な社会問題となっている。これらを懸念する観点に立つと、政府の市場への介入は重視されることになる。

このように相互に補完・矛盾する政府と市場の関係は、時代によっても変わり、また同時代でも国によって異なる。時代に沿って両者の関係を考察してみると、初期資本主義においては、「見えざる手」が重視され、政府の介入は治安と国防に限定されるべきであると考えられた。しかし、賃金で生計を立てる労働者は、雇用主に対して構造的に不利な立場を余儀なくされるため、次第に労働環境は悪化し、貧困問題が深刻化した。こうした資本主義の弊害に対抗し、多様な労働運動が展開された（安 2025）。また、より平等で公正な社会をめざす思想として社会主義と、その実現のために労働者による革命を唱える共産主義が広がった。この旗を掲げる国では、多くの企業や資産は国有化され、経済活動を政府が調整する。これにより、格差の問題は緩和されるが、一方で経済効率性の低下、個人の自由の制限などの弊害が生じた。

そのため、社会主義や共産主義と異なる動きとして、社会主義由来の資本主義への批判を残しつつ、議会制民主主義の中で漸進的に社会問題を解決しようという社会民主主義が台頭した。社会民主主義は、資本主義経済を基本としながら、政府による公的福祉を通じ、貧困を防止するものである。第二次世界大戦後、多くの資本主義国でこの思想が広がり、国民の最低限度の生活を保障する福祉国家化が進むことになった。すなわち、もっぱら市場を強調する初期資本主義も、平等・公正のために政府の役割を強調する社会主義も、どちらも真に人を自由にすることはできず、歴史的教訓として、福祉国家化という両者の均衡の重要性が得られたと言えるだろう。

Ⅲ　福祉国家の多様性

ただ、政府と市場の間の適切な均衡は、そうそう容易なものではない。資本主義社会では、どこまで市場の自由に任せるか、また市場の失敗を防ぐためにどこまで政府が市場に介入するのかは、常に対立を孕んだ争点となるからである。充実した公的福祉を行うためには、国民からの税金が財源となるた

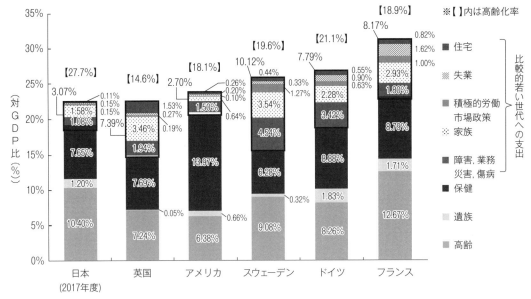

図2-2　主要国における高齢化率と対GDP比社会支出率および内訳の比較

(資料) 社会支出についてはOECD Social Expenditure Database, 国内総生産・国民所得については, 日本は内閣府「平成28年度国民経済計算年報」, 諸外国はOECD National accounts 2017, 高齢化率については, 日本は総務省統計局「国勢調査」, 諸外国はUnited Nations, World Population Prospects: The 2017 Revisionであり, これらより国立社会保障・人口問題研究所が作成した資料をもとに厚生労働省政策統括官付政策統括室において作成.
(注)　諸外国の社会支出は2015年度.
(出所) 厚生労働省HP（https://www.mhlw.go.jp/stf/wp/hakusyo/kousei/19/backdata/01-01-09-09.html, 2024年7月10日閲覧）

め, システムによる損得が国民の間で発生する. 最低限度の生活を保障するためには, 一定程度以上の社会的負担を皆が担う社会的連帯が必要となるが, このあり方は国によって大きく異なるのである.

社会支出の対GDP（国内総生産）比率は, 各国の社会福祉の充実度を比較する重要な指標である. 図2-2は, 各国の高齢化率と対GDP社会支出率, およびその内訳を示している. 日本の社会支出率は, 1970年代においてはOECD平均を下回っていたが, 2000年代に入ってから平均を上回るようになっており, 過去に比べると, 日本の福祉の水準は高くなっている. ただ, これは急速に進んでいる高齢化に伴うものである. 2017年時点の日本の高齢化率は27.7％で, 高いとされるドイツでも21.1％に過ぎないことを見れば非常に高い. また他の先進国では, 住宅, 失業, 積極的労働市場政策など, 若い世代への支出の割合が比較的高く, 図2-2で確認できるように, アメリカを除けば, 日本より二倍程度にも高いことが確認できる. すなわち日本では, そもそも公的福祉の度合いが低く, その支出も高齢者に集中していることがわかる.

公的福祉の財源は, 前述したように, 国民の負担によるものである. 図2-3は, 2020年の主要国における国民負担率を示したものである. 国民負担率とは, 国民所得に対する租税負担と社会保障負担を合わせた義務的な公的負担の比率であるが, 負担率も, また財源が消費税, 法人税, 個人所得税, 社会保険料, 資産税など, どこから徴収されているのかという内訳の割合も, 国によって異なることが確認できる. 図2-3からは, フランス, スウェーデン, ドイツなど, 社会支出率が高い国において, 国民負担率も高いことがわかる. 逆に, 社会支出率の低い日本, イギリス, アメリカでは, 国民負担率も低い. すなわち, 高福祉を実現するには高負担が伴い, 低負担では低福祉しか実現できないと言えるのである.

Ⅳ　消極的自由と積極的自由をめぐる対立

こうした福祉国家の多様性は, われわれの生活の

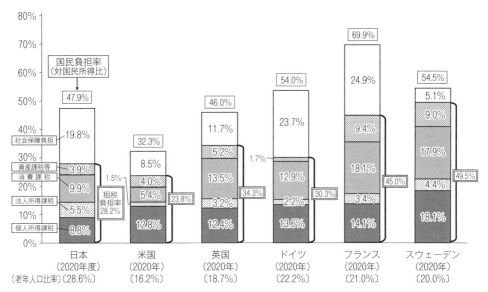

図2-3 主要国における国民負担率の内訳の比較
(出所) 財務省HP (https://www.mof.go.jp/tax_policy/summary/condition/a04.htm, 2024年7月10日閲覧)

中で，どのような自由を重視するのかという論点を提供している．自由が，何者からも干渉されない権利であることは言うまでもない．つまり，個人が基本的に国家からの制約や強制を受けず，好きにものを考え，行動できる状況である．例えば，どこの大学を選んで入学するか，また，卒業後にどこに就職するのかは本来，誰からも干渉されないはずである．ただし，このように誰からも干渉されないことだけで，果たして人は自由になれるのかというと，そうではない．冒頭で触れたように，家庭の事情で大学進学を断念せざるを得ない人もいる．また，大学に入学しても，学費や生活費のためアルバイトに明け暮れねばならないのだとしたら，大学生活を満喫する自由があるとは言えないだろう．無事に卒業できても，もし奨学金返済のために経済的余裕がまったくない場合，入社した企業がいわゆるブラック企業だったとしたら，それでも自由に辞めることはできるだろうか．こういった困難に直面している人々は皆，大学進学は絶対やめなさい，アルバイトをたくさんやりなさい，退職を断念しなさいなどとは，誰からも言われていないはずであるが，そちらを選択せざるを得ないのである．国家は，こういった人々に，やりたいことができる自由を保障することも必要となる．

ここで，国家の役割というものをめぐる対立が生じる．一つは消極的自由であり，国家が人々の生活にできるだけ干渉しないことが重要となる．もう一つは積極的自由であり，国家が人々の生活に介入し，それぞれ望む生活ができるような機会をつくることが重要となる．1970年代に，この二つの自由の概念を世界的に広めたアイザィア・バーリンは，国家が積極的自由を保障するために人々に介入することで全体主義が生まれるとし，その保障には懐疑的であったが（バーリン2018），二つの自由の区別は，今日においても重要であろうと思われる．国家権力から干渉されないことも大切であるが，日本でも「親ガチャ」という造語が流布し，貧困の連鎖が定着しつつある中で，国家がこれを改善していくことも，同じくらいに大事なことと考えられるからである．

ただし問題は，この二つの自由を保障する国家の役割が矛盾することである．消極的自由を保障するには，国家の干渉をできるだけ抑制すべきであるが，積極的自由を保障するためには，現状を是正する国家介入を正当化せざるを得ないからである．すなわち，水平的な配分を前提とする経済と垂直的配分を前提とする政治の関係は，ここでも，補完しつ

つ矛盾するという緊張関係を持つことになる．

新しい社会的リスクと保護システムの変化

　これまで確認したように，政治（政府）と経済（市場）とは，緊張関係にありながら，われわれの生活に密接に関係している．ただ現在，多くの国はこの政府と市場の二項対立的な考え方から脱した複雑な両者の関係を模索せざるを得なくなっている．それは，福祉国家の形態が近年，程度の差こそあれ，新たな社会的環境要因の出現により，変質を余儀なくされているからである．

　従来の福祉国家は，人々が働くことを前提に，働けない場合にも生活に困らないような社会保障政策を作り上げてきた．人は年をとれば，いずれは働けなくなる．また，疾病や怪我で労働力を提供できない可能性は誰しもが抱いている．そして，どの資本主義社会でも失業者は必ず存在し，失業をもっぱら個人の怠慢によるものとすることはできない．そのため先進諸国は，このような老齢，疾病，失業を，働けない社会的リスクとし，これに備える制度を作ってきたのである．

　しかしながら，それまでと異なる環境要因が1980年代以降に出現するようになり，新しい社会的リスクと呼ばれている（Taylor-Goody 2004）．このうち，グローバル化による競争の激化と産業構造の変化（サービス産業化）の進行は，不安定な雇用を増加させている．また，失業とは異なるワーキングプア（働く貧困層）は，従来の社会保障制度の保護対象から排除されているといえる．一方，共働きが増える中で，少子高齢化が進み，育児や介護も社会的リスクとして捉える必要が出てきた．低成長，人口減少，雇用の質低下などの問題は，従来の福祉国家では想定されていなかったため，かつての資本主義の黄金期とは異なる新たな対応が政府には要求されている．すなわち，就労を前提として，働けない人に対する金銭的な支援を行うという従来の保護システムからの転換が促されており，その新たな動きがいくつか見られている．

　一つ目の動きは，就労と福祉の関係の再構築である．今日の社会では，仕事をしていても貧困に陥ることもあれば，生活貧困者に単に金銭的な支援を行っても失業状態から抜け出せないこともあり得るからである．就労と福祉との関係を強化する政策として，ワークフェアとアクティベーションがある．いずれも失業者の単なる所得保障ではなく，その就労を促すものである．ただし，ワークフェアは社会保障給付の条件として就労義務を紐づけるのに対して，アクティベーションは手厚い生活保障とともに職業訓練の機会を与えるものである．制度の設計上，前者は短期間での就職が望まれるが，後者は時間をかけて他業種に転職することも想定されている．このように，アプローチは幾分異なっているが，いずれにせよ，働けない人に所得補償する従来の単純な介入の仕方から，積極的な就労支援が強調されるよう変化してきたことがうかがえる．

　一方，就労できない人に支援するという考えから離れたベーシックインカムの発想も注目されるようになった．ベーシックインカムは，就労の有無にかかわらず，全ての国民に一定の金額を定期的に与えるものであり，ITなど技術革新に伴い，働き口が減少すると考えられる中で，さらに関心が高まっていくと思われる．ベーシックインカムの導入により，個人の幸福度が上がるとともに，ボランティア活動のような金銭的保障がなくとも社会的に意義のある活動の活性化が期待される一方，膨大な財政的負担や勤労意欲の低下などは危惧されている．いずれにせよ，現代社会における就労と福祉の関係は，従来の福祉国家が想定するものと大きく変わっており，政府と市場との関係の再考を迫るものとなろう．

　もう一つの動きは，福祉多元主義という考え方の広まりである．これまでの福祉は，政府が財政を負担してサービスを提供する方法と，個人が市場で対価を支払ってサービスを提供してもらう方法のいずれかの想定がなされてきた．しかし近年，福祉などの公的サービス部門において，政府が財政を負担するものの，サービス提供は直接行わず，NPO（非営利法人）や民間企業を通じて行うケースが拡大しており，市場の効率性と政府の計画性とを調和させる

ための様々な試みが行われている．福祉サービスにおけるNPOや民間企業の参入が，政府の公的責任の低下につながるという懸念もあるが，福祉サービスの多様なニーズに対応するためにはやむを得ないともいえる．このため，多くの論争を孕みながらも，各国で福祉多元主義は広がっており，これもまた，政府と市場の複雑な関係の模索が必要とされるものである．

Ⅵ 政府と市場の新たな関係を考えるために

これまで検討してきたように，政府と市場の間には緊張関係があり，資本主義社会において，人々のどのような自由を強調するかにより，両者の関係は変化する．政府の介入をどこまで許容し，社会にどのような自由が必要なのかを決めるのは，われわれであり，政治である．社会において，市場での自由な競争を通じて効率性を追求すべきなのか，あるいは，多様な社会的リスクを緩和するために政府の介入を強調すべきなのかという論点は，政治におけるもっとも伝統的で重要な争点であり，具体的な政策論においても常に考えるべき大事な問題である．その上で，就労と福祉の関係や福祉多元主義において見たように，時代の変化に伴い，政府か市場かとい

う単純な二項対立を超えた両者の多様な関係を模索する必要も生まれている．

こうした中で市民は，一方的にサービスを受け取る側ではなく，福祉サービスの提供にかかる主体としても期待されるようになる．AI（人工知能）などの新技術によって，資本主義そのものが大きく変化しようとしている今日，政府と市場の間の均衡をどのようにとりながら分配を行うのかという難題を，大学生も市民の一人として考えていく必要があるだろう．

【参考文献】

安周永（2025）『転換期の労働政治──多様化する就労形態と日韓労働組合の戦略』ナカニシヤ出版．

経済協力開発機構編（2023）『図表で見る教育：OECDインディケータ（2023年）』（大久保彩ほか訳）明石書店．

バーリン，アイザィア（2018）『自由論（新装版）』，（小川晃一・小池銈・福田歓一・生松敬三訳），みすず書房．

宮本太郎（2014）『社会的包摂の政治学──自立と承認をめぐる政治対抗』ミネルヴァ書房．

Taylor-Gooby, Peter ed.（2004）*New Risks, New Welfare : The Transformation of the European Welfare State.*, Oxford University Press.

第3章 経世家となり地域を変える

只友 景士

政策学は，私たち市民が経世家となり，社会を暮らしやすくしていく，経世家の学問である．経世家とは，自らの所属する社会をより良くしようと情熱をもって取り組む人のことである．
社会には課題があふれている．このあふれる社会課題を誰が解決するのか，解決してくれるのか．政府や地方自治体，企業が解決してくれるのを待っていれば良いのだろうか．政策学は，社会課題を解決せんとする経世家を育て，課題解決を図る魅力的な学問である．経世家は，政府・地方自治体を動かしたり，政府・地方自治体や企業や様々な立場の人々と協力し合って社会課題解決の糸口を探ったりして，社会変革の原動力となるだろう．経世家となって，暮らしやすい社会をつくり，地域を変えてみないか．

I 私たちの生きる世界はどんな世界だろうか？

今，私たちの生きている世界は，どのような世界だろうか．猛暑に襲われた2023年，国連のグテーレス事務総長は，「地球温暖化の時代は終わった．地球沸騰化の時代が到来した」と発言した（国連広報センターブログ「「地球沸騰化時代」の気候アクション」）．猛烈な台風に毎年のように襲われ，線状降水帯が日本各地を襲い，洪水被害が各地で頻発し，ゲリラ雷雨の報道が連日なされている．日本は地震国なので，南海トラフ大地震が今後30年以内におきる確率は70～80％とされている（気象庁「南海トラフに関する情報」）．2024年元日には能登半島地震が起き，2024年8月には初めて「南海トラフ地震臨時情報（巨大地震注意）」が発せられた．

2022年2月24日から始まったロシアのウクライナ侵攻は世界の安全保障環境を激変させた．ウクライナ侵攻でウクライナ難民に注目が集まったが，世界中に難民は存在しており，2022年段階で紛争，迫害，暴力，人権侵害により避難を余儀なくされている人々は1億840万人と推計されている．世界人口は80億人を超えているが，世界の80人に一人は避難を余儀なくされている人々である（UNHCR 日本『グローバル・トレンズ・レポート 2022』「強制移動が過去最大の数に」）．

日本経済の現状に目を向けるとかつて米国に次いで世界第2位だったGDPも，2010年に中国に抜かれ，2024年にはドイツに抜かれて世界第4位となった．1989年世界の時価総額企業ランキングのトップ10に7社の日本企業が入っていたが，2023年にはトップ10入りした日本企業は1社もなく，日本企業の最上位は39位のトヨタで，100位以内にはトヨタ以外の日本企業はないという（東京新聞Web（2023年5月26日付）「トップ10に7社→最高で39位…日本経済「失われた30年」は時価総額の世界ランキングでもはっきり」）．日本企業の国際競争力は低下しており，日本経済は衰退局面に入っている．

日本の人口動態を見ると，少子化・高齢化が進み，人口減少局面に入っている．子育て支援は，政府の重要施策であるが，出生数は増えず，ついに2022年の出生数は，77万747人で過去最少を更新し，全国の出生数は急速に減少している（厚生労働省「令和4年（2022）人口動態統計月報年報（概数）の概況」）．全国の出生数は，7年連続で100万人を割り込み，2022年についに80万人を割り込んだのである．80万人割り込みは，国立社会保障・人口問題研究所の推計では2033年とされていたので，11年の前倒しとなった．日本の地域に目を向けると，過疎化の進む地方は少子化・高齢化と人口減少に苦しんでいる．日本中の各地方自治体が地方創生に取り組み，地域に仕事を創り，子育て支援を行い互いに競い合っており，移住・定住者を奪い合う状態になっている．

Ⅱ　社会課題を解決するのは誰か？

　こう見てみると日本中にとどまらず，世界中に社会的課題があふれていることがわかる．その社会的課題を解決することなしに，私達の未来は拓けないであろう．人々は，「自由に生きたい」，「平等な社会に暮らしたい」，「公正・公平な社会に暮らしたい」，「民主主義のもとで暮らしたい」，「尊厳のある生き方をしたい」，「健康でありたい」，「幸せに暮らしたい」，「豊かに生きたい」，「自分自身にとって意味のある暮らしがしたい」などと様々な願いを持っている．そうした人々の願いを実現するにはどうしたら良いのだろうか．人々の願い一つ一つが個人の課題にとどまらない，社会的課題でもある．

　それでは，その社会的課題を解決するのは誰だろうか．誰かが解決してくれるのを待てば良いのだろうか．国内問題だけではなく，国際問題も含めると，社会的課題を解決するプロセスも，主体も見えてくるだろうか．

　もちろん，政府や都道府県・市町村といった公共部門が，そうした問題解決のために公共財・公共サービスを提供している．国際問題には，国連やEUなどの超国家機関，各国政府も関与するし，赤十字国際委員会などの様々な団体もその解決に向けて懸命な奮闘をしている．日本国内の問題に限っても，全ての社会的課題を公共部門で解決することはできない．なぜならば，財源と行政能力の両面から限界もあるし，「公共性」の観点から公共部門が取り組むべきかどうかの議論（公共の仕事ではないと言う議論）に阻まれ，公共部門から放置される社会的課題もある．公共部門では，解決の難しい問題も山積している．そのため，公共部門に任せておいては，「動きが鈍いから」と市民社会の中からNPOなど市民団体，社会的企業が解決に取り組むこともある．筆者は，財政学者として公共部門の財源問題とその政策能力の向上についての研究をしており，公共部門が解決に取り組めるように心を砕いているが，公共部門だけで解決すべきとは考えてはいない．公共部門も解決に力を尽くし，市民社会の力を活かして，市民協働によっても課題を解決すべきであり，公共部門は市民社会を強くしていく政策もとるべきであると考えている．地域コミュニティ，民間事業者，NPOなどの市民団体，一人ひとりの市民の力が必要とされているだろう．

　しかしながら，現実の地域コミュニティに目を向けてみると，都市部においてはコミュニティ内のつながりが希薄化して，「個人化」が進み「市民は消費者化」している．農村部も含めて，地域社会の課題解決能力は低下している．地域社会の課題解決能力低下の裏返しとして，「こうした様々な社会の問題は，国・府県や市町村がしっかりと対応して，解決して欲しい」といった公共部門への期待も高まっている．実際，第2次世界大戦後の先進国が，福祉国家を構築し，公共サービスが充実したことによって市民は受け身の存在になってしまったとの見方もある．実は，この点をどのように見立てて政策を考えるかが社会を解決する手立ての大きな分かれ道ともなっている．受け身の存在として，提供された解決策から選択する，時には選択肢も無いかもしれない，消費者のような市民となることもあるだろう．それとは異なり，主権者として，能動的な存在として，社会課題の解決に参画する市民となることもできる．ここは大きな分かれ道である．

　私たち国民は国民主権のもとで，国会の議決した予算を通じて，日本政府をコントロールしている．同様に，私たち住民は，都道府県・市町村を首長と議員の二元代表制で予算を通じてコントロールしている．主権者である私たちが予算を通じて公共部門をコントロールしていることを「財政民主主義」と言う．私たち国民が公共部門をコントロールしている建前であるが，コントロールできているという実感はあるだろうか．国政選挙，地方選挙ともに投票率は下がり続けている．現代民主主義は危機に陥っていて，機能不全を起こしていないだろうか．

　現状のまま進んだ2030年，2040年はどのような世界になっているだろうか．一般論としてではあるが，学生の多くは大学を卒業したら仕事に就き，結婚して子育てをすることだろう．結婚しないという生き方を選んだり，結婚しても子どもを持たなかっ

たりという生き方を選ぶ人もいるだろう．私たちは自由に自分の生き方を選ぶことができる．だが，私たちは自分の生きている社会を選ぶことができるだろうか．住んでいるまちが気に入らなければ引っ越しすれば良いのだろうか．それでは，気に入らないところもあるけど職場との距離など様々な事情があって住んでいるまちで，「あんた，ここが気に入らないなら出ていきな」と周りの人に言われたら，私たちはどのような気持ちになるだろうか．他の人が「出ていきな」とか言われているのを聞いたらどのような気持ちになるだろうか．選択の自由がいつも容易に行使できるわけでもなく，不満をかかえて生きることは普通なのかもしれないし，不満な状態は我慢すればよいことだろうか．

私たちは，市場経済のなかでは，消費者として商品の選択の自由をもっている．財布と相談しながら購買力に見合った商品を選び取ることができる．経済学は，この市場経済のメカニズムと働きを解き明かすメカニカル・アートの側面をもっている．

商品を選ぶように自分の暮らす「まち」を選ぶこともあろう．それでは，自分の暮らす「まち」を選んだ後に，その「まち」の地方自治体が提供する公共財のセット（自治体が供給する公共サービス総体）について，ラーメン屋での「麺かため，ネギ抜き」といった注文の如く，「教育充実，保育園多め」とか主権者の希望をうまく反映することができるだろうか．自治体のなかには，周辺自治体との公共サービスの競争であると考え，「顧客志向の公共サービス」でなければならないとの考えもある．公共部門の改革にも関わるが，大きく分けると市場での商品の選択の如く市民の選択に委ねる方向と市民参画・市民協働によって仕組みを作っていく方向がある．選択に委ねられているのも自由の一つのあり方であるが，そこでは市民は受け身の存在として扱われている．一方で，市民参画・市民協働は，意見を述べたり，実際に行動したりして，新しい仕組みを作っていくものである．市民の自分の生きる世界を選ぶ方法は一つでは無く，他者と協力しながら創ることもできるのだ．

Ⅲ　自分の生きる世界を変革する経世家を育てる

筆者は常々講義で「政策学は経世家の学問である」と話している．政策学が社会変革の学問，社会課題解決の学問，経世家の学問であることは間違いないだろう．

私は，政策学の入門としての「政策学入門（経済学）」，公共部門の在り方を考える「財政学」と「地方財政論」，そうした政策思考の基盤となる地球市民（グローバル・シチズン）の教養となる「グローバルシティズンシップエデュケーション科目（人間の安全保障）」，熟議民主主義の普及に関わる PBL 科目などを担当している．

PBL 科目では，熟議民主主義の普及に関わる「話し合いプロジェクト」を担当し，10年近く地域における市民の話し合いである市民討議会の組織化に関わってきた．熟議民主主義を地方自治体レベルで実践し，地方から話し合いによってまちを変える取り組みをしてきている．ゼミナールでは，市民討議会と地元学・地域学づくりの二つの入口から「民主主義の学校」である地方自治の活性化に取り組んでいる．市民討議会は，熟議民主主義を地方自治に標準装備させる取り組みである．地元学・地域学は地域住民の知的コモン（共有財）を形成し，住民主体の「伝統の再創造」を引き起こし，内発的発展の地域づくりの基礎となる知見を与えてくれる．このような学びは，市民の地方自治のガバナンス力を高め，民主主義を発展させ，オルタナティブな地域開発の可能性を切り開くであろう．

学生は，「政策学入門（経済学）」を履修するなかで，「只友は経済学の先生」とイメージしているようである．例えば，3回生のゼミ生が，2回生向けのゼミ説明会で「只友先生は経済学のイメージが強いですが，ゼミでは地元学・地域学をしています」と経済学のイメージを打ち消そうと躍起になっている．筆者が担当している科目は多様であるが，それらの科目で教授していることには共通したテーマがある．それを筆者なりの言葉で表すならば，「経世

家を育てる」である.

　自分たちの暮らすまちやむらをもっとよくしていきたいという情熱をもち,実践する全ての人々のことを経世家と呼ぶ.そうした経世家のために政策学はある.自分たちの地域を変えるには,地域を変えていく経世家が必要であり,政策学部は経世家を育てている.筆者が呼ぶ経世家のことを,政策学部では,地域公共人材ともいう.それでは,筆者がこだわっている経世家とはどのようなものなだろう.

Ⅳ　政策学はどんな学問ですか？

(1) 政策学部は広く浅く学ぶ学部か？

　政策学とは,どのような学問であろうか.「政府や地方自治体の政策に関わることだから,間違いなく統治の学問でしょう」と言う人もいるだろう.確かに,統治の学問の側面もある.しかし,21世紀の政策学は,統治の学であることを超えて,市民の学問であり,経世家の学問でなければならない.

　政策学部の学びについて少し考えてみたい.学生は「政策学部は広く浅く学ぶ学部であると思いますか？」と聞かれたらどう答えるだろうか.2023年4月龍谷大学政策学部の1年生科目「政策学入門(経済学)」の初回講義で尋ねてみた.その結果,52.4%の学生が「そう思う」,「そう思わない」は18.4%,「どちらとも言えない」は24.9%であった.学生から見ると「政策学部は広く浅く学ぶ」との認識が広がっているようである.だが,政策学部の教員は,「広く浅く」と言われると,「広い」は良いとして,「浅く」の部分が少し気になる.正直なところ「浅く」と思われると少々心外である.教員は,それぞれの分野の専門家なので,「水が出る程度には深く掘ったけどな？」「学際的に様々な専門家から政策に関わることを広く学んだからこそ新しいものが見えているはずだけどな？」などと思うものである.視野の広さゆえに新しい組み合わせを作る発想が生まれる可能性を高めたり,新しいことを構想する力を育んだりしているのである.

　シュンペーターはイノベーションを新結合と呼んだのだが,その着想はパレート著『精神と社会』から得ていると森嶋通夫(2010)は言う.パレートは人間の性質の中に「新しい組み合わせを見つけようとする意欲」を持っていると.森嶋は,イノベーションへの志向は人間の本質であるから,経済上の企業のイノベーションにとどまらず,政治的な公的なイノベーターも重要であるとも示唆している.つまり,イノベーターは,ビジネスの世界だけではない.社会全体のためのイノベーションをする人物もイノベーターであり,森嶋はそうした人々を社会の仕組みを変える公的イノベーターであるという.「新しい組み合わせを見つけ出そうとする意欲」があり,「個人よりも全体を優先させようとする性向」をもつ人は,全体のためのイノベーションを考える人になるという.そういう全体のためのイノベーションを考える人が,公的イノベーターである.森嶋は公的イノベーターの具体例として,政治家や宗教家を挙げている.政治家が,新しい政治プログラムを考え,それを実現しようとするのは,社会全体のために組織改革を行おうとしているのだと考えられる.森嶋のいうところの政治家とは,福祉国家を建設するとか,社会変革に取り組む政治家をさすと考えるとよい.公的イノベーターとしての宗教家とは,社会全体ないし人類全体のために,新しい教義や古い教義の新解釈を考えだそうとした人だという.森嶋のいう公的イノベーターとしての宗教家とは,宗教改革をなしたルターのような人をさす.イノベーションは,経済の世界,企業のなかだけのものでは無く,行政や社会のなかでも展開されるものであることを知っておいて欲しい.

(2) 政策学部はどのような学びをする学部か？

　政策学部の教員に「政策学部はどのような学びをする学部か？」と聞くと,教員一人ひとりの自分なりの言葉で色々と説明するだろう.その説明は一見するとバラバラであるように見えるかもしれないが,共通しているものが見出せるはずである.例えば,龍谷大学政策学部の教員の教育は,龍谷大学政策学部として創り上げたカリキュラムの中で展開されており,明確な共通理念の元に編成されている.その明確な共通理念とは,「龍谷大学の建学の精神」

「龍谷大学の教育理念・目的」「政策学部の教育理念・目的」である．こうした理念の下で，龍谷大学の教育，ひいては政策学部の教育は展開されている．

学生は，カリキュラムに従って4年間124単位をルールに従い修得すると卒業認定がされるのであるが，卒業するときには建学の精神に基づき「真実を求め，真実に生き，真実を顕かにする」ことのできる人間である龍谷人に成長しているはずである．教員は講義を通じて，学生の学びの124単位の2単位とか，4単位とかの履修科目を担当して，龍谷人になるのを手助けすることになる．

(3) 政策学は「経世家」の学問である

筆者が，初回講義で必ず話すのが「経世家」についてである．私は，「政策学入門（経済学）」の初回講義では，「経済学は経世家の学問である」と杉本栄一の『近代経済学の解明』の内容を紹介している．杉本先生は次のように言っている（杉本 1981）．

　　経済学は，スミスのいっているように，経世家の学問なのです．スミスのいわゆる経世家（stateman）というのは，必ずしもピットのような政治家（politician）だけを意味しているのではありません．およそ自分の属する社会をよりよきものにしようとする情熱をもち，これを実践に移そうとするひとびとはみな経世家であって，八百屋でも土方でも経世家になりうるのです．
　　（中略）
　　（アルフレッド・マーシャルはケンブリッジ大学教授就任講演において，）「冷ややかな頭脳と温かい心情（Cool Head but warm heart）」をもって，自己の周囲の社会的苦悩と闘わんがために自己の最善の力を捧げ，また教養ある高尚な生活のための物質的手段を全てのひとびとに与えるのは，如何なる程度まで可能であるかを明らかにしようと，自己の全能力を尽くすひとびと」に向けて話している．このようなひとびとは職業の如何を問わず，すべてスミスのいわゆる経世

家なのです．

この杉本の一節を私は若いときにも読んでいたのだが，2020年のコロナ禍でオンライン授業に全面的に切り替わったときに，この一節を偶然に再読し，自分の担当する「政策学入門（経済学）」を経世家の学問だと紹介しようと思った．そして，よくよく考えてみると，この科目をはじめとした学生の政策学部の学びの先には，「（そうした積み上げの上に）政策学は経世家の学問である」と言う側面があるなと確信した．

この確信に至ったのは，コロナ禍のマスク不足の時における「マスクの高値転売問題」であった．学生は，マスクが不足している状態で，定価で買った（買い占めた）マスクをマスクがなくて日々困っている人に高値転売している「転売ヤー」への義憤を感じていたのではなかろうか．ところが，経済学の理論は，転売を市場の自然な現象としか捉えない．むしろ「転売によって，市場は調整される（価格が下がる方向に調整される）ので望ましいことではないか」とまでいう論者までいる．このような経済理論は，メカニカルな知識であり，仕組みを説明する理論としては役立つが，学生達のモヤモヤについては解決しない．経済理論による「合理性」の説明と学生の抱く義憤には大きな乖離があり，メカニカルな仕組みを説明するだけでは無く，学生のモヤモヤを解消する学びが必要とされるのである．転売の問題には，質の異なる問題が含まれており，メカニカルな知識による単純化した解決策では不十分である．そうした質の異なる問題を丁寧に解き明かす学問の伝統をイギリス経済学はもっている．それは，モラル・サイエンス（道徳科学）の伝統である．伊東光晴(2006)によると次のように説明している．

モラル・サイエンスは質を異にする複数の問題を同時に追求する．それゆえに，現時点で何に重点を置き，問題解決を図るかは，ケインズの言う「内省と価値判断」を必要とする．その基礎は，人間はいかに生きるべきかという道徳哲学ないし倫理学があり，その上に社会のあるべき姿が求められ，それに近づくための手段として，政治と経済との政策選択

がなされるのであると.

　要するに市場がどのように動くのかだけをメカニカルに説明するのでは不十分であり,「内省と価値判断」から市場で起きていることを判断し, 解決を図らなければならないのである. メカニカルな知識は, より善き社会の姿を構想することが難しい. より善き社会を構想するには「内省と価値判断」が必要となる. 政策学は, このようなモラル・サイエンスで無ければならないのである. ところが, 世界を席巻するアメリカ経済学は, モラル・サイエンスとしてのイギリス経済学の伝統から離れてしまっている. 筆者は政策学部における経済学は, イギリス経済学的なモラル・サイエンスの伝統を引き継ぐ政策学に昇華させたいと考えている.

　そのような密かな野望もあり,「政策学入門 (経済学)」では, 経済理論の説明をするだけではなく, 経済理論の説明と学生がおかしいと思う義憤の間には正義の議論があり, そこにこそ政策学の核心となるモラル・サイエンスの課題があると講義している. 筆者の講義も経済現象を説明する経済理論を理解するメカニカルな知識を習得する「経済学入門」ではなく, 公正さなどの正義の議論も含めたモラル・サイエンスの伝統を引く「政策学入門 (経済学)」としているのである. こうして経済学の扱う問題から政策学への橋渡しをしているのである. この橋渡しをしてこそ政策学は経世家の学問になるのではないかと確信している.

　「政策学入門 (経済学)」では, 一部は, これまでの繰り返しになるが, 次のようなことを話してい

る. 杉本栄一 (1981) は,「およそ自分の属する社会をよりよいものにしようとする情熱をもち, これを実践に移そうとするひとびとは誰でもみな経世家である」と言っている. この「経世家」とは, 政策学部が養成しようとしている「地域公共人材」にも通じるものである. 学生には, 経世家として, 地域公共人材として公共性を深く理解し, 市民性を身に付けて欲しい. 経済合理性にとどまらない, 善き社会を創るための多面的な知性や徳性を身に付けて欲しいと願っている.「政策学入門 (経済学)」がそうした助けになることを願っている.

　モラル・サイエンスとしての経済学を学ぶことは, 善き社会を創るための多面的な知性や徳性を身に付けることとなる. それは, メカニカルな説明をするにとどまる知識に加えて,「内省と価値判断」を行うことができるひと味違った経世家としての視座を獲得することにつながる. 暮らしやすい社会をつくり, 地域を変えていく上でひと味違う政策を考えられるようになることこそが, 政策学の面白さであり, 政策学は社会変革の原動力たりうる経世家の学問となるだろう.

【参考文献】

伊東光晴 (2006)『現代に生きるケインズ　モラル・サイエンスとしての経済理論』岩波新書.

杉本栄一 (1981)『近代経済学の解明 (上)』岩波文庫.

森嶋通夫 (2010)『なぜ日本は没落するか』岩波現代文庫 (単行本は1999年岩波書店より刊行).

第4章 地域から未来を拓く

今里 佳奈子

　私達は大きな変化の時代にいる．変化の時代には社会構造自体が大きく変化する．これまでの常識がゆらぎ，これまでうまくいっていたことがうまくいかなくなる．方向性を見いだせないまま試行錯誤が続くこともある．一方で，このような時代には，思いもつかなかった新しいアイディアが生まれ，新たな未来への道が拓ける可能性もある．「本章のタイトル」は，このような時代にあって新しい解を生み出すのは，「地域」だという思いを込めて，「地域から未来を拓く」とした．それは，私達の「希望ある未来」は，持続可能な地域社会を創り守る営みのなかにこそあると考えるからである．

I 「地域から未来を拓く」地方自治

　「地域から未来を拓く」仕組みとして「地方自治」がある．我が国においては，日本国憲法において地方自治が保障されており，これを具体化する「地方自治制度」においては，市区町村（基礎的地方公共団体）と都道府県（広域の地方公共団体）という二層の地方政府体系が設けられている．都道府県と市区町村は，「団体自治」と「住民自治」の要素を兼ね備えた存在として地方自治体あるいは単に自治体と呼ばれる．

　それではなぜ，地方自治が，「地域から未来を拓く」仕組みになり得るのか．ここではまず，地方自治を通じて，地域の多様な課題に対応することがはじめて可能になるということを指摘したい．日本は，南北に細長い島国であり，自然条件も，歴史や文化も様々である．また，農山村と都市では社会的経済的条件が全く異なる．これら多様な地域には多様な課題とニーズがあり，国の画一的な政策ではそれに十分に対応することはできない．各地に独自の視点で活動を行う自治体が存在することによりはじめて固有の課題やニーズに応えていくことができるのである．

　第2に，「自治体がどのように課題やニーズに応えていくのかを決めるのは究極的には住民自身である」という「住民自治」によって，私達はよりよい政策をつくり，よりよい社会をつくっていくことができる．まず，住民は，選挙を通じて地方政府の形

成そのものに関わる．また，自治体の様々な個別の計画や施策の策定過程（例えば子育て支援やまちづくり施策など）に参加することにより，自治体政策の内容を充実させることができる．さらに住民はNPOや地域での活動などを通じて，行政と協働してその解決にあたることもできるし，市民運動等を通じて，問題を提起して政府外から警鐘をならし，新たな課題を政府に認識させることもできる．中央政府（国）は遠い存在であり，参加や協働は容易ではない．しかし，身近な自治体であれば，住民が政策過程に参加してその意見を政策に反映すること，行政と協力して問題解決に取り組むことは比較的容易にできる．

　第3に，このような参加や協働は，私達自身の自治の能力を高めることにもつながる．実は，地域には，様々な価値観や利害をもつ人々がおり，そのため「問題の捉え方」や「良いと考える解決案」も様々なものとなる．政策の内容は，人々の個別の利害にも大きく関わってくるだけに，実際には，政策過程で激しい対立が生じることもある（例えば，「市街地の再開発をどのように行うか」や「ごみ処分場をどこに建設するか」などを考えてみよう）．このようななかで，「自治」（自ら治める）を実現するためには，他者の利害や主張を理解し，それらを調整し，解決方法を見いだすことが必要となる．議論を尽くし，理解し合い，その上で，時には妥協もしながら解決方法を見つけていくことは，身近な地域においても難しい．しかし，その難しい経験を積んでいくことにより，「自治」の能力を身につけ高め，そして自治を

実現していくことができるのである．かつて，ブライスは「地方自治は民主主義の学校」と述べたが，地方自治を通じて人々は自治の能力を高め，民主主義の基盤を強化することができるのである．

このようにして，全国にある1741の市区町村，都道府県のそれぞれで，地域の課題に対応した様々なプロセスが展開するとしよう．自自治体をより良いものにしていこうという自治体間の競争がイノベーションを生み，課題を解決する新たな政策が次々と生まれる．そしてその先進的な取り組みを他の自治体がバージョン・アップしながら取り入れていく「政策波及」が生じ，それが国の政策をも動かしていく．地方自治が存在し，1741の自治体それぞれに政策を展開する場——政策の実験室——が存在することによって，新しい時代に対応できる政策が生まれ，それにより希望のある未来を拓いていくことも可能になるのである．

Ⅱ 時代を切り開く自治体
——革新自治体の経験から

自治体がこのような「イノベーション」を起こしていった一例として，ここでは，「革新自治体」の経験をあげてみよう．

日本では1950年代後半から高度経済成長がはじまり，人々の生活水準が急激に上昇した一方で，急速な経済成長，それに伴う工業化・都市化が深刻な公害・環境問題，都市問題を生んだ．そのような中で，各地で国や自治体，企業に対して公害対策や環境改善，生活環境の整備を求める住民運動が活発化し，時期を同じくして1960年代から1970年代にかけて，横浜市，大阪市，北九州市，東京都，大阪府など大都市を中心に，革新政党（当時の国政野党であった社会党，共産党）の推薦や支持を受けた革新首長・革新自治体が続々と誕生した．革新首長は，高度経済成長の矛盾が顕在化するなかで，「住民福祉の優先」（産業優先ではなく）や「市民に直結した市政」（中央直結ではなく）などのスローガンを掲げ，様々な政策実験を試みた．それらは現在ではいずれも当たり前のことになっているが，当時としては革新的なも

のであり，自治体の政治と行政に新たな次元を切り開いたともいわれる．

その革新性は，政策の内容，政策実現のための手段，政策形成過程の3つの点に見ることができる．第1に，政策の内容面では，「住民福祉優先」を掲げ，福祉の充実や生活基盤の充実，公害規制などに力を入れ，先進的で先導的な政策の先鞭をつけた．ホームヘルパー派遣や給食サービスなどの在宅福祉推進，高齢者医療等の医療費無料化，公害の抑制，無秩序な市街地拡大抑制など様々な例をあげることができるが，いずれも様々な課題に直面した自治体が，国の制度や政策に甘んじるのではなく，住民のニーズに応答しようと自治体独自の制度を創設し政策を展開したものだといえる．

第2に，このような政策を実現するためにとられた革新的手法である．例えば生活環境を守り改善するために条例制定権が活用された．東京都の公害防止条例に見られた「国の法令より厳しい基準を課す上乗せ」や「対象を拡大する横出し」は，従来の通説であった法律先占理論に対立するものであったが，それらの挑戦はその後の自治立法権の確立に大きく寄与するものとなった．

市民生活を起点にした生活環境重視の視点は，シビル・ミニマム（すべての市民に保障される生活権とその政策公準）に拠る自治体計画の展開にもみることができる．市民の参加のもとで策定された，これらの政策公準を用いた自治体計画は，自治体計画の実質を一変させる意味をもったともいわれる．

そして第3に，これらを支えるものとしての市民参加である．「一万人市民集会」（飛鳥田横浜市長）や「都民参加の都政」（美濃部東京都知事）に見られるように，革新首長達は，住民との直接対話を重視し，住民参加をすすめていった．それは，首長への手紙や対話集会といった広聴機能にはじまり，自治体計画の作成過程への住民参加へと発展していった．

さらに重要なのは，これらの様々な挑戦が，一つの革新自治体にはとどまらずに，次々と他の革新自治体に，そして首長の政治的立場にかかわりなく波及する先導性をもったことである．そしてそれは時には，国の政策をも変えていった．国の老人医療費

無料化政策 (1972)，公害対策基本法等の改正 (1970)，建築基準法の改正 (1976) などをその例としてあげることができる．このような自治体による政策実験と波及は後の地方分権改革につながるものでもあった．

　日本では1990年代に地方分権が大きな政治課題となり，地方分権推進法の制定，地方分権推進委員会の勧告を経て，1999年には，「中央集権的体制」の象徴的な存在であった「機関委任事務制度」の廃止を含む地方自治制度の大改革が行われた (第1次分権改革)．国と地方の関係は，上下主従の関係から対等協力の関係へと大きく変わったといえる[1]．

Ⅲ　変化する社会と公共的問題

　冒頭で述べたように，私達は，現在大きな変化の時代にいる．この数十年の間に，私達の社会 (日本の社会) は大きな変化を経験してきた．子ども達が教室からあふれんばかりだった時代は何十年も前のことで，一年に生まれる子どもの数は，ついに80万人を切った．かわってお年寄りの数はどんどん増え，2022年には約3623万人と過去最高を記録したが (高齢化率も29%)，2040年頃を境にその数も減少していき，既に始まっている人口減少は更に加速していく．空き家，耕作放棄地，都市のスポンジ化，買い物難民など様々な問題が全国に広がっている．

　家族の形も大きく変化している．4人家族の「標準世帯」(夫・専業主婦・子ども二人の世帯) が「標準」だった時代は過去のものとなり，現在最も多いのは一人暮らしの世帯である．そしてふたり暮らしの小規模世帯や一人親世帯が増加している．

　人々の働く姿も大きく変わった．働く女性が増えていくなかで，1996年には共働き世帯が専業主婦世帯を上まわり，現在ではその割合は7割を占めるまでになっている．一方，雇用のサービス化とともに，いわゆる「非正規化」が進行し，現在では約40%，女性では50%以上が非正規雇用労働者である．非正規雇用労働者の賃金は正規労働者に比べて低く，「非正規化」は，貧困や未婚化・非婚化の一因になっているともいわれる．一方，「正規雇用」労働者につ

いても，長時間労働や過重労働などがワークライフバランスの実現を妨げており，育児や介護を理由に離職したり，非正規雇用労働者になる者はあとを絶たない．職場も家族も頼りづらくなる時代に，様々な困りごとを抱える人は増えつつある．ワーキングプア，親ガチャ，介護離職，老後破産，8050問題など，次々とマスコミに登場するキーワードは，男性稼ぎ主モデルを軸に，雇用と家族によって人々の生活を支えてきた日本的な生活保障の仕組みが解体しつつあることを如実に示している．

　これら，少子高齢化に人口減少，家族と雇用をめぐる大きな変化，そして猛威を振るう自然災害などは，私達に社会構造そのものの見直しを迫るものである．「公共政策」の形も変わらざるを得ない．

　公共政策は，一言でいえば，「公共的問題」，つまり「社会で解決すべきと認識された問題」を解決するための指針・案のことである．何が「公共的問題」に当たるのかは自明ではなく，その範囲や内容は国や時代，社会状況によって異なってくる．そしてこれらの「公共的問題」のうち，政府が取り上げた課題が「政策課題」であり，政府が公式に決定した政策が政府政策である．政府が使える資源 (金銭や職員などのこと) には限りがあるため，すべての公共的問題が政策課題となるわけではない．また，どのような形で課題が設定されるのかによって解決の方向性は大きく異なってくる．政策課題の設定というこの局面は非常に重要である．そこで，私達は常に社会における「問題」の存在，政策課題の行方に注意を払っていなければならない．そして，社会全体で解決すべき「公共的問題」が見過ごされている場合には，積極的に問題提起をしていかなければならないし，政策課題の方向性が誤っているのであれば，政府にノーを突きつけることも必要になってくるのである．

　さて，大きな変化がない時代には，「問題」は同じような形で現れる．同じような解を求めることが合理的であり，効率的でもあるだろう．一方，社会構造そのものが大きく変化する時代には，これまでとは全く異なる問題が登場するだけでなく，これまでと同じように見える問題でも同じような捉え方で

は解決しない．異なる問題の認識枠組（フレーミング）が必要となり，また，その解も異なるものとなる．

例えば，これまでは，全く影も形もなかったような問題群が，新たに「公共的問題」として私達の前に立ち現れてくる場合がある．また，これまでは「公共的問題」だと考えられていなかった問題が，「公共的問題」だと考えられるようになる場合がある．例えば，個人の生や性，家族をめぐる問題の多く——DV，ストーカー，自殺，性の多様性・性自認，不妊治療をめぐる問題など——は，長い間私的な問題と捉えられてきたが，現在では，広く社会全体で取り組むべき「公共的問題」だと考えられるようになっている．さらに，これまであまり意識されない形で，家族の中で，あるいは市場での取引や地域社会での助け合い（以下，それぞれ市場システム，連帯・協働システムという）を通じて解決されていた事柄が，もはや解決できずに「公共的問題」として立ち現れてくる場合もある．高齢者介護，子どもの貧困，不登校，ワンオペ，ワーキングプアー，買い物難民，耕作放棄地，病院・スーパーの閉鎖，バスや鉄道の減廃便など，例をあげればきりがない．

Ⅳ　変化の時代の公共政策

私達の社会をより良いものにし，誰もが生き生きと暮らしていくことのできる社会を実現するためには，これらの課題を克服しなければならない．

それではどのようなアプローチが必要なのだろうか．ここでは，重要な視点として，「Well-beingと持続可能性」，「総合性，包括性」，「多様な主体の参画・協働（ガバナンス）」，「様々な手法を用いた政策目的の実現」の4点をあげたい．

第1に，「Well-beingと持続可能性」についてである．Well-beingは，福利，幸福，安寧などと翻訳される言葉であり，その解釈は人々によって様々であるが，それが，全ての人が尊厳と平等のもとに，そして健康な環境の下に，その持てる潜在能力を発揮できることにより実現されるものであるということについては概ね合意が得られるだろう．私達が目

指さなければならないのはこれを可能にする社会であるということ，また，そのような社会は環境，経済，社会のバランスのとれた持続的な発展により実現できる，つまり，持続可能な環境を前提とした，公正で適正な経済と，人々の基本的な権利，文化的・社会的多様性，社会的公正等を確保する包摂的な社会によって実現されるということ，これらのことも長年にわたる国際的な努力の中で確認されてきたことである．従って，問題を認識する際，政策課題を設定する際，そして政策を立案・決定し，実施するというあらゆる局面において，これらの視点をもつことが重要となる．平和，ジェンダー平等，多様で包摂的な社会を目指すことが前提となる．

第2に，「総合性・包括性」である．日本では，「終身雇用制」や「年功型家族賃金」などの日本的雇用慣行のもとで，「雇用」と「家族」による日本的生活保障が定着してきた．そして，それではカバーできない人々を対象に，高齢，困窮，障害，子どもといった個別の属性毎に縦割りの福祉制度を用意してきた．しかし，これらは社会経済構造の変化に起因する新しいリスクには十分に対応できるものではなかった．また，これらのリスクが一つの家庭に複合的に現れ，しかも世代間で連鎖していくことも見過ごされてきた．このような中で，制度の狭間に落ち込み，支援が受けられずに排除されてしまう人，複合的な困難を見落とされ，援助を受けることが出来ない人が多々発生するという問題が生じているのである．従って，人々や家族の生活を包括的に，総合的に捉え支える視点が求められている．

第3にガバナンスである．以上のような問題は，いずれも異なる視角から問題を捉えることで初めてその問題性が浮き彫りになり，解決の方法も見えてくるものであり，新たなフレーミングや解決手法が必要とされる．このような刷新を，政府のみでできるだろうか．実際には，フレーミングの転換は，政策システムの外部者によってもたらされることが多い．また，実施の局面においても，現場でのきめ細かな個別的対応，熟練や経験的知識に裏付けられた専門的な対応が必要となるが，それも行政のみで行うことは難しい．近年，益々複雑化，複合化してい

く問題は，政府だけによる解決を難しくしているのであり，問題の認識から実施に至る政策過程の各段階で多様な主体が関わるガバナンスがより重要になっているといえる．

第4に，様々な手法を用いた政策目的の実現についてである．公共政策（政府政策）の手段には政府が財やサービスを供給し，直接問題を解決する「直接供給」，法的権限に基づく規制を介し，最終的には強制力をもつ手段によりその実現が確保される「直接規制」，間接的な手法により望ましい方向に対象集団を誘導する「経済的誘導的手法」や「情報提供」等がある．さらにこれに加えて，政府の失敗が起こりがちな分野においては，政府システム以外のシステム——市場システムや連帯・協働システム——を使って政策目的を実現する方法も存在する．例えば，市場が成立してこなかった分野で市場に類似した仕組みを作り出し（準市場），市場的システムを利用して問題解決を図る手法や，NPOや地域コミュニティの活動を支援して，問題解決を図る手法（市民社会や地域での連帯・協働システム）である．ガバナンスが重視され，行政にもプラットフォームビルダーとしての役割がより求められるようになるなかでその手法も直接強制，直接供給から，より間接的・誘導的な手法へ，さらには政府システム以外の手法の活用が重要になってきているといえる．

 地域から未来を拓く自治体

そして，以上のいずれの視点に立っても，身近な政府である自治体（「地域」）は益々重要になってくる．ここでは，まず，現在起こっている問題の多くが，日常生活の場である地域で解決が求められている問題だということを強調しなければならない．きれいな水や空気，景観などの環境，平和で基本的な権利が保障される多様で包摂的な社会の実現は，いずれも身近な日常生活の場である地域がどのようなものであるかにかかっている．そして，現在，地域社会は，生活の質を揺るがす多くの問題に直面し，その解決を迫られているのである．従ってそれらの問題は，人々の身近な生活の場で，人々が必要としているような形で，認識・構造化され，解決される必要がある．

その際，重要なのは，関連し合っている諸問題を別々に取り上げるのではなく，総合的・包括的にそれに取り組むことである．例えば，生活困窮，ひきこもり，ゴミ屋敷，買い物難民，空き家，耕作放棄地などの地域の諸問題は，いずれも金銭，仕事，健康，家族関係，住宅，移動手段，生活施設など様々な問題が絡み合って生じている問題である．しかもその問題の発現態様は，地域によって，個々の事情によって異なってくる．従って，地域の事情に合わせ，サービスの受け手の立場にたって，もう一度縦割りの制度を総合化し，体系化していくことが求められている．国でつくられた縦割りの制度をそのまま持ち込むのではなく，地域の場で，総合性，包括性をとりもどすことが重要になるのであり，また，地域においてこそ，それが可能になる．

そして，問題を画定していく際にも，解決方法を模索していく際にも，政府以外の様々な主体が関わっていくことが重要である．地域では，多くのNPOや地域の団体が，それぞれミッションをもち，ネットワークを組みながら，「現場」で活動を行い，そのなかでいわば「生の情報」を収集している．それらの情報は，現場での活動経験からフィードバックし共有・蓄積されていく「現場知」である．時には，「市民的専門性」とも呼ばれるこのような「現場知」は，フレーミングや具体的な政策立案のなかで大きな力を発揮する．

組織化されていない「普通の住民」が，重要な役割を果たすことも指摘したい．実は，身近なところで起こっている様々な問題——保育園，小中学校等教育，介護，道路，橋，児童公園，騒音，ごみ，地域公共交通，空き家，買い物などをめぐって生じる問題——は，いずれも住民にとっては，自分や家族，身近な人々の問題として捉えられる問題である．そこでは人々は，これらの問題を「自分ごと」として捉え，地域にとって望ましい解決のあり方を自分自身の問題解決の延長線上に考えることができる．このように生活に近接した地域という現場があってこそ，政府以外の主体も「現場知」に拠りながら，自

分ごととして政策過程に関わり，より良い社会をつくっていけるのである．

実際に地域では様々な取組が進行中である．例をあげればきりがないが，例えば，環境の分野では，人口約10万人の比較的小規模な都市ながら，全国的にも最先端の環境エネルギー政策を進めている飯田市の事例があげられる．飯田市では高い自治力を背景に，NPOから生まれた市民共同出資による太陽光発電事業体と飯田市がタックを組み，地域金融機関の支えを得，地域全体で，地域資源をエネルギーに変換し，地域の経済循環をつくりだし，持続可能な地域発展を目指そうとしている．生活困窮者の支援では，約3000社の企業とつながり，就労に困難を抱えた人の多様な実情に応じて企業ときめ細かな調整を行い就労につなげている豊中市の事例などがあるし，また，地域創生ということでは，離島という条件にありながら，「島まるごとブランド化」「高校魅力化プロジェクト」などにより，閉校寸前の高校を再生し，多くの移住者を呼び込んでいる海士町の事例などもある．これらはいずれも自治体の「未来を拓く」政策実験の一例である．さらに，個別の分野を超えて，自治体運営の基本原則として，自治基本条例のなかで情報公開や市民参加・協働などについて定める自治体も増えている．

これまで述べてきたように，今日，私達の社会は大きな変化の中にある．自治体をとりまく状況も厳しい．しかし，本章では，それぞれの自治体が，地域における様々な主体の知恵を募りネットワークを組みながら，地域の公共的問題に取り組むことにより，「希望ある未来」を拓くことは可能だと述べてきた．その道は険しいが，地域における，持続可能な社会に向けたイノベーティブな実践活動の中に，その道が拓けることが期待される．

【注】

1）その後も，国から地方への事務・権限の移譲，「義務づけ・枠づけの見直し」などが行われてきた（第二次分権改革）が，一方で，未だに数多く残っている「義務づけ・枠づけ」に加え，計画集権や緊急時の国による指示など，自治体の主体的な政策展開に陰をおとす新たな動向も散見され，分権・集権をめぐる振り子は再び，集権化にむかってふれているという指摘もある

【参考文献】

新藤宗幸（2013）『日曜日の自治体学』東京堂出版．
馬場健・南島和久編（2023）『地方自治論』法律文化社．
宮本太郎（2017）『共生保障〈支え合い〉の戦略』岩波新書．

第5章 住民の意思に基づく地方行政を追求する

大田 直史

日本国憲法第8章の92条～95条は、地方自治を地方公共団体に保障した。これは第二次世界大戦が、日本の中央集権的な国家の暴走によって引き起こされ、地方団体がこれを押し止める力となり得なかったことを反省して、権力を中央と地方とで分権化（垂直的分権）することによって中央政府の暴走に対する歯止めをかけ、あわせて地域の特性に応じた施策の展開を可能とする趣旨である。憲法は、地方公共団体に関する法律が「地方自治の本旨に基づ」くことを要求することを中心として地方公共団体に地方自治を保障している。本章では、それが「住民自治」と「団体自治」の保障にあり、憲法は住民の意思に基づく「住民自治」を重視し、これを保障するものとして「団体自治」を位置づけていることを明らかにし、住民の意思に基づいて地方行政が行われることを追求するために、どのような制度が保障されているかを確認する。

I 憲法と地方自治

地方自治は、憲法とそれに基づく地方自治法をはじめとする法令によって保障されている。地方自治に関する法を学ぶことは、われわれの日常生活に密接に関連する行政に関わる政策を立案、実施する主体である地方公共団体が、住民の意思をどのような仕組みを通じて反映し、国から独立して行政を行うことを保障されているのかを学び、その行政が住民の意思と乖離する場合に、住民にはその是正・軌道修正を図るためにどんな権利が保障されているのかを学ぶことである。地方自治には民主主義の学校としての意義があると言われ、地方公共団体のなかで身近なルールや政策を作ったり、実施・運用したりするトレーニングを通じて、住民は地方自治の担い手に成長することができるといわれてきた。そのためには、まず地方自治に関する法の仕組みを理解し、地方公共団体との関係で住民に保障されている権利を知っておく必要がある。

まず、日本国憲法が保障した「地方自治」とはどんな内容と意義を有するのかを確認しておこう。

憲法92条は「地方公共団体の組織及び運営に関する事項は、地方自治の本旨に基いて、法律でこれを定める」と地方公共団体に関する法律は「地方自治の本旨に基づいて」制定、解釈、運用されなければ

ならないことを定め、地方自治を保障している。憲法が地方自治を保障していることには、「地方自治の本旨」に基づかない法律は「国権の最高機関」である国会でも制定することは許されないという意味があり、立法権に対しても対抗できる意義を有する。

それでは、「地方自治の本旨」という意味のわかりにくい言葉で憲法が保障しようとしている地方自治とはどのような内容をもっているのだろうか。ある最高裁判所の判決は、憲法第8章の地方自治に関する規定の意義について、次のように述べている。

> 「民主主義社会における地方自治の重要性に鑑み、住民の日常生活に密接な関連を有する公共的事務は、その地方の住民の意思に基づきその区域の地方公共団体が処理するという政治形態を憲法上の制度として保障しようとする趣旨に出たものと解される」（最判平成7・2・28［百選15］）

ここでは、まず地方自治が、「住民の日常生活に密接な関連を有する公共的事務」を処理するためにあることが明らかにされている。この公共的事務には、具体的には、上下水道の維持・管理、家庭ごみの収集・処分から小中学校の運営、地域福祉、地域医療、地域振興策など地域の住民が共通して必要とする事務がある。いずれも個人で調達したり、処理

することができず，一定範囲の地域の住民で相互に支えあって集団的に調達したり，処理するシステムを必要とする事務である．

第2に，この公共的事務をその地方の住民の意思に基づいて処理するということを内容とするという点である．このような地方自治は住民自治とよばれている．

第3に，公共的事務を処理するのはその区域の地方公共団体である，という点である．この趣旨はほかの団体，特に国から干渉を受けることなく独立した法人格をもつ地方公共団体が意思を決定して事務を処理するという団体自治とよばれる地方自治の内容である．これは上の第2の住民自治を保障するために必要とされる．

上の第2および第3のような2つの内容をあわせた地方自治が，憲法92条のいう「地方自治の本旨」の内容と考えられている．

Ⅱ 間接民主制と直接民主制による住民自治の保障

それでは，住民の日常生活に密接に関わる公共的事務を「その地方の住民の意思に基づいて」，「その区域の地方公共団体が処理する」ことはどのように保障されているのだろうか．

「その地方の住民の意思に基づいて」とはいってもすべての公共的事務のひとつひとつを地域の住民自らの意思に基づいて処理することは現実的ではない．そのため，実際にはその区域の地方公共団体にその処理を委ねている．憲法は，その地方公共団体の組織について，議事機関として議会を設置することを定め，その議員をその地方公共団体の住民が直接これを選挙すると定めることによって，また地方公共団体の長の設置については定めていないが，長を設置する場合にはその地方公共団体の住民の直接選挙によると定めることで住民の意思に基づく事務処理を保障しようとしている（憲法93条1項および2項）．この選挙権・被選挙権はあとに見るように，憲法と地方自治法さらに公職選挙法によって権利として保障されている．公共的事務を処理する地方公

共団体の手足となる機関である長と議会が，いずれも住民の選挙によって選ばれる住民代表機関とされており，二元代表制度といわれている．地方公共団体を構成するこれらの住民代表機関が公共的事務の処理を行うことで，その事務処理が住民の意思に基づいて行われていることが保障されている．いわゆる間接民主主義が地方公共団体の組織原理の中心にあるといえる．

地方公共団体の議会や長といった機関は住民代表機関であり，住民の意思がその活動には反映されているとはいえ，選挙の際には争点となっていなかった問題が生じたり，問題をめぐる状況が変化して住民の意向がそれに応じて変化したりすることもある．住民の選挙で選ばれたからといって，議員や長が行うすべての施策に住民が同意したわけではないし，現実には，議会や議員が行う施策が住民意思と乖離したものとなる可能性はある．そのため，住民の意思に基づく地方公共団体の行政（住民自治）を保障するために，憲法と地方自治法以下の法令では，あとにみるような住民自身の間接的ではあるが選挙より直接的な行政への参加（半直接民主主義的制度）または行政への住民の直接的参加の仕組み（直接民主主義的制度）によって，住民意思の反映または住民の意思に基づき地方公共団体の施策の軌道修正を図る機会が保障されている．

Ⅲ 住民とは

「住民」は，法のうえでどのように規定されているのか．憲法でも住民への言及はあるがそれがどのような者をさすのかについては規定していない（憲法93条2項および95条）．地方自治法10条1項が，「市町村の区域内に住所を有する者は，当該市町村及びこれを包括する都道府県の住民とする」と定め，当該地方公共団体の区域内に「住所」を有することのみをもって「住民」とする定義を行っている．

住民には，① 個人（自然人）だけではなく法律によって権利義務の主体となることを認められた法人も含まれ，② 人種・性別・年齢を問わず，行為能力（民法4条〜21条）や日本国籍を有することも要件

ではない.

「住所」要件の意義については,自然人の場合「生活の本拠」(民法22条)と解され,法人の場合には「本店の所在地」(会社法4条)と解されている.

当該場所が住所と認定されるには「生活の本拠」としての実体が必要とされる.例えば,当該場所を住所として住民登録を行っているだけでは住所と認定されず,当該場所が「客観的に生活の本拠たる実体を具備しているか否かにより決すべき」とされている(公職選挙法における住所の概念について,長野地判平成16・6・24).

逆に,当該場所を生活の本拠としている実体があったとしても,「都市公園法に違反して,都市公園内に不法に設置されたキャンプ用テントを起居の場所とし,公園施設である水道設備等を利用して日常生活を営んでいる」などの場合には「社会通念上,上記テントの所在地が客観的に生活の本拠としての実体を具備しているものと見ることはできない」(最判平成20・10・3〔百選11〕)とされる.

このような住民は,憲法と地方自治法によって,(i)その地方公共団体から「役務の提供を受ける権利」と,(ii)参政権およびそれと密接に関係する参政権的権利という大きく性格の異なった権利を保障されている.

Ⅳ 住民の権利 ①──役務の提供を受ける権利と義務

まず,住民はその地方公共団体から「役務の提供を受ける権利」を有し,その「負担を分任する義務を負う」(地方自治法10条2項).

「役務の提供を受ける権利」とは,地方公共団体が行う行政によって受ける利益一般をさす.地方自治法が,この権利を具体的に定めている例に,「公の施設」の利用関係がある.「公の施設」とは,地方公共団体が住民の福祉を増進する目的をもって,その利用に供するために設ける施設で(地方自治法244条1項),学校・体育館・公民館・図書館等がこれに当たる.地方自治法244条2項は,「普通地方公共団体……は,正当な理由がない限り,住民が公の

施設を利用することを拒んではならない」と定め,同3項は「普通地方公共団体は,住民が公の施設を利用することについて,不当な差別的取扱いをしてはならない」と定めている.

また,「負担を分任する義務」とは,地方公共団体が行う行政活動に当たって要する経費を分かち合うことを意味し,地方税(地方自治法223条),分担金(地方自治法224条),使用料(地方自治法225条・226条),手数料(地方自治法227条),受益者負担金等,法令または条例によって課される負担をさす.

Ⅴ 住民の権利 ②──参政権と参政権的権利

(1) 参政権

憲法93条2項は,地方公共団体の長,議会の議員その他の吏員を住民による直接選挙で選出することを定めている.これは憲法15条1項が定める国民の公務員の選定罷免権を地方自治の局面で具体化したものである.具体的には,地方自治法18条と公職選挙法9条2項が「日本国民たる年齢満18年以上の者で引き続き3箇月以上市町村の区域内に住所を有するもの」に,その属する普通地方公共団体の議会の議員および長の選挙権を認めている.

議員と長の被選挙権については,公職選挙法10条1項3号・5号が都道府県議会・市町村議会の議員について「選挙権を有する者で」年齢25年以上の者と定め,同4号・6号が都道府県知事・市町村長について「年齢満30年以上」,「年齢満25年以上」の者と定め,長については選挙権を有する者(=住民)であることを要件としていない.

参政権は,日本国籍を有する者のみに与えられ,外国人には認められていない.しかし,日本国籍を有することは「住民」の要件ではなく,憲法93条のいう「住民」に外国人も含まれると解釈される可能性が議論されたところである.定住外国人の地方議員選挙権の否定が憲法93条に違反しないかを争った訴訟の最高裁判決(最判平成7・2・28〔百選15〕)は,「憲法93条2項にいう「住民」とは,地方公共団体の区域内に住所を有する日本国民を意味するものと

解するのが相当であり，右規定は，我が国に在留する外国人に対して，地方公共団体の長，その議会の議員等の選挙の権利を保障したものということはできない」とした．

ただし，同判決は「外国人のうちでも永住者等であってその居住する区域の地方公共団体と特段に緊密な関係を持つに至ったと認められるものについて，その意思を日常生活に密接な関連を有する地方公共団体の公共的事務の処理に反映させるべく，法律をもって，地方公共団体の長，その議会の議員等に対する選挙権を付与する措置を講ずることは，憲法上禁止されているものではない」と解し，一定範囲の外国人に地方の選挙権を付与することを許容する考え方を示した．

(2) 直接請求制度

住民が，その地方公共団体の行政に直接参加する機会を与えられるために認められている制度として，地方自治法が定める直接請求の制度がある．これには，下の表5-1に示すように，有権者住民が一定数の有権者の署名を集めて，① 条例の制定・改廃請求（長に），② 事務監査請求（監査委員に），③ 議会の解散請求（選挙管理委員会に），④ 議員，長，選挙管理委員会及び公安委員会の委員等の解職請求（選挙管理委員会に）の四種の請求が認められている（地方自治法12条，13条，74条から88条）．また，教育委員会，農業委員会及び海区漁業調整委員会の各委員については，各々の関係法令により解職請求の制度

が設けられている．

直接請求制度では住民が直接に①～④の請求内容を実現することを保障しているわけではなく，有権者住民の請求を受けて請求内容を実現するか否かの判断は，請求成立後の議会，監査委員，住民投票の結果等に委ねられているため，住民は請求を行えるに止まるが，請求の採否についての判断を直接に求めることが可能である．例えば，2022年，大阪府民が19万人の有権者の署名を集めてカジノを含む統合型リゾートの建設の賛否について住民投票を実施するための条例の制定を知事に求めたが，知事の提案を受けた議会はこれを否決した．

(3) 住民監査請求・住民訴訟制度

住民が，地方公共団体の違法もしくは不当な財務会計上の行為（＝公金の支出，財産の取得・管理・処分，契約の締結・履行，債務その他の義務の負担）および違法若しくは不当に公金の賦課・徴収もしくは財産の管理を怠る事実があると認めるときに，監査委員に対して住民監査を求め，議会，長その他の執行機関または職員に対し当該違法・不当な行為の防止，是正，損害賠償等の措置をとるよう勧告することを請求することができる（地方自治法242条1項）．住民監査は，住民であれば単独でも行うことが可能である．住民監査請求を行った住民は，監査委員の監査結果や勧告に基づいてとられた措置に不服があるときは，さらに裁判所に住民訴訟を起こして，当該財務会計行為の違法性について裁判所の判断を求め，

表5-1　直接請求の種類

種類	必要署名数	請求先	取り扱い	地自法の根拠
条例の制定・改廃請求	有権者の50分の1以上	自治体の長	長が議会にかけ，その結果を公表	12条① 74条①
事務監査請求	有権者の50分の1以上	監査委員	監査結果を公表し，議会・長などに報告	12条② 75条
議会の解散請求	有権者の原則3分の1以上 ※	選挙管理委員会	住民投票に付し，過半数の同意があれば解散	13条① 76条
議員・長の解職請求	有権者の原則3分の1以上 ※	選挙管理委員会	住民投票に付し，過半数の同意があれば失職	13条② 80条・81条
主要公務員の解職請求	有権者の原則3分の1以上 ※	自治体の長	議会にかけ2/3以上の出席議員の3/4以上の同意で失職	13条③ 86条

※　有権者総数が40万人超80万人以下の場合および80万人超の場合には，署名数が緩和されている．
（出所）筆者作成．

30　第Ⅰ部　政策と公共

当該執行機関に対して損害賠償請求することを当該地方公共団体の執行機関または職員に対して求めるなどの請求を行うことができる．地方公共団体の違法または不当な財務会計行為，または財産管理を怠る行為について直接住民が住民監査や住民訴訟を提起して，それらの行為や不作為によって生じた地方公共団体に損害が生じないよう防止したり，生じた損害を補填させたり，その行為を是正させることを可能とする制度である．

(4) 住民投票

　住民が，特定の問題について，投票を通じて意思を表明するいわゆる住民投票が，憲法，法律，条例の各法的根拠に基づいて保障されている．

1) 憲法95条に基づく住民投票

　憲法95条は，国会が特定の地方公共団体のみに適用される法律（地方自治特別法）を制定しようとする場合，「その地方公共団体の住民の投票においてその過半数の同意を得なければ，国会は，これを制定することができない」と定めている．これは国会が「唯一の立法機関」であり（憲法41条），法律は国会の両議院で可決されれば成立する（憲法59条）という原則に対する例外であり，住民投票の結果に示される住民の意思が法律の成否を左右する法効果を有する．長や議会が決定する「地方公共団体の同意」ではなく住民の過半数の同意という住民の意思が重視されている点が注目される．

　その趣旨は，① 本来一般的抽象的であるべき法律が具体的に地方公共団体の権限や組織を変動させて特定の地方公共団体を差別的に取り扱うことに対する防御手続の保障，② 地方自治行政への住民意思の反映，に求められる．

　実際には，国による特定の地方公共団体に対する財政支援を定める15件の法律について住民投票が実施され，1952年に伊東国際観光温泉文化都市建設法の一部改正を最後に以後住民投票は実施されてきていない．憲法95条は，立法機関である国会が法律を制定して特定の地方公共団体の具体的権限・義務や組織を変更させる場合であっても，その地方公共団体の権利の防御のために住民投票で示される住民の意思を尊重する趣旨なので，行政機関である大臣が処分によって地方公共団体の具体的な権限・義務や組織に変更を加えようとする場合には当然に住民投票と同等以上の手続で住民の同意を得ることが必要とされる趣旨を含むと解することができる．

2) 法律に基づく住民投票

　法律が，住民投票による住民の参加を求めている場合として以下のものがある．

a．地方自治法に基づく住民投票：

　直接請求（Ⅴ(2)）のうち地方自治法76条に基づく有権者からの議会の解散請求，および同80条・81条に基づく議員・長の解職請求があったときに，選挙管理委員会は「選挙人の投票に付」し，過半数の同意によって，議会の解散，議員・長の解職が成立することを定めている．

b．市町村の合併の特例等に関する法律に基づく住民投票：

　市町村の有権者は市町村の合併を進めるために合併協議会の設置を直接請求によって求めることができ，議会の議決に代えて住民投票の結果によって協議会設置を可能にしている（同法４条17項）．

c．大都市地域における特別区の設置に関する法律に基づく住民投票：

　道府県の区域内において関係市町村を廃止して特別区を設けるための手続として，特別区設置協議会での協議により特別区設置協定書が作成され，関係道府県および関係市町村の議会の承認が得られたとき関係市町村の「選挙人の投票に付」される（同法７条１項）．投票総数の過半数の賛成で総務大臣に対し特別区の設置を申請できる（同法８条１項）．大阪市を廃止して特別区を設置する構想について，住民投票が2015年と2020年の２回行われ，いずれも賛成少数で否決された．

3) 条例に基づく住民投票

　普通地方公共団体が，住民投票条例を制定して住民投票を実施する場合がある．初の住民投票条例は，1982年の「窪川町原子力発電所設置についての住民投票に関する条例」であったが，初めての実施

は，1996年の「巻町における原子力発電所建設についての住民投票に関する条例」に基づく投票であった．その後，同年には「沖縄県日米地位協定の見直し及び基地の縮小整理に関する県民投票条例」に基づき県レベルでの投票も行われるなど，多くの条例が制定され，投票が実施されてきた．

住民投票条例には，原子力発電所や米軍基地建設といった個別事項を対象とするものと「市政に係る重要事項」を対象とする常設型の市民参加・住民投票条例がある．

住民投票を行う資格をだれに与えるかは，条例によって自由に定めることが可能で，選挙権のない定住外国人，中学生や子どもに資格を認めたものもあった．

条例に基づく住民投票の結果について，長や議会を拘束する効力を与えることは，間接民主主義の組織原理に反して，それらの機関に与えられた権限を侵害することになると考えられるため，多くの条例では，結果を「尊重する」旨を規定するに止まり，「有効投票の賛否いずれか過半数の意思に従うべき法的義務があるとまで解することはでき」ないとする裁判例(那覇地判平成12・5・9［百選24］)がある．

条例に基づく住民投票については，このように法的拘束力はないのに結果のもつ影響が大きいことや，地域を二分する意見対立を残すなどの点で消極的に評価する意見もある一方，個別の問題に関する住民の生の意思を表示する貴重な機会となること，選挙と異なり争点は1つであるなど，積極的に評価する意見もある．

条例に基づく住民投票は「市政に係る重要事項」について住民の意思を確認する制度として間接民主主義を補完する意味をもつと思われ，特に，特定の事項との関係で住民投票条例の制定が直接請求された場合には，議会がそれを否決することは住民自治の否定と評価されよう．

【参考文献】

小幡純子・斎藤誠・飯島淳子編（2023）『地方自治判例百選［第5版］』有斐閣（［百選］角かっこ内数字は事件番号）．

白藤博行・榊原秀訓・徳田博人・本多滝夫編（2020）『地方自治法と住民──判例と政策』法律文化社．

駒林良則・佐伯彰洋編（2024）『地方自治法入門〔第3版〕』成文堂．

第6章 憲法理念を実現する

──生存権を手掛かりに──

奥野 恒久

> 憲法とは，国民が国家機関に対し権力を授けるとともに，その権力を拘束することで国民の人権を保障するための法である．本章では，貧困問題を手がかりに人権をめぐるリアルな現実の一端を見つめてみたい．そのうえで，憲法25条の定める生存権規定が，いかにして国民の人権を保障しているのかを見る．同時に，日本国憲法の特徴を確認する．そのことを通じて，政策学を学ぶ皆さんに，憲法や法律を学ぶ意味について考えてもらいたい．

I　重要な政策課題としての貧困

2020年12月19日の「毎日新聞」に，餓死した母娘の記事がある．「大阪市港区にあるマンションの一室で11日，腐敗した女性2人の遺体が見つかった．いずれも餓死で，住んでいた母親（68）と娘（42）とみられる．……大阪府警によると，11日午後，離れて暮らす母親の姉から『妹と連絡が取れない』と通報があった．警察官らが室内に入ると，洋間と居間の床で2人の遺体が見つかった．いずれも死後数か月が経過し，腐敗が進んでいた．解剖の結果，2人とも低栄養症で胃は空だった．母親とみられる女性の体重は30キロしかなかった．冷蔵庫には何も入っておらず，水道やガスは止められていた．ある捜査関係者は『みそなどの調味料すら残っていなかった』と話す．寒かったのか，娘は上着を着たまま倒れており，財布には13円しか残っていなかったという」と報じている．

2020年代の日本にて餓死事件がある．しかも，数カ月にわたって自治体からも近隣住民からも気づかれていなかったのである．餓死という貧困の極み，そして孤立．これらは，放置することのできない1つの重要な政策課題であろう．貧困に対しては，生活保護という制度があるはずだが，この制度は機能していないのか．そもそも，この国の最高法規である日本国憲法は，25条1項で「すべて国民は，健康で文化的な最低限度の生活を営む権利を有する」と定め，2項で「国は，すべての生活部面について，

社会福祉，社会保障及び公衆衛生の向上及び増進に努めなければならない」と規定している．この条文を素直に読むと，すべての国民に「健康で文化的な最低限度の生活を営む権利」，生存権があり，国には国民に生存権を保障する責務がある，ということだろう．餓死事件が示したことは，憲法で保障されているはずの生存権は現実には保障されておらず，国も憲法で課されている責務を果たしていないということだろうか．憲法で定められていることを現実にいかす道はないのだろうか．

II　憲法とは，どのような法か？

(1) 国の政治の土台となり，人権を保障するのが憲法

憲法と聞くと，9条問題や改憲問題が頭に浮かんで，「堅苦しい」「政治的だ」と敬遠されるかもしれない．だが，例えば2024年10月に衆議院選挙が行われたのは，「衆議院議員の任期は4年とする」と定める憲法45条や，衆議院の総選挙は「解散の日から40日以内に」と定める憲法54条1項に基づいてである．石破茂氏が首相に指名されたのは憲法67条によってであり，その首相が国務大臣を任命したのは憲法68条に基づいてである．このように，憲法は国の政治の基本的な仕組みや手続きを定めており，政治は憲法に従ってなされなければならない．

また憲法は，41条で国会に立法権を，65条で内閣に行政権を，76条で裁判所に司法権をといったように，一般の人々がもたない権力を国家機関に，しか

も権力を分立させる形で，授けている．また，憲法20条が信教の自由を，21条が表現の自由を保障しているから，例えば人々の宗教活動や表現活動を脅かすような法律を国会がつくることはできない．さらに私たちが学校教育を受け，福祉サービスを受けることができるのも，憲法26条が教育を受ける権利を，25条が生存権を保障しているからである．憲法は，政府など権力担当者にその権力を濫用しないよう縛り，国民の人権を保障するよう命じているのである．人権保障の対象である「国民」とは，日本を生活の拠点としている人のことだと解されている．

このような憲法は，ヨーロッパにて力をつけてきた市民が，絶対王政を打倒した近代市民革命後に誕生する．社会契約という思想のもと，国民が国家に権力を授け，国家に国民の人権を保障させることを本質とする．そのことは，「権利の保障が確保されず，権力の分立が定められていない社会は，すべて憲法をもつものではない」と定めた1789年のフランス人権宣言16条が明確に示している．このような憲法に基づいて政治が行われることを立憲主義という．日本国憲法も立憲主義的憲法である．例えば憲法前文の冒頭一文は，日本国民がこの憲法の制定者であることを示し，99条では，「天皇又は摂政及び国務大臣，国会議員，裁判官その他の公務員」の憲法尊重擁護義務を定めている．

(2) 最高法規としての憲法

憲法98条1項が述べるように，「この憲法は，国の最高法規」である．憲法の下に約1800もの法律があり，法律の下には内閣の定める政令や各省の定める省令がある．政治はそれらに基づいて行われるし，裁判も憲法や法律に基づいて行われる．その最高法規である憲法が頻繁に変わると，法的安定性を損なうことは明らかであろう．

それゆえ現在，多くの国の憲法は硬性憲法といって，法律よりもその改正手続きを厳格にしている．日本の場合，通常の法律が衆議院・参議院（国会）の出席議員の過半数で制定や改正がなされるのに対し，憲法改正の場合は各議院の総議員の3分の2以上の賛成で国会が発議し，国民投票にて過半数の賛

成が必要となる（96条）．法律や予算をめぐってはときに政治的対立が生じるが，憲法はそのような対立の土俵を設定しているともいえる．土俵は，特定の政治的立場を超えて合意されていなければならず，多数派の主張だけで土俵が変更されるなどあってはならない．その意味からも，硬性憲法は正当といえよう．

(3) 日本国憲法の特色

1945年8月，日本は第二次世界大戦において無条件降伏してポツダム宣言を受諾し，連合国軍の占領下の1947年5月に日本国憲法は施行される．「憲法の制定は，常に何がしかの歴史的使命を背負って行われるが，日本国憲法の場合，日本が再び軍国主義と他国への侵略を繰り返さないようにすることが主要な使命であったことは疑いがない」（木下 2019：66）とされる．それゆえ，憲法前文は「日本国民」が「政府の行為によつて再び戦争の惨禍が起こることのないやうにすることを決意」したと述べ，そして憲法9条でその具体化として戦争の放棄と戦力の不保持を定めたのである．日本国憲法の一大特色である．

ところで日本国憲法は，他国の憲法と比べて条文数や単語数が少ないことで有名である．東京大学のケネス・盛・マッケルウェイン教授の調査によると，各国の憲法を英語に翻訳すると，単語数の平均は2万2480語だそうだが，日本国憲法は4998語だという．とりわけ統治機構に関する詳細な規定を憲法におかず，世界の多くの憲法が明文化している国会議員の選出方法についても，日本国憲法は「法律で定める」としている（マッケルウェイン 2022：53）．そのため，例えばドイツでは選挙権・被選挙権年齢の引下げを憲法改正で行ったが，日本では公職選挙法の改正で対応している．

他方，日本国憲法は人権について，同時期に制定された他国の憲法にはない，労働者の権利や生存権なども規定しているため，時代の変化に対し，そのような人権規定を手掛かりに，立法や判例で対応している．しばしば「他国が憲法改正を複数回行っているのに，日本が一度も行っていないのは変だ」という声を聞くが，それぞれの憲法の特色や改正内容

34　第Ⅰ部　政策と公共

を見る必要があるだろう.

Ⅲ　憲法25条と生活保護制度

(1) 生活保護制度

　憲法25条を受けて制定された生活保護法は,1条で「この法律は,日本国憲法25条に規定する理念に基き,国が生活に困窮するすべての国民に対し,その困窮の程度に応じ,必要な保護を行い,その最低限度の生活を保障するとともに,その自立を助長することを目的とする」と定め,生活保護制度を確立している.この制度は,生活扶助,住宅扶助,教育扶助,医療扶助,介護扶助,出産扶助,生業扶助,葬祭扶助の8種類の公的扶助から成る.この費用は,4分の3が国庫負担で,残りの4分の1を地方が負担することになっている.もっともケースワーカーの人件費や調査費はすべて地方が負担する.

　生活保護法2条は,「すべて国民は,この法律の定める要件を満たす限り,この法律による保護(以下,「保護」という.)を無差別平等に受けることができる」と定め,法定の要件を満たす限り,困窮に陥った原因(疾病,災害,障がい,破産など)が何であれ,差別されることなく平等に保護を受ける権利をもつ(無差別平等の原則).もちろん,その人が協調性に欠けるといった当人の人がらなどは,まったく関係ない.

　生活保護法3条は,「この法律により保障される最低限度の生活は,健康で文化的な最低水準を維持することができるものでなければならない」と,さらに8条1項が「保護は,厚生労働大臣の定める基準により測定した要保護者の需要を基とし,そのうち,その者の金銭又は物品で満たすことのできない不足分を補う程度において行うものとする」,2項で「前項の基準は,要保護者の年齢別,性別,世帯構成別,所在地域別その他保護の種類に応じて必要な事情を考慮した最低限度の生活の需要を満たすに十分なものであつて,且つ,これをこえないものでなければならない」と規定する.憲法25条を国会の定める生活保護法が具体化し,さらに厚生労働大臣の定める「生活保護法による保護の基準」が具体化・

詳細化しているのである.なお,生活保護費の金額は毎年検討され,5年に1度,大規模な生活保護基準の見直しが行われる.

　生活保護法4条1項は,「保護は,生活に困窮する者が,その利用し得る資産,能力その他あらゆるものを,その最低限度の生活の維持のために活用することを要件として行われる」と定める.すなわち,宅地,家屋,家具什器,貴金属,債権といった資産の活用と労働能力の活用を要件としている.労働能力の活用要件について,有力な憲法学説は,憲法27条の「勤労の義務」を根拠に,「国民に勤労を強制できる」わけではないが,「はたらかざる者は食うべからず」の意だとして,「勤労の義務」を果たさない者に「国は,生存権を保障する責任はない」と主張する(宮沢1993:278).この学説に対して「職を失い,生きる希望や意欲を失った人を排除することになる」との批判がある(笹沼2014:140).様々な事情で働くことのできない人に対し,社会はどうあるべきかという根源的な論点に通じる対立である.

　生活保護法4条2項は,「民法に定める扶養義務者の扶養及び他の法律に定める扶助は,すべてこの法律による保護に優先して行われるものとする」と定める.ここでいう扶養義務者とは,民法877条1項により原則として「直系血族及び兄弟姉妹」である.「優先して行われる」とは,現実に扶養義務者による扶養が行われれば,その範囲で保護を減額するということであり,扶養義務のある親族がいても現実に扶養が行われなければ,要保護者は保護を請求できる.また児童福祉法,身体障碍者福祉法など,生活保護法以外の法律による要保護者にも受給資格のある扶助が定められていれば,これも同様に生活保護法による保護に優先する.

(2) 生活保護制度の運用の問題

　冒頭で見た餓死事件である.餓死の定義にもよるが,栄養失調による死者は年間1000人以上に上るとされる(みわ2013:206).また,餓死や孤立死の背景は,家族の変化,地域社会の変化,社会保障の劣化,「貧困」の広がりなど(全国「餓死」「孤立死」問

題調査団 2012：12以下），多角的・多元的に検討され
なければならない．だが，素朴な疑問として，どう
して餓死にいたる前に生活保護制度は利用されな
かったのであろうか．

　生活保護を利用するには，福祉事務所で申請をし
なければならない．このときに，行政の側が「相談」
という形で，「本当に働くことはできないのか」「高
価な物品はないのか」「家族から援助を受けること
はできないのか」などと問いただし，申請自体を断
念させようとすることがある．「水際作戦」といわ
れる．

　他方，申請は受け付けるが，その後に「毎日ハロー
ワークに行きなさい」「いついつまでに就職しなさ
い」などと実現不可能な就労指導を行うことで，辞
退届を出させようと迫ることもある．申請という上
陸は認めるが相手を山陸部に上げて撃破する，日本
陸軍が硫黄島でとった作戦と似ていることから「硫
黄島作戦」といわれている．困窮者の生存権を保障
することが行政の役割のはずだが，「不正受給を許
さない」を名目に，困窮者を福祉の対象から排除し
ている面がある．餓死者も生活保護制度から排除さ
れていた可能性がある．

　2012年，テレビにもよく出るお笑い芸人のK氏の
母親が生活保護を受給していることが問題となり，
「不正受給が蔓延している」「生活困窮者の面倒は家
族がみるべき」といった「生活保護バッシング」が
広がった．ちなみに，不正受給は2010年当時で，件
数にして1.80％，金額ベースで0.38％とされていた
ので，決して蔓延しているわけではない．しかし，
テレビやインターネットで流される生活保護受給者
批判を受けて，受給者のなかには「怠け者といわれ
るのがつらい．苦しい．死ね，死ねといわれるくら
いなら餓死して憐れまれる方がまし」だと自宅に引
きこもるようになり，生活保護の受給をやめたいと
申し出た女性もいたという（今野 2013：18以下）．

　このように，生活保護を受給することはよくない
こと，恥ずかしいこと，という風潮が広がることで
申請をためらう人が出たことも考えられる．とりわ
け，2014年の法改正で，生活保護の開始を決定する
にあたって，福祉事務所は親族（扶養義務者）に対

して通知し援助ができないかを尋ねること（扶養照
会）になったため，親族に知られることを嫌がって
申請を断念する人も多く出たようである．現に，日
本の生活保護制度の捕捉率（最低生活費以下の収入で，
生活保護を利用している人の割合）は，15.3％から18％
とされており，ドイツの64.6％やフランスの91.6％，
スウェーデンの82％に比べて低い．制度が適切に運
用されず利用もされていないというのが，最大の問
題である．

Ⅳ 憲法を生かし，人権を守る

（1）民主主義プロセスにて憲法を生かす

　憲法12条前段は，「この憲法が国民に保障する自
由及び権利は，国民の不断の努力によつて，これを
保持しなければならない」と規定する．自由や権利
が権力者によって脅かされるとの認識にたって，自
由や権利を保持する国民の努めの必要性を確認した
規定である．権力者が財政削減など様々な思惑か
ら，メディアと一緒になって攻撃ターゲットを設定
したとき，国民が自らの客観的利害を度外視してそ
の「ターゲット叩き」に感情的に加担する現象はし
ばしば見られる．生活保護を受給していない低所得
者層が，自分の生活が苦しいだけに「生活保護バッ
シング」に加わることもあり得よう．だが，権利保
障を後退させる側に加担をすれば，それは自身にも
返ってこないか．「生活困窮者の面倒は家族がみる
べき」という主張も，身近に引き付けて考えるとど
うであろうか．家族といっても，親子関係や兄弟関
係など家族の実態は実に多様で，一律に強要などで
きるのだろうか．そもそも国は，本来国が行うべき
福祉政策を家族に代替させようとしているのではな
いかなど，立ち止まって考えるべきことがありそう
である．

　他方，先に述べた扶養照会に対し，その効果が期
待できず，また有害なケースもあることが市民の署
名活動等で示され国会でも追及されたため，2021年
に厚生労働省は，「扶養義務履行が期待できない者
の判断基準の留意点について」なる文書を各自治体
に発出して運用改善を試みている．市民の意識と運

動，そして国会による行政監視が生存権という人権を守る役割を果たした一例といえる．国会は，何といっても立法権と予算の議決権を有している．人権をより実質的に保障するための立法措置や予算措置を講じることができるのであり，本来，どう講じるかをめぐって選挙にて国民に問われなければならない．

(2) 裁判を通じて人権を守る
1) 違憲立法審査権

国会や地方議会がそうであるように，民主主義プロセスは最終的には多数決で物事を決する．それゆえ，多数派によって制定される法律や条例による人権侵害という事態が生じうる．

憲法の保障する人権を侵害する法律に対して，憲法が用意している対処法が，裁判所による違憲立法審査である．日本国憲法は，98条1項で「この憲法は，国の最高法規であつて，その条規に反する法律，命令，詔勅及び国務に関するその他の行為の全部又は一部は，その効力を有しない」と定め，81条で「最高裁判所は，一切の法律，命令，規則又は処分が憲法に適合するかしないかを決定する権限を有する終審裁判所である」と定める．すなわち，憲法違反の法律を違憲無効と最終的に決定する権限を最高裁判所は有する．ここから最高裁判所は，「憲法の番人」といわれる．最近でも最高裁は，性別変更にさいして生殖機能を無くす手術を条件としている性同一性障害特例法の要件は，個人の尊重を定めた憲法13条に反し，無効とした（最大決2023・10・25）．

また，憲法76条3項が「すべて裁判官は，その良心に従ひ独立してその職権を行ひ，この憲法及び法律にのみ拘束される」と規定しているように，裁判所は政府や多数派国民の意思にも拘束されないのである．人権問題，とりわけ少数派の人権への洞察が求められる問題への対応を裁判所に求めるというのは，理に適っているではなかろうか．もっとも，「人権侵害だ」と思った人は誰でも裁判を提起できるのか，裁判が提起されたとして裁判所はつねに憲法に照らして厳密に審査をしなければならないのか，などは憲法学の重要な問題がある．

2) 生存権訴訟

憲法25条の保障する生存権が侵害されたとして提起された裁判も多く，とりわけ朝日訴訟（最大判1967・5・24）や堀木訴訟（最大判1982・4・28）が有名である．例えば，失明という障がいをもちながらシングルマザーとして子どもを養育していた堀木フミ子が児童扶養手当の受給を求めたところ，兵庫県知事は堀木が障害福祉年金を受給していることから，児童の母が公的年金給付を受給し得るときは児童扶養手当を支給しないという旧児童扶養手当法の併給禁止規定を根拠に棄却した．この処分の取消し等を求めたのが堀木訴訟である．最高裁は，本件併給禁止規定につき，「立法府の広い裁量にゆだねられており，それが著しく合理性を欠き明らかに裁量の逸脱・濫用と見ざるを得ない場合を除き，裁判所が審査判断するのに適しない事柄であるであるといわなければならない」として上告を棄却した．また最高裁は，「健康で文化的な最低限度の生活」について，「きわめて抽象的・相対的な概念であって，その具体的内容は，その時々における文化の発達の程度，経済的・社会的条件，一般的な国民生活の状況等との相関関係において判断決定されるべきものであるとともに，右規定を現実の立法として具体化するに当たっては，国の財政事情を無視することができず，また，多方面にわたる複雑多様な，しかも高度の専門技術的な考察とそれに基づいた政策的判断を必要とする」と述べる．立法府（国会）に対し「忖度」しているかのような最高裁の姿勢である．

生存権は社会権の1つである．社会権は，資本主義の発達にともなう貧富の差などの弊害を除去し，経済的・社会的弱者にも人間らしい生活を保障するよう国家に要求する権利として20世紀になって登場した．社会権は，19世紀に国家権力の介入の排除を目的に登場した自由権と大きく性格が異なる．生存権がそうであるように社会権は国家に積極的な配慮を求めるものだけに，国民の要求をそのまま権利として構成することには無理があろう．憲法制定当初，25条の生存権規定は，政策的な努力目標あるいは政治的道徳的な義務を定めたもので，個々の国民に具体的請求権を保障したものではないとする，プロ

グラム規定説が有力であった.

戦後の生存権をめぐる理論と実践は,25条を根拠に裁判を提起できるようにしようというもので,プログラム規定説に代わり法的権利説が,さらに法的権利説のなかでも抽象的権利説や具体的権利説が主張されてきたし,その発展も見られる.最近では,生存権裁判において,いかにして裁判所に事件に立ち入らせ厳密に審査をさせるかが検討されている.このように,憲法価値を実現するような裁判がなされるよう,裁判所の判決を検討・批判し,ときには海外の学説や判決も参照して議論を提起するのも憲法学の役割なのである.

 V 憲法学・法律学を学ぶ

以上,公務員をはじめ法律に関わる人にとって,一人の市民にとって,そして専門的に研究する人にとって,憲法学を学ぶ意味について触れてきた.ある有名な法律学の入門書は,「法を学ぶ者は,正義を求め,正義を実現する精神を身につけなければならない」(渡辺 2023:8)と述べる.政策学の学びと共通するのではなかろうか.

【参考文献】

芦部信喜・高橋和之補訂(2023)『憲法第8版』岩波書店.
奥野恒久(2018)「生存権・福祉政策と民主主義論(1)」『龍谷大学政策学論集』7(1・2).
────(2019)『人権論入門——日本国憲法から考える』法律文化社.
木下智史・只野雅人編(2019)『新・コンメンタール憲法(第2版)』日本評論社.
今野晴貴(2013)『生活保護——知られざる恐怖の現場』ちくま新書.
笹沼弘志(2014)『臨床憲法学』日本評論社.
全国「餓死」「孤立死」問題調査団編(2012)『「餓死・孤立死」の頻発を見よ!』あけび書房.
マッケルウェイン,ケネス・盛(2022)『日本国憲法の普遍と特異——その軌跡と定量的考察』千倉書房.
宮沢俊義・芦部信喜補訂(1993)『全訂日本国憲法(第2版全訂版)』日本評論社.
みわよしこ(2013)『生活保護リアル』日本評論社.
渡辺洋三(2023)『法とは何か(新版)』岩波新書.

第II部

市民と公共

第7章 地域公共人材となって参加・協働の未来を拓く

白石　克孝

「地域公共人材になる」という政策学部の学びの目標について，それが導き出される背景を「サードセクター論」と「協働論」という新たな政策形成プロセスのキーワードから説明する．政府セクターによって担われるものだけが行政であった時代は終わり，セクターにまたがった協働型の行政施策を多様な担い手の関与によって立案・実施することで，公共的な利益やサービスのより良い実現が可能となる．このような状況を指し示して，「ガバメントからガバナンスへ」といった，政策の主体と行政のあり方が変化していくという議論が現在展開されている．

I 協働とガバナンス

(1) 協働というアプローチ

1) 協働と地域公共人材

　公共政策の世界的動向を実践的・理論的に整理してみると，とりわけ地域再生，社会的包摂，包摂的経済成長が目標とされている政策領域では，地域公共政策は参加・協働型アプローチが必要とされることが，いわば共通解となっていることがわかる．地域公共人材というネーミングは，龍谷大学地域公共人材・政策開発リサーチセンター（以下，LORC と略称）の第1フェーズの際に，その共同研究の理念を表すために創り出したオリジナルな用語であった．世界的に広がる参加・協働型アプローチによる地域社会再生の現場を担う人材について，適切に指し示したいと考えたことにあった．参加・協働型の活動が受け入れられ，支持されている地域社会の存在を想定舞台として，地域公共人材の活躍がもたらす将来を描いた．本来的に参加・協働と地域公共人材とは切り離せない関係性を有していると考えていたからである．

2) パートナーシップの時代へ

　ここで用いている「協働」という訳語の元々の単語はパートナーシップである．文字通りパートナーとして，政府機関と様々な民間企業や民間組織が連携して政策に臨むことを指した用語である．

　国連が定めた SDGs については，読者もどこかで触れたことがあるだろう．SDGs では持続可能な発展のためのゴール（目標）を17ゴール定めている．その17番目のゴールは「パートナーシップで目標を達成しよう」とされている．1から16までのゴールの達成に向けて必ず「パートナーシップで目標を達成」することが求められている．ここからも協働は現代的な政策の立案と実施において欠かせないアプローチとなっていることがわかる．

　多様な非政府の主体が公共的なサービスや事業に関わるその方法は，例えば，政府の業務の民営化やアウトソーシングの受け皿（経営あるいは実施主体となる）となるという方法もあれば，公民協働の一方を担うという方法，さらには民と民の協働が推進役となる方法もあり，その形態はバラエティに富んでいる．取り組みに最適な協働のパートナーを見つけることこそが政策への重要な考察となる．

(2) セクターという考え方

1) 社会を構成する3つのセクター

　協働という考え方を理解するには，セクター（日本語では部門と訳すこともあるが，多くセクターとそのまま呼称している）という考え方を理解することが必要である．英国での呼称を用いれば，パブリックセクター（以下，政府セクター：政府・自治体など），プライベートセクター（以下，企業セクター：民間営利企業など），ボランタリーセクター（以下，市民社会セクター：民間非営利組織すなわち NPO や社会的企業な

ど）の3種のセクターに諸組織は分類されている．町内会・自治会あるいは教会教区と言ったコミュニティ組織は通常はセクターには分類されない．ただし，政策上組み込んで議論するような場合には，イギリスではボランタリー＆コミュニティ・セクターと呼称して，市民社会セクターに並べて議論することもある．

協働の元の言葉であるパートナーシップとは，セクターを超えた組織の間でのパートナーシップを指している．とりわけ公民パートナーシップと呼ばれたように，政府セクターと民間セクター（企業セクターと市民社会セクター）との間に展開された理念的には対等の関係性を持った組織間の協力関係による事業というものが，1980年代〜90年代初期には英国と米国で，その後世界各国に広がっていく．これまでは政府セクターが圧倒的に優位していた公共政策において，民間セクターの役割，とりわけ市民社会セクターに属する組織の役割が期待されるようになるのである．

市民社会セクターに属する民法上の法人をつくることの政府の許認可のハードルが高かった日本で，いわゆるNPO法が1998年に制定されて，特定非営利活動法人を自由に設立できるようになったことは，こうした新しい時代の協働の要請に応える意義があった．

2）ガバメントからガバナンスへ

公共政策において，政府セクター以外のセクターの諸組織が大きな役割を果たすことが実現していくと，果たして政府はどのように変容するのであろうか．“govern（ガバーン）”という英語は辞書的には「統治する」と訳される．この統治を実施する装置が“government（ガバメント）”とされる．ガバメントとは日本語にすると「政府」になる．近代の政治行政の中で生まれ続けてきたのが，政府による統治という考え方である．これを変えて，政府の位置ないし役割の変化をともないながら，多様な非政府の主体が政策の立案や実施に関わるようにしていく，新しい政治行政のあり方が考え出された．そうした像を“governance（ガバナンス）”という新たな言葉で呼び，「ガバメントからガバナンスへ」を実現しようとする提起が20世紀末になされた（ガバナンスという用語は，企業経営や組織マネジメントにも用いられるが，ここでは政治行政にかかわる用語のみ扱う）．

ガバナンスの対象となる領域は，グローバルレベルのガバナンスもあれば，一国レベルのガバナンス，ローカルレベル（これもサイズはまちまちである）のガバナンスもある．ここで断っておきたいことは，ガバナンスとはこうなると良いという像を示してはいても，実際に実現しているとは考えられてはいないことである．目指すべき方向性を示そうとしているといってもよい．そしてその方向性について，具現化できると考える人と，限定的にしか実現しないと考える人に分かれている．

ガバナンスの特性を考えてみよう．ガバナンスの主体（担い手）からも容易に想像できるように，ガバナンスの政治行政の像は，集権よりも分権に，画一性よりも多様性に，より親和性が高いことは間違いない．そしてまた，とりわけローカルガバナンスは，参加・協働に基礎づけられた政治行政のあり方を想定していると理解すべきである．

Ⅱ　地域公共人材

（1）地域公共人材にこめられた想い

1）政策学部の創設と地域公共人材

地域公共人材とは龍谷大学オリジナルの用語で，「地域公共政策の過程を担う人材」であり，「市民社会セクター，市場セクター，政府セクターの区別に関わらず存在し」，「組織やセクター内だけでなくセクター間の壁をこえて，その政策目標達成のためにパートナーシップを結ぶ活動ができる人」として定義されている．

LORCは学内外の研究者や実務家を交えてつくられた組織であるが，その構成員の中には，龍谷大学政策学部の創設に参加するメンバーも少なからず含まれていた．私たちが龍谷大学政策学部の基本的な人の育成の目標を「地域公共人材になる」と表現していたのは，まさに龍谷大学ならではの政策学部を創ろうという想いと重なっていたのである．

2）ローカルガバナンスの担い手としての地域公共人材

地域社会が舞台となるローカルガバナンスに焦点を当てるのならば，地方政府（以下，地方自治体）と非政府民間の担い手との公民協働という考え方を受け入れることなしには，ガバナンスを論じることはできないであろう．

ローカルガバナンスを多様な主体による協働が機能している地域社会と，それを促進する地方自治体の存在を意味するものとして捉えるならば，ローカルガバナンスは参加・協働を担う主体によって，はじめて作動するものであることが導き出される．

地域公共人材とは多様な主体による協働によるローカルガバナンスの実現において役割を担う人材を指している．その際に地域公共人材は，専門や職業として議論される場合もあれば，社会性や市民性として議論される場合もあるのであって，特定の職業に就いている人，あるいは狭義の「能力」を有する人，として定義されるべきものではないはずである．ローカルガバナンスと地域公共人材とを結びつけて論じることが本章の役割である．

(2) 地域公共人材に求められるもの
1）地域公共人材は政策エリートか？

それでは地域公共人材のもっとも大きな特徴は何か．それはセクターを超えた関係性を構築したいと志向する政策主体であることにある．政府セクター，企業セクター，市民社会セクター，これらセクターの間の壁は大変に厚い．そして同時に，同様な壁がセクター内部あるいは個別の組織内部での関係性の構築にも横たわっている．したがってより正確に言えば，セクター間や組織内部の壁を乗り越えて，関係性を構築することこそが地域公共人材に求められる役割である．

ただし，主体間の架橋あるいは関係性構築というのは，「政策エリート」「リーダー」を念頭に置いた議論ではない．個々人の関与のあり方はそれぞれであってかまわない．多様な主体の間での連携やネットワークを広げる力，あるいはその重要性に共感できる力，地域公共人材に必要なこれらの力について，私たちは〈つなぎ・ひきだす〉力として抽出した．

ローカルガバナンスにおける地方自治体の役割には依然として大きなものがある．地方自治体は多様な公共政策の主体との連携・協力が可能な組織に自らを変革して，地域社会の多様な主体を〈つなぎ・ひきだす〉力を備える組織となる努力を欠かすことができない．

2）社会的包摂にむけて

政治学的な視点から見ると，ローカルガバナンスにおいて「主体」の問い直しが始まるとき，多様な公共政策の「主体」間の新たな関係性は，理念的にも実体的にも，より開かれた民主主義，代表制民主主義を補完し得る新しい民主主義への希求と受け止めることができる．民主主義の発展という価値設定がなされることなしには，ローカルガバナンスにおける民間主体の関与は，参加ではなく動員となってしまう可能性を絶えずはらむものとなる．ローカルガバナンスが想起する地域公共人材が活躍し，参加・協働が拡がり，新しい民主主義が意識されるような社会とは，社会の構成員の社会的包摂が実現される社会であることが浮かび上がってくる．

Ⅲ　参加・協働と地域公共人材

(1) 協働とは何か
1）協働の3つの機能

協働については図7-1に示すような3つの機能があると考えている．1つ目は，地域の治め方をより良く変える行政改革の機能，2つ目は地域の政策をより良く変える政策改革の役割，3つめは地域の民主主義をより良く変える住民自治改革の機能である．

これは私の個人的な想像というよりも，世界で参加・協働アプローチに取り組んで地域再生に何らかの成功をもたらした事例を数多く訪問して，現地で述べられたことを総括したものである．協働がうまく進んでいるときは，これら3つが共に機能していると感じた．

第7章　地域公共人材となって参加・協働の未来を拓く　　43

```
┌─────────────────────────┐
│ 1.地域の治め方をより良く変える │
│             (行政改革)     │
└─────────────────────────┘
┌─────────────────────────┐
│ 2.地域の政策をより良く変える   │
│             (政策改革)     │
└─────────────────────────┘
┌─────────────────────────┐
│ 3.地域の民主主義をより良く変える │
│           (住民自治改革)   │
└─────────────────────────┘
```

図7-1　協働の3つの役割

(出所) 筆者作成.

2) 協働の進化プロセス

　地域社会を持続可能なものにしていくという目標への到達は，単純な路線やシナリオの選択ではなく，複雑な合意形成過程によって，包括的な政策アプローチで実現するはずでのものである．たとえ持続可能性の実現という目標に大きくは同意できたとしても，実際の諸政策と個別目標の共有は，合意と紛争との狭間に置かれざるを得ないことも当然起こってくる．

　地域公共人材の育成にあたって，討議のプロセスで＜つなぎ・ひきだす＞ことを重視しているのは，人びとの社会関係の構築が，政府・自治体と人々との協働によるような政策の立案と実施の過程を可能にし，そうした協働の積み重ねが，多数決とは異なる原理で動く地域の民主主義の発展へとつながる．そしてそれが地域社会への信頼を醸成することで社会関係のさらなる構築へと帰結するといった，循環的な地域社会システムをつくることが，地域社会を持続可能なものにしていくと考えるからである．

　行政，企業，NPO，コミュニティ組織等が多様に参加するような協働は，セクター横断型であるとともに，政府横断型であることに特徴を見いだすことができる．ここでいう政府横断型とは，地方政府の部署間の横断，中央政府と地方政府の間の横断の両面を含むものである．海外のいくつかの先進事例をたどってわかったことは，異なるセクターの担い手の間の協働による政策が実行に移され，その結果として地方政府が変化し，そして地域社会全体をあげての動きが生まれていることであった．図7-2に示すような進化プロセスで，はじめは単純な官民の二者間協働から始まったが，それはやがては二者間では実施できないような課題解決あるいは戦略的な社会変革を多者間の協働で実施することへとつながっていった．日本でも様々な協働と位置づけた取り組みが進みつつあるとはいえ，行政の特定部署と個別特定の民間組織との間での二者間協働による個別事業に多くがとどまっているのが現状である．

3) 地域づくりと地域公共人材

　空間や文化・習俗なども含めて地域社会を持続可能なものとして再構築していくためには，固有の自然風土や社会関係，あるいはそれらの中に蓄積され

```
┌─────────────────────────────────────────┐
│ 個別事業ベースの二者間の協働                    │
│ 個別事業に行政(特定部署)と民間(個別の企業やNPO)が取り組む │
└─────────────────────────────────────────┘
```

```
┌─────────────────────────────────────────┐
│ 事業ベースの多者間の協働                       │
│ 行政横断的な事業に行政(行政各部門)と多様な民間が取り組む    │
└─────────────────────────────────────────┘
```

```
┌─────────────────────────────────────────┐
│ 課題ベースの多者間の協働                       │
│ 課題解決にむけた包括的政策に多様な公民主体が取り組む       │
└─────────────────────────────────────────┘
```

```
┌─────────────────────────────────────────┐
│ 戦略的な多者間の協働                          │
│ ガバナンスの実現をめざす恒常的な政策システムを構築する     │
└─────────────────────────────────────────┘
```

図7-2　協働の進化プロセス

(出所) 筆者作成.

てきた技術や知恵といったものを基礎に置きながら，新たな共通の価値や新たな紐帯（結びつき）を構築して社会に上書きすることが求められる．地域公共人材はこうした地域へのまなざしを持った政策主体となり得る人材である．

地域公共人材とは特定の組織やセクターの内部はもとより，セクターを超えた関係性を構築しうる政策主体であることと特徴づけてきた．それに加えて，これまでの伝統に基礎をおきながらも，新たな共通の価値や紐帯とのかかわりにおいて，地域の営みを「上書き」するというまなざしを地域公共人材に求めたい．

図7-3は参加・協働型アプローチによって地域に関与する機会を得たことによって，地域への関心が芽生え，それが地域へのこだわりになり，そうしたことが地域の社会力や社会関係資本につながるという見取り図を示したものである．この図で表したいことは，そこに生まれたから，そこで育ったから地域社会に帰属意識を持つことは，現代では一般的ではないということである．

公共人材ではなく地域公共人材と「地域」という言葉をつけたのは，自らが当事者となることによってしか育み得ないこだわりが生まれて来る．そこで，地域社会を構成する社会の力が増していくという事実に，重要な価値を見いだしているからである．

(2) 協働と民主主義
1) 協働と熟議民主主義

ローカルガバナンスの具現化を目指して，協働というアプローチで政策の形成や執行に関係する人々や組織を巻き込んでいくならば，地域民主主義は充実するのではないか．参加・協働による地域レベルの政策形成過程は，これまでの選挙（議員や首長を選ぶ）や投票（住民投票など）とは異なる原理の民主主義を生むのではないか．多くの人が地域民主主義の新しい可能性を論じている．最も多く使用されているのは「熟議民主主義」という言葉である．代表制民主主義による現場と意思決定の場の「遠さ」「へだたり」を克服して，より直接的でより多くの討議がなされるという意味合いを含んでいる．

私自身も地域民主主義の可能性に期待を寄せて研究や教育あるいは社会的活動に携わってきた．しかしながら，ただ1つ注意しなくてはならないことがある．もし，熟議が小規模で閉ざされた「仲間」や「地区」の中でしか機能しないもの，すなわち非開放性・閉鎖性さらには独善性によって特徴づけられるものになってしまっては，熟議は決して民主主義の味方にはならない．他を排除する「仲間」や「まとまり」になることも起こり得る．熟議の成熟度を測る物差しは，議論があるかないかだけでなく，広く社会に市民社会セクターの成立が必要だと感じる人々がより多くなるかにある．

2) 市民社会セクターを成立させることができるか

ここまで何度か異なるセクターという用語を使ってきたが，果たして市民社会セクターはそもそもセクターとして成立しているのかということを問いかけなくてはならない．

以前から私は，非営利民間の組織の数と役割が増大することと，市民社会セクターが成立することとの間には，隔たりがあると論じてきた．市民社会セクターが成立するには，数多くの個別の非営利民間組織が組織され活躍しているという状況だけでは不十分である．それらの間のネットワーキングが進み，行政や企業とも異なる対抗価値（あるいはバーゲニ

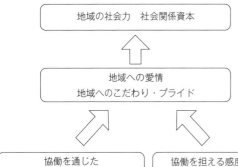

図7-3　地域社会に根付いた協働の成果

(出所) 筆者作成．

ングパワー）を有するセクターとして広く国民に認識されていなくてはならない．

　EUが社会的包摂や包摂的成長という目標を地域政策に求めるとき，その解決の鍵となるアプローチを，貧困や民族や教育など様々な理由から地域社会との接点を獲得できないで孤立している人を，地域社会の一員として地域課題の解決に結びつくような事業に参加し関与してもらうことに求める．非営利民間組織や事業参加者のネットワーキング志向と活動がそれを可能にするのである．協働の発展とグッドガバナンスの構築には，このような要素が必須と考える必要がある．

　私たちは，開放性・非排除性に特徴づけられるような熟議を生み出し，拡げていくことができるのであろうか．私たちは，グッドガバナンスを実現するネットワーキング志向を有する人々を応援することができるであろうか．読者の皆さんに考察課題として提示して，本章を閉じたい．

【参考文献】

斉藤文彦・白石克孝・新川達郎（2011）『持続可能な地域実現と協働型ガバナンス』日本評論社．

白石克孝編，的場信敬監訳（2008）『英国における地域戦略パートナーシップの挑戦』公人の友社．

白石克孝・新川達郎編（2008）『参加と協働の地域公共政策開発システム』日本評論社．

白石克孝・新川達郎・斉藤文彦編（2011）『持続可能な地域実現と地域公共人材』日本評論社．

土山希美枝・大矢野修編（2008）『地域公共政策をになう人材育成』日本評論社．

土山希美枝・村田和代・深尾昌峰（2011）『対話と議論で＜つなぎ・ひきだす＞ファシリテート能力育成ハンドブック』公人の友社．

富野暉一郎・早田幸政編（2008）『地域公共人材教育研究の社会的認証システム』日本評論社．

的場信敬編（2008）『政府・地方自治体と市民社会の戦略的連携』公人の友社．

第8章 地域公共人材のコミュニケーション能力を考える

村田 和代

龍谷大学政策学部は教育目標の1つとして，「地域公共人材」の育成を掲げている．実証研究を通して，地域公共人材には，対話や議論（話し合い）ができる能力，話し合いを通してセクターを超えた多様なひとびとを「つなぎ」，その関係性からひとびとが持つ能力や資源を通して，共有・発見・連携協力を「ひきだす」コミュニケーション能力が必要であることを見出した．本章では，地域公共人材に求められる話し合い能力について概観し，このような能力育成をめざした政策学部・政策学研究科の教育プログラムを紹介する．

Ⅰ 地域公共人材

龍谷大学政策学部・政策学研究科では，「地域公共人材」の育成を教育目標として掲げている．地域公共人材とは，これからの地域社会において公共政策の形成を主導し，職業や組織，セクターの壁を超えて関係性を構築し，パートナーシップを結びながら活動できる人材である．地域公共人材には，基本的な能力として，政策的課題を他者と協力して達成できるコミュニケーション能力（話し合い能力）が求められる．これからの地域社会を担う人材として，セクターを超えたひとびとと話し合い，共同で課題や事業に取り組んでいける能力が必要となる（土山・村田 2011）．

Ⅱ これからの地域社会で求められる「話し合い」

「話し合い」とはどのようなコミュニケーションスタイルなのだろうか．まちづくりをめぐる話し合いの特徴を他のタイプと比較して考えよう．

まちづくりをめぐる話し合いの最も顕著な特徴は，参加者間の関係にみられる．ワールド・カフェやサイエンス・カフェでは，主要な目的は情報や意見の交換で，将来にわたって参加者同士が協力する必要性が必ずしもあるわけではない．ビジネスミーティングは，社内や部内といった同じセクターのメ

ンバーによって構成される場合が多く，すでに社会的地位が確立し，メンバー間の関係もある程度構築されている．他部署や他組織との会議であったとしても，それぞれの社会的地位や立場を背景に，利益優先で話し合いが行われる．一方，まちづくりをめぐる話し合いのメンバーの所属は，自治会，PTA，市民グループ，NPO，自治体，企業，大学とさまざまである．価値観や利害の異なる人々が，将来にわたり，立場を超えて，地域と関わりつながりながら協力していく必要がある（表8-1）．

当該テーマに関する情報量の不均衡も特徴的である．ビジネスミーティングでは，当該テーマについて，参加者間で共有知識があるのが一般的である．サイエンス・カフェでは，専門家と一般市民といったように，情報量の差がはっきりしている．一方，まちづくりをめぐる話し合いは，参加者によって当該テーマについての情報量もばらばらであることが多い．これらの特徴は以下のようにまとめられる（村田 2023）．

① 産官学民といったセクターを超えた価値観や利害の異なるひとびとによって行われる．

② 当該テーマについての知識量も不均衡である．

③ 参加者は，住む，働く，学ぶ等で共通の地域に今後も長期的に関わる可能性が高い．

④ 参加者たちは，立場を超えて継続的に協力

第8章　地域公共人材のコミュニケーション能力を考える　*47*

表8-1　話し合いのタイプによる比較

	参加者間の関係の特徴	目的・目標
まちづくりの話し合い	・さまざまなセクターに属し，立場や価値観が異なる ・その地域に関わるという点は参加者間で共通している ・継続的な協力の必要性がある	・意見交換を通した地域の課題の発見 ・意見交換を通した政策立案
ビジネスミーティング	・利益関係がある場合が多い ・社会的地位がはっきりしている ・社内，部内といったセクター内のメンバーである場合が多い	・交渉や課題発見や解決（利益優先）
ワールド・カフェ／ サイエンス・カフェ	・見知らぬ人同士である場合が多い ・基本的に知り合いになる必要はない	・情報や意見交換

（出所）筆者作成.

表8-2　目的を共有する多人数談話を表す語

話し合い （話し合う）	はなしあうこと．⇒　①互いに話すこと，②相談すること　←「話し合う」より （①互いに話す，②相談する）
議論	互いに自分の説を述べあい，論じあうこと．
討議	あることについて意見を戦わせること．
討論	（明治10年代から debate の訳語として用いるようになった）事理をたずねきわめて論じること．互いに議論を戦わすこと．（事理：物事の筋道とその道理.）

（出所）『広辞苑』より.

していく必要がある.

では，上記のような特徴を踏まえながら，あらためて「話し合い」という言葉について考えよう．目的を共有する多人数談話を表す語をまとめたのが表8-2である.

公的文書や市民参加に関する専門書では，「討議」という表現がよく用いられている．表8-2からわかるように，討議，討論，ディベートに共通するのが，「意見を戦わせる」ことである．もちろん，論理的思考を高めるのにディベートは効果的で，例えば政策提言においては，正当性を高めるためにディベート（討議）能力が求められるだろう．しかし，同調性が好まれてきた日本の地域社会においては，欧米発の意見を戦わせるコミュニケーションスタイルは，適合しないのではないだろうか．とりわけ，地域の課題をめぐるマルチセクター型の話し合いで，意見を戦わせてAが勝つか，Bが勝つかの勝敗で進めていくことは避けるべきである．今後も長期的に同じ地域に関わっていくひとびとに，勝ち負けが決められて分断されてしまうことは容易に想像できる.

さらに，欧米の文化的特徴としてよくあげられるのが「人とこと（意見）を分ける」ということである．論理的に相手の意見の弱点を突き自分の意見の正当性を主張するというディベートの手法が受けいれられやすい文化的土壌がある．一方，日本社会は「ひと」と「こと（意見）」を区別することが難しい社会で（加藤2002），相手の意見を打ち負かすことは，相手（ひと）の人格への批判（否定）としてとらえられがちで，日本社会で馴染むとはいいがたい.

一方で，価値観や感性が多様化した現代社会では，「私の常識は他の人にとっても常識」という考え方は通用しない．セクターを超えたひとびとの多様な意見や価値観をまちづくりの場で反映させていくためには，やはり何らかのコミュニケーションが必要である.

そこで，これからのマルチパートナーシップに求められるコミュニケーションのスタイルとして，対話と議論両方のエッセンスを持った新しいタイプの「話し合い」を提案する．これは，意見を戦わせて勝ち負けを決める方法ではなく，日本社会に昔からある「場」を大切にしながらコンセンサスに到達する方法である．ただし，意見を言わずして空気を読

んで結論を察知するような，あるいは，力のある人や年長者の声が大きく立場によっては意見が言えないような，従来の日本社会でイメージされる話し合いではない．

対話は，英語の"dialogue"で語源は"through＋speak"である．話すことで，異なる価値観をすり合わせていく，違いを交渉しながら着地点を見つけていく相互理解のためのコミュニケーションである．ただし，対話を通して同化するのではないという点は強調しておきたい．着地点を見出すまでは異なる意見を出し合うことが必要で，とりわけ立場を超えて発言できるコミュニケーションの場でなければならない．これは，議論（discussion）の特徴でもあり，筆者が提案するのは，対話だけでなく議論の要素も持ち合わせた「話し合い」である．例えば，A，B，Cという意見を戦わせて，Aが勝てば，BとCはAに従わなければならないというのではない．3つの意見をすりあわせて出てきた結論がAに近かったとしても，それはもはやAではなく3つの意見をすりあわせた結果のDである．そのため，AもBもCもそれに合わせるという点では平等である（平田2012）．

これからは，多様性を認めながらお互い対等に話ができる新しいタイプの話し合いが必要になってくる．そして，このような話し合いを実施できる能力が地域公共人材に求められているのである．

Ⅲ まちづくりの話し合いにみられる特徴

筆者はこれまでまちづくりの話し合い談話を研究してきた．実証研究に基づくまちづくりの話し合いにみられる3つの特徴はⅡ節で紹介したとおりであるが，これに加えてファシリテーターの存在に着目したい．ファシリテーターとは，議論に対して中立的な立場で議論を進行しながら参加者から意見を引き出し，合意形成に向けて提案をまとめる調整役で，近年社会活動や地域住民活動においてその役割が注目されている（掘2004）．そこで，ファシリテーターの言語的ふるまいに着目し，まちづくりの話し

合い談話を分析したところ，次のような特徴がみられた（村田2023）．

①話し合いを始める前に，参加者全員の自己紹介やアイスブレイク（参加者全員で参加できるクイズやゲーム等）に時間をかける．

②全体を通して，発言の割り振りに配慮し，発言していない人，発言量の少ない人に積極的に発言権を与えるようにする．

③あいづち詞，同意，繰り返し，肯定的コメント等発言を積極的に聞いていることを明示的に表す言語ストラテジーを頻繁に使用する．

④意見をとりさげるときには，提案者に配慮を示す言葉をかける．

⑤話し合いを始める前に，話し合いのルールを提示する．

⑥話し合いのトピックを，その都度わかりやすく明確に提示する．

⑦繰り返し合意項目を確認し，小さな合意を重ねることで，大きなテーマの合意につなげる．

⑧話題の変わり目は，ことばで明示的に表す．

上記特徴は，大きく2つのグループに分けることができる．前半4項目は，言語の対人関係機能面（ポライトネス）に関わり，ワークショップのメンバーに配慮を示す言語的ふるまいである．参加者に共感や理解を示したり，積極的に聞いているというシグナルを送ることで，同じ話し合いの場を共有するメンバーであるという連帯感を表しているのである．後半4項目は，話し合いのプロセスやフレームワークといった話し合いのメタ的情報の提示を行っている．ファシリテーターは，どの参加者も平等に話し合いの進行についていけるように，話し合いの流れやプロセスを繰り返していねいに説明していた．

議論の進行役と位置づけられるファシリテーターであるが，話し合い談話の実証研究を通して，別の役割も担っていることがわかった．1つには，初対面同士の参加者の緊張を和らげ，参加者間の対人関係構築を率先する役割である．話し合いの初めの方

では，ファシリテーターの積極的な働きかけによって，各参加者とファシリテーターの間にラポール（心理的共感を伴うつながり）が生まれている様子がみてとれる．話し合いの最初の方では，参加者がファシリテーターにむかって発言し，ファシリテーターがそれに応えるという，ファシリテーターと各参加者とのやりとりが目立つ．しかし，話し合いの場が和むにつれて，参加者間でことばのキャッチボールが起こるようになる．この一連のプロセスにおいて，ファシリテーターの対人関係機能面に関わる言語ストラテジーの使用が効果的に働いているのである．

もう1つの役割は，異文化間コーディネーターである．話し合いを始める前に，ファシリテーターが，必ず話し合いのルールを提示する（例：相手を非難しない，肩書や立場を忘れる，人の話を聞く）．まちづくりの話し合いを観察していると，参加者の属性（所属）によって参加の仕方が異なる様子がみてとれる．長時間話し続ける参加者もあれば，他の参加者の意見を最後まで聞かず割り込んで話す参加者もいる．このような特徴は，個人レベルで異なるだけでなく，属性（所属）によって類似点がみられる場合が多い．所属する言語コミュニティの話し合いに関する暗黙のルール（文化）があって，それぞれが自分たちのルールで話し合いを進めているのである．各参加者は，自分自身の言語コミュニティの話し合いのルールでもって話し合いを行っているのであり，それぞれが異なるルールで話し合いを進めていると言っても過言ではない．まちづくりの話し合いは，一種の異文化間コミュニケーションでもあり，ファシリテーターはこれを円滑に行えるよう調整しているのである．

以上のようなファシリテーターに特徴的な言語的ふるまいが，「参加者間のラポール構築を促し，参加者同士が話しやすい話し合い」「どの参加者でも話し合いの流れやプロセスを把握できるような話し合い」「参加者が平等な立場で臨める話し合い」へと導いていると考えられる．言いかえれば，話し合いを円滑に進めるためには，話し合いの場作り，プロセスの共有，議論のマネジメントが重要であると言えるだろう．

Ⅳ 龍谷大学政策学研究科・政策学部で展開する話し合いの能力育成プログラム

龍谷大学政策学研究科では，ファシリテーション能力育成プログラム，学部では話し合い参加者としての能力育成プログラムが組み込まれている．話し合いの実施を中心に置くこれら2つのプログラムは，ともに複数の教員による専門領域を超えた学際的共同研究に基づいている．

(1) 〈つなぎ・ひきだす〉ファシリテート能力育成プログラム

Ⅱ節で紹介した実証的研究の成果も踏まえ，政治学，社会学，ガバナンス論等の多様な領域の研究者や実務家との研究を進め，地域公共人材には，対話や議論を通してセクターを超えた多様なひとびとを「つなぎ」，その関係性からひとびとが持つ能力や資源を通して，共有・発見・連携協力を「ひきだす」能力が必要ではないか，そしてそれはファシリテーターのスキルや態度と親和的ではないかという結論に至った．そこで，ファシリテーション能力の育成に重点を置いた本プログラムが開発された（土山・村田・深尾 2011）．

本プログラムは，事前講義，2日間のワークショップ，ふりかえり講義からなる．事前講義では，参加・協働型社会を実現するためのセクターを超えた対話や議論，連携の重要性やワークショップやファシリテーションの基本的概念を紹介する．ワークショップでは，ファシリテーションの実施と観察を通して，話し合いのプロセスやファシリテーションのスキルを学ぶ．

ふりかえり講義では，参加者の日常の活動や仕事にワークショップの学びをどのように活かせるかを考える話し合いを行う．最後に，ファシリテーターのふるまいに見られる共通の特徴や，話し合いのプロセスについての講義を行う．受講生は，ワークショップを通してファシリテーターのふるまいの特徴を断片的には習得しているが，本講義では，社会

言語学の視点も取り入れながら，ファシリテーターのふるまいの特徴を体系化して提示する．① 情報の授受が優先される議論の場においても言語の対人関係機能面が重要な役割を担うこと，② セクターを超えたパートナーシップを進めるためのラポール構築の重要性，③ どのような言語的ふるまいが対人関係構築に関わるのかといった点を講義のポイントとして取り入れている．

(2) 話し合い参加姿勢 (participant-ship) 育成プログラム

(1) の教育プログラムのアクション・リサーチを通して，話し合いには，進行役であるファシリテーターの育成だけでなく，参加者の参加姿勢 (participant-ship：誠実に積極的に参加する態度) の育成が必要であることが明らかになった．これを踏まえて開発したのが，学部生向けプログラムである．

本教育プログラムは2年前期に開講され，15回の授業で基礎編と応用編からなる．前半の基礎編においては，コミュニケーションをめぐるトピックについてのグループでの話し合いの実施・観察・ふりかえり実践を通して，話し合いの参加者として必要なマナーやルール，話し合いへの参加の仕方を身につける．後半の応用編においては，前半で身に付けたルールやマナーを踏まえて，グループで協力し，教室外でのインタビューやアンケートの実施も取り入れて，与えられた課題を達成する．

本プログラムでは，まず，話し合いの場作りの重要性に着目できるよう，条件を変えた話し合い（アイスブレイクの有無，司会やタイムキーパーの準備の有無等）を体験させるデザインとした．加えて，種類の異なる話し合いを体験し，話し合いのスタイルの多様性を実感させる設計とした．さらに，前節で紹介したファシリテーターの言語的ふるまいからもわかるように，話し合いでは「話す」ことと同じくらい「聞く」ことが重要である．したがって，コミュニケーションは相互的活動であるという立場にたち，話すことだけでなく聞くことに注目させる設計とした．クラス運営の特徴としては，ファシリテーションの研修を受けた上回生が教育補助員としてクラス

に入り，話し合いのサポートをするという点があげられる．

(3) 2つのプログラムの共通特徴

上記2つのプログラムに共通している特徴は次の3点にまとめられる．

1点目は，一方的に話を聞く講義スタイルではなく，受講生が活動を通して学ぶアクティブ・ラーニングであるという点である．

2点目の特徴は，フィッシュボール形式を取り入れているという点である．フィッシュボールとは金魚鉢のことで，あるグループが話し合いを実施している様子を，別のグループが観察する方法のことを言う．観察グループは，観察しながら，オリジナルシートに気づいた点を記録する．この際，話し合いの内容（発言内容）というよりも，参加者の様子や話し合いの場の様子（例「笑いが起こった」「○○くんが話し続ける」「ファシリテーターが話題を変える」）に着目した気づきを記載してもらう．実施グループは，話し合い終了後に，オリジナルの評価シートに実施した話し合いについて自己評価を行う．

3点目の特徴は，ふりかえりの話し合いを行うことで，話し合いのプロセスやフレームワークを意識させるという点である．フィッシュボールの後，実施グループと観察グループ合同で，話し合いをふりかえりながら，どのように合意に至ったか，なぜ話し合いの流れが変わったか，あるいは今の話し合いはよい話し合いと言えるか等，多角的に考察し検証する．この「実施・観察→ふりかえり」といった一連の活動は，全員が両方を体験できるよう2セット実施するようデザインした点も共通した特徴である．

初等・中等教育で，グループディスカッションの経験はあっても，話し合いの方法や進め方を学んだことはないという学生が大半である．本節で紹介した話し合い能力育成プログラム受講生のアンケートでは，話し合いの意義や，話し合いの参加者・ファシリテーターとしてのスキルやマインドを学んだという肯定的なコメントが多数を占める．さらに，授業内の話し合い談話でも，特定の話者だけが話すの

ではなくバランスよく話すようになる，合意形成は
より多くの参加者が関わるようになるといった変化
がみられる（村田 2023）．話し合いの方法や進め方，
参加の仕方といった話し合いリテラシーを身につけ
るための本教育プログラムは有効であると言える．

Ⅴ　多層的アプローチの必要性

　前節までの議論で，単体の話合いを円滑に進める
ための話し合いリテラシーの重要性を主張し，育成
のためのプログラムの具体例を紹介した．最後に，
単体の話合いを円滑に進める能力育成だけでは不十
分であること，話し合い能力育成には多層的アプ
ローチが必要であるという点を主張したい．

　筆者は，社会言語学的アプローチで，ミクロレベ
ルから話し合い談話の研究を行ってきた．まちづく
りの現場に関わるようになって，話し合いが円滑に
進み建設的であったと参加者が満足するだけでは不
十分であることを痛感している．つまり，参加者で
導いた合意や，話し合いの場で作り上げた共通規範
が，実際のまちづくりや政策形成に生かされなけれ
ば，それは「よい話し合い」とは言えないのではな
いかということである．現実社会で行われている市
民参加型の話し合いをめぐっては，それが行われて
いる現場のフィールド・ワークも必要であるし，そ
れが行われる社会システムや理念ともリンクして研
究すべきである．とは言うものの，もちろん，ミク
ロレベルの研究は必要不可欠であるという点も強く
感じている．まちづくりや政策形成の現場では，ま
るで「話し合い」が所与のものとして扱われる，あ
るいは「話し合い」をプロセスに埋め込めばよい，
誰でも話し合いはできるものだ，と仮定していると
感じることも多い．必要なのは，ミクロ・メゾ・マ
クロレベルからの多層的研究（「話し合い学」）であ
る（村田 2023）．これは，話し合いの教育にもあて
はまると考える．

　龍谷大学政策学部・政策学研究科のカリキュラム
を「話し合い」という観点から考察してみよう．話

し合いは，課題探求，課題解決等，政策形成のプロ
セスにすぎないが，あえて「話し合い」という観点
からカリキュラムを考察してみたい．

　政策的課題を他者と協力して達成できるコミュニ
ケーション能力（話し合い能力）育成を目指して，
学部・研究科のカリキュラムを通して，座学・現場
での実践（PBL や CBL）の双方からさまざまな科目
（教育プログラム）が展開されている．教室内での話
し合いの実施をプログラムの中心に置く前節で紹介
した 2 つのプログラムに加えて，地域のひとたちと
話し合いを実践するプログラムだけでなく，協働・
パートナーシップといったテーマをめぐる講義科目
が複数開講されている．

　持続可能な社会形成の主体に求められる話し合い
能力とは，単に教室内で単体の話し合いを充実させ
ることだけでは不十分である．実際の社会で話し合
いが実施される現場や，その背後にある民主主義と
いった社会システムや理念も含めた総体（話し合い
学）としてとらえる必要がある．話し合いリテラシー
の育成をめざした教室内での活動（ミクロ）に加え
て，現場での活動（メゾ），概念的知識習得（マクロ）
といった重層的・能動的な学びが，これからの（地
域）社会を担う地域公共人材に求められる「話し合
い能力」であると考える．

【参考文献】

加藤哲夫（2002）『市民の日本語──NPO の可能性とコ
　　ミュニケーション』ひつじ書房.

土山希美枝・村田和代（2011）「地域公共人材の育成」，
　　白石克孝ほか編『持続可能な地域実現と地域公共
　　人材──日本における新しい地平』日本評論社.

土山希美枝・村田和代・深尾昌峰（2011）『対話と議論
　　で〈つなぎ・ひきだす〉ファシリテート能力育成
　　ハンドブック』公人の友社.

平田オリザ（2012）『わかりあえないことから──コミュ
　　ニケーション能力とは何か』講談社.

堀公俊（2004）『ファシリテーション入門』日経文庫.

村田和代（2023）『優しいコミュニケーション──「思
　　いやり」の言語学』岩波新書.

第9章 市民の力で社会を変える

深尾 昌峰

　　私たち一人ひとりには「チカラ」がある．それを「市民性」と呼ぶ．市民性の特徴は先駆性，批判性，運動性，多元性などがある．私たちの生活の中にある「課題」をいち早く発見し，共有し，提起するプロセスは，民主主義にとっても重要な意味をもつ．市民は多様な価値観で問題をとらえ，行動を起こすことができる．それは，時として価値観の衝突や社会・権力との闘いという側面もある．本章では，私たちの社会をより良いものにする市民性について考えてみる．

I 「市民」とは何者か

　「市民」と聞くと，一般的には京都市民や大阪市民というように，そのまちの"住民"としての市民を指すことが多い．しかし，政策学の中で「市民」という言葉を使う場合は，市民社会に生きる，社会の構成員として生きる人々を指すことが多い．「市民」について坂本義和 (1997) は「(市民社会という言葉で) 私が指すのは，人間の尊厳と平等な権利との相互承認に立脚する社会関係がつくる公共空間と，その不断の歴史形成過程である．(中略) それは一つの批判概念であり，規範的な意味も含んでいる．それは人間の尊厳と平等な権利を認め合った人間関係や社会を創り支えるという行動をしている市民を指しており，そうした規範意識をもって実在している人が市民なのである．それは，国内・民際のNGO組織に限る者ではなく，都市に限らず農村も含めて，地域，職場，被災地などで自立的で自発的 (ボランタリー) に行動する個人や，また行動はしていないが，そうした活動に共感をいだいて広い裾野を形成してる市民をも含んでいる」と述べている．本章は，読後にこの坂本義和先生の文章を理解できることを目的としたい．

　では今日的な市民社会という言葉はいつごろから使われるようになったのだろうか．日本においては阪神・淡路大震災が一つの契機と言え，震災後，市民社会ルネッサンスとよばれる文脈で多く用いられてきた．阪神・淡路大震災において，「ボランティア元年」とのちに呼ばれるムーブメントは，ボランティア活動への参加者数としてはのべ180万人が直接的あるいは間接的に被災地に思いを馳せ，多様な支援活動を展開した．それは，未曾有の災害という非常事態下で，日常において希薄になっていた助け合いや支え合いが社会に大きく可視化されることとなった．世界を見渡しても，1980年代末以降東ヨーロッパにおける民主化運動や，イギリスにおける「第三の道」政策の展開など世界的にも市民社会の問い直しがなされていくことになる．特に日本においては，バブル経済崩壊後の社会像を模索していた時期とも重なったことで，阪神・淡路大震災を契機に市民活動への関心や参加が高まり，1998年に特定非営利活動促進法 (通称「NPO法」) が成立し，市民活動の基盤が形成されていった．しかしこの「ボランティア元年」という言葉に違和感を覚える人も多い．あたかもここが日本におけるボランティア・市民活動の「始まり」のような印象をうけるからだ．

　確かに阪神・淡路大震災を契機としてボランティア活動に社会的な注目が集まったことは事実であるが，「始まり」という認識は正しいものではない．阪神・淡路大震災以前にも，多くの市民が様々な社会の課題に向き合い「闘って」きた．この章では市民あるいは企業も含む民間にしか作り出せない公益・公共とは何かを考え，それら市民性が持つ特徴への理解を深める一助にしたい．

Ⅱ 市民のもつ批判性や運動性

　では，「闘い」とは具体的にどういった意味だろうか．この項では，その闘いの様子と市民が創り出す価値について考えていきたい．

　私たちの社会にはさまざまな課題が溢れている．これを読んでいるみなさんも社会課題を挙げろと指示されれば少子化，高齢化，子どもの貧困，人権問題など多くの課題を想起できるはずだ．それらの社会課題はいつから，どのような道筋をたどって「私たちの課題」になったのだろうか．はじめに，ここでは単純な事象としての「課題」と「私たちの課題（＝社会全体の課題）」を区別して考えてみよう．例えば，DV（ドメスティック・バイオレンス）は今日的にはDV防止法（「配偶者からの暴力の防止及び被害者の保護等に関する法律」）が成立し，行政的にも様々な施策が展開されている「私たちの課題」である．ただ，この課題もある時期までは単なる夫婦喧嘩や痴話喧嘩という言葉で扱われ，個人の間で発生する問題として取り扱われていた．単なる夫婦喧嘩の解決に税金を投入する，と聞くとみなさんも違和感を覚えるのではないだろうか．個人の問題とされる以上，それは個人間のコミュニケーションや話し合いによって解決されるものとされ，そこに税金を投入することは難しい．

　ではなぜDVは個人間の問題から，法制度を動かすまでの「私たちの課題」に変化したのであろうか．そこには当事者を含む市民の「運動」が存在した．暴力を受けた当事者はもちろん，その家族や相談を受けた弁護士や支援者など，当事者の周辺のひとたちが「ほっとけない」と行動を起こしたのである．

　皆さんも想像してほしい．自分の大切な家族や親友が理不尽な暴力を受けた時に，ほっておけるかどうか．例えば，配偶者の暴力がエスカレートし，命の危険を心配しなければいけなくなった友人を逃すために，友人同士でお金を出し合い，少し離れたまちにアパートを借り上げ避難させた事例があった．そうでもしないと，大切な家族や親友の命を守れな

いという切実な状況の中での行動だ．こういった動きが積み重なり，同様の事案の相談にのっていた弁護士たちが調査を行い，今日ではDVという概念で説明されている状況を様々な形で社会に訴えかけていった．その結果，DVは多くの人々が認識する問題となり「私たちの課題」になったのである．そのプロセスで法律も整備され，2001年にDV防止法が成立した．弁護士たちの調査から法律の成立まで約30年の「闘い」だった．先述した当事者の友人たちが借り上げたアパートの機能は，現在では自治体などが用意するDV被害者支援施設やシェルターとよばれるものになり，税金による公的支援が展開されている．

　誤解をしてほしくないのは，課題に対する取り組みが無かったからといって「昔はひどい社会だった」いうことではない．現在，今この瞬間も，未だ私たちが認識できていない問題で苦しんでいる人たちはいて，未来から見た時にはきっと今も「ひどい社会」なのである．その時々の常識や当たり前は，当然の規範であるように認識されているが，時にはそれらを逸脱することによって新しい価値や人権が創出されることもある．そういった新たな問題に気づくことができるということは市民にしか出来ない．政府・行政は基本的には法律や制度に基づいて動いており，そこから逸脱することは難しい．その時の規範の内側で思考している中では課題の「新たな発見」は困難である．

(1) 違法行為を続ける市民

　前述の内容をもとに考えていくと，法律や制度の変革の種は市民の生活空間に存在するということになる．完璧な社会が存在しない以上，現在の「正義」を時には疑ってみることも重要なことである．以下，車椅子で生活している人の移動に関する事例を紹介したい．

　車椅子ユーザーの移動に関しては，現在まだまだ障壁はあるとはいえ，ハートビルド法（1994年），その後バリアフリー法（2006年）なども整備され公共交通機関へのアクセスなど随分改善されてきた．それ以前のまちは歩道も狭く，駅周辺の狭い歩道には

放置自転車が溢れており，車椅子ユーザーが通るには不便なエリアが多くあったことに加えて，そもそも車椅子生活を余儀なくされている人々が外出するということ自体，まだ一般的でない時代でもあった．そんな中，草の根のボランティア活動として「移送サービス」の活動が全国的に広がりを見せ始める．これは福祉車両とよばれる車椅子のまま乗車できるワンボックス車で希望する場所まで移動をサポートするボランティア活動である．移送サービスにおいて，特にニーズが高かったのが人工透析を必要とする車椅子生活者であった．人工透析は2日ごとに病院に行って処置を受けなければならない．病気を抱えて病院に通うのはそれだけでも大変だが，加えて車椅子での移動となるとより困難な状況がうまれる．当時は今のような病院による送迎サービスもなかった．また先述の通り，バリアフリーという言葉もまだまだ一般的でなく，駅にエレベーター等も整備されていなかった時代の話だ．そういった中で身近に車椅子ユーザーがいる人の話を契機として，京都では1980年代にトラックの運転手たちが自分達にできるボランティア活動は何かないかと考え，移送サービスが展開され始めた．病院送迎だけでなく，余暇活動の送迎なども積極的に展開され，多くの利用者に受け入れられ，喜ばれていた活動であった．しかし，このボランティア活動は法律という側面から見ると当時は「違反」であり，旅客運送法第80条に抵触する「白タク行為」として取り締まりの対象となっていた．積極的に取り締まられたわけではないが「違法です，すぐに活動をやめなさい」という警告書などが当局から発出されるなどの対応が行われていた．警告書を受け取った団体では，当然その後の活動の展開について議論になる．良いこと（＝人の役に立っている）をやっているのに悪いこととして取り扱われ，活動の気力が失われてしまった人もいた．しかし，それでも多くの団体は活動を続けた．なぜならば自分達が活動を辞めれば，命の危機を迎える人が目の前に存在するからだ．人々は「違法行為」を続けながら，同時に中間支援組織と連携し法制化の運動を始める．法律を変えて違法状態でない状態をつくりだす．問題を「課題」から「社会課題」にしていくためである．結果，多くの人の尽力により移送サービスは2000年代に入って福祉有償運送として法制化が叶い，「違法行為」ではなくなった．このように，現在の法律が社会にある全ての事象，課題を想定できているわけでない．市民の目の前の困っている人をなんとか助けたいという行動が法律を変えていくこともある．

(2) 病院をつくる市民

あと1つ事例を紹介したい．健康保険制度に起因する市民の闘いの事例である．健康保険制度は，現在は国民皆保険制度でみんながその加入証である「保険証」を持っている．国民で保険料を拠出しあい，医療費負担を軽減する世界的にみても優れた制度である．しかし，1961年までは零細企業の従業員や職人などの自営業者など健康保険証を実質持てない人々が存在した．保険証がないと医療費負担が高額になり，医療受診を抑制する傾向となり，戦後間もない時期などは職人などが集住する地域などで伝染病などが流行するとコミュニティが壊滅的になるなどの現象が起こっていた．その当時，保険証を「持てない」ことはその立場の人々からすると「当たり前」のことと認識されていたと推察されるが，その現状を打破する営みは市民の中から湧きあがった．京都では，西陣織の職人や住民たちが中心となって，住民立の診療所をつくり，それをベースに病院を設立していった．住民が病院設立に必要な資金を出資し，経営も住民の中から選ばれた人が理事となって医師と共に担う市民立の医療機関であった．この病院は現在も堀川病院として存在し，ある意味で「普通の」病院として地域医療を支えている．

こういった市民の先駆的な動きによって今の「当たり前」はつくられているのである．

Ⅲ 垣根を越えていく「ソーシャル」

私たちの社会が多くの問題をはらみ続け，格差が拡大し，紛争が絶えない社会構造となっていることに対して，経済学の中でも資本主義はこのままで良いのかという問いや議論が"ポスト資本主義の模索"

という形でおこっている．また，様々な現場で具体的・実験的な取り組みが展開されている．例えば，投資家特に機関投資家による投資行動の変容は注目すべき動向の一つと捉えている．これまでの投資は1円でも多く儲かること，つまり経済的な合理性や効率性が重要な評価軸であった．これは今日でも否定されるものではないが，それらが本当に持続可能で幸せな社会を創り出すのかという点に対して疑問をもった投資家たちが，持続可能な社会を創り出すための方法としての投資を思考し始めた．

「投資」というチカラで社会を変えられるのではないかという考え方は，倫理的投資という概念を生み出し，投資引き上げ（ダイベストメント）として行動に移されてきた．ダイベストメントは，南アフリカの人種隔離政策であるアパルトヘイト政策の撤廃にも大きな影響を与えたと言われている．労働集約型の産業などで安価な労働力を駆使し，安い商品をつくりあげ，先進国の市場で売る．これらはこれまである意味で疑われることなく構造化されてきた．そういった構造が，児童労働や奴隷制度を生み出すことにもなった．私たちが単純な安さを求めることによって，間接的にこのような問題を生み出す加害側にいたことになる．投資家や消費者たちがそういった構造を抱える企業活動に厳しい目を向け始め，ダイベストメント行動を引き起こした．これらが源流となって今日的には社会的責任投資（SRI）やESG投資（環境・社会・ガバナンス）と名付けられるものになっている．特にESG投資は，2006年に国連が機関投資家に対し，ESGを投資プロセスに組み入れる「責任投資原則」（PRI）を提唱したことをきっかけに広まった．また，2015年の国連気候変動枠組条約第21回締約国会議（COP 21）で，世界共通の長期目標として，「世界的な平均気温上昇を産業革命以前に比べて2℃より十分低く保つとともに，1.5℃に抑える努力を追求する」ことが合意されたこともあり，環境分野を中心に広がりをみせている．気候変動は自然大規模災害や第1産業への打撃など，経済の持続可能性を破壊する可能性があり，ESG投資によって環境，社会，ガバナンスの視点を投資判断に組み込むことにより，長期的な視点で投資行動を行い，持続可能な社会構築への貢献が期待されている．

（1）起業して社会課題を解決するという選択肢

これまでのボランティアやNPOという形に加えて，ビジネスの手法を用いて社会課題解決を目指す「ソーシャルビジネス」も大きな注目を集めている．その事例を2つ紹介したい．

1例目は，全国的に問題となっている獣害という社会課題に向き合い，事業を展開している「株式会社RE-SOCIAL」である．株式会社RE-SOCIALは龍谷大学政策学部のゼミ仲間3名で在学時に起業した企業で，彼らは学生時代のフィールドワーク中，獣害として駆除された鹿が産業廃棄物として次々と埋められていく状況を目の当たりにし，なんとも言えない「モヤモヤ」を感じた．その「モヤモヤ」の正体は人間の勝手で獣害となっている動物を殺し，モノのように埋めている実態に対する憤りである．彼らは少なくともそれらの動物に対して，食料として感謝し，美味しく頂き，同時に生態系の保全につながる取り組みを進めるべきではないかと考え，京都府笠置町を拠点にジビエ肉の加工・販売の事業を展開している．丁寧に加工したジビエ肉は多くのファンを獲得しており，結果，笠置町で駆除された鹿は1頭も埋められることなく骨や皮まで活用され，地域経済にも貢献する取り組みになっている．

2例目は有機野菜を使った離乳食の製造・販売をしている「株式会社はたけのみかた」である．社長の武村幸奈さんも龍谷大学政策学部出身で，学生時代，「Ryu-SEI GAP」の取り組みで，有機農業でこだわりの野菜を生産する農家の経営がうまくいっていないということに疑問を持った．人の健康や土壌を侵さないその農法は今後社会で必要とされる持続可能性に大きく貢献するものだが，規格外野菜も多く市場に提供できず収益が伸びない課題を発見した．どうにか安全でこだわりをもって育てられた野菜を全量買取する仕組みをつくれないか，と考えたのが起業のきっかけだ．それと合わせて大学での活動で開催した野菜市に子ども連れのお母さんが多く来ることに気づき，自分の大切な子どもの口に入るもの

は，たとえ多少の苦労があっても慎重に選びたい，という声と先述の有機農家への価値創出という発想が合わさってたどり着いたのが「離乳食」である．「manma 四季の離乳食」という商品名がつけられた商品は，EC サイトや日用雑貨店などを通じて全国の赤ちゃんたちの口に届けられ，結果有機農家の経営の安定化に寄与している．

(2) 既存の企業も課題解決主体に

また，企業という主体において社会課題解決を行うのは，上記のように最初から社会課題解決を志向して「ソーシャルビジネス」を始める企業だけではない．最近では既存の企業の中でも社会課題や地域課題を軸に，自社事業を見直したり，新しく取り組みを始めたりする動きが出始めている．

2021年 4 月に京都信用金庫，京都北都信用金庫，湖東信用金庫と龍谷大学が協定を結び「ソーシャル企業認証制度」（以下「S 認証」という）を誕生させた．S 認証は英文名称を「Social and Sustainable business Standard」とし，社会課題の解決や ESG 経営を目指す企業に対し，経営方針や事業内容，社会課題解決に対する取り組み等の内容にそれらの持つ社会性および社会的インパクトについて評価・認証を行う制度である．この制度は，社会課題解決に取り組む地域企業を応援することで，地域経済の持続的成長を支え企業と消費者が連携して社会課題に立ち向かうための仕組みづくりの推進，地域におけるソーシャルマインドの醸成と持続可能な社会の実現を目指すことを目的としている．

認証を受けた企業の具体的な事例として，高齢化・過疎化が進んだ地域で乳製品の戸別販売をしている企業の事例を紹介する．顧客も高齢者が多く，独居老人の割合も高い．そこでその企業は，戸別訪問という特性を活かして，商品を届ける際に積極的に住民に声をかけ，コミュニケーションを密にとることを始めた．最初は挨拶程度だったその活動も，進めていく中で独居で倒れている高齢の住民を見つけ救急車を呼び命を救ったり，家の電球を変える等日常の細かい用事を請け負ったり，地域の困りごと解決の主体の一つとなっている．10年以上続いているその活動の中では十数名の人が命を救われ，数えきれない人々の心の拠り所となっている．

一昔前まで私たちは「企業」という存在は「利潤の追求」が第一の目的であり，1 円でも多く利潤を追求し経済的な合理性に基づいてのみ行動すると思い込んできた．しかし，そもそも，地域における特に非上場の中小企業などは必ずしもそういった合理性に基づく行動原理だけで動いてきたわけではない．地域文化やお祭りの基盤的な担い手であり，商工会や青年会議所などの取り組みを通じて地域づくりの活動や公益的・共益的な活動に時間を割き，お金を負担してきている．また，外国人共生の問題に地域で取り組みを進めている経営者も少なくない．外国籍市民が地域でいきいきと生活できるコミュニティづくりは，結果として企業の労働力確保につながる．

このように地域の持続性と企業経営というのは両輪であると言っても過言ではない．営利組織体である以上，企業にとって利潤の最大化を目指すことは間違いではないが，必ずしもそのためだけに存在しているわけでなく，特に中小企業は地域に根差し，地域とともに存在してきたのである．

Ⅳ　"より良い社会"は誰がつくるのか

最後に，市民性の特徴を整理しておきたい．1 つは先駆性である．生活の中にある「課題」を発見し，共有し，提起するプロセスは，政府セクターや企業セクターと比べるといち早く動き出すといえる．2 つ目には批判性・運動性である．理不尽であったり，構造的に嵌め込まれていたり，固定的にしばられていたりするときに，声を上げ，問題の所在を提示し，時にオルタナティブを提示する．それは時として，権力や時の常識との闘いでもある．三点目に多元性である．市民は様々な価値観や考え方で問題をとらえ，行動を起こすことができる．先の事例のDV の事例でいうと，被害者の支援は比較的理解が得やすいが，初期に加害者の支援を展開したグループがあった．一般的には「悪いことをした人」を支援するというのは理解を得にくい．しかし，その人

たちは DV を社会的病理としてとらえ，加害者も悩める人として位置づけ，加害者の支援が結果として未来の被害者を防ぐことにもつながると考えた．

また，本文でも触れたが，企業も重要な社会の担い手である．マイケルポーターが提唱した CSV（Creating Shared Value）のように共通価値の創造が企業の成長につながるということ中小企業の事業活動に落とし込んでいく意味合いもあると考えている．企業が何のために SDGs などに取り組むのかは，それぞれ思惑や戦略がある．本質的でない行動や内容をみて落胆せざるをえないものも多いのも事実だ．SDGs をはじめとする取り組みがファッション化され，消費の大替物となっている側面も否定できない．しかし，ポジティブに捉えれば，これまでの構造を疑い，社会のあり方を変容させる必要性に気づき，市民社会との共通言語が生まれたと捉えたい部分もある．

【参考文献】

植村邦彦（2010）『市民社会とはなにか』平凡社新書.

内山節（2015）『半市場経済』角川新書.

加藤哲夫（2002）『市民の日本語』ひつじ書房.

駒崎弘樹（2022）『政策起業家』ちくま新書.

坂本義和（1997）『相対化の時代——市民の世紀をめざして』岩波新書.

中西正司・上野千鶴子（2003）『当事者主権』岩波新書.

西沢いづみ（2019）『住民とともに歩んだ医療』生活書院.

深尾昌峰（2022）「ローカルファイナンスと対話」，村田和代・阿部大輔編『「対話」を通したレジリエントな地域社会のデザイン』日本評論社.

第10章 コミュニティメディアで小さな声を
伝えあう

松浦 さと子

生まれたときからインターネットにつながったパソコンや携帯電話に身近だったデジタルネイティブのみなさん．生活者，消費者，有権者としての判断や行動の手掛かりを得るために，そしてフェイクニュースに翻弄されないためにも，様々なメディアを読み解くことは大切．さらに，送られてくる情報に頼るばかりの受け手としてだけでなく，メディアを使いこなし，責任ある発信もでき，社会をよりよく変えるための送り手としてのメディア・リテラシーも学ぼう．

I コミュニティメディアとは何か

本章でいう「メディア」は，かつて「マスメディア」と言われてきた新聞，テレビ，ラジオ，雑誌，映画といったメディア産業を構成する媒体だけを指すものではない．大学生にとってのメディアといえば，SNS（Social Networking Service）が主流であろう．スマートフォンの出現で，今や，新聞社も放送局も映画館もポケットに入れて持ち歩いているようなものである．

ひと握りの人々が発信するマスメディアではなく，誰もが受発信できるインターネットが身近なものになったのはWindows 95が販売された1995年頃からである．かつて米国での軍事利用が出発点だったものの，その後インターネットは，研究，政治，産業，そしてNGO/NPOの現場で活用され，日本においても「市民社会」の実現に欠かせないツールとして注目され始めたのである．「情報ボランティア」という語が初めて用いられた阪神・淡路大震災当時，インターネットは参加型市民社会を構築しようとする人たちに希望をもたらした．しかし当時はまだ誰もがネットにアクセスできる状況にはなく，壁新聞やラジオ等さまざまなメディアが市民の救援・復興を支えたのだった．コミュニティメディアは，世界各地で労働運動や反原発運動などの社会運動や，地域の福祉や教育のために市民が非営利，時に非合法で活用していたが，神戸では日本語を解さない外国人のために用いられた．被災者の「生活情報の共有」を目的に長田区にベトナム語と韓国朝鮮語で設立された「FMわぃわぃ」がそれだ．地方再生のためのインフラとして1992年から郵政省（今の総務省）で制度化されていた「コミュニティ放送」の免許が被災後1年で付与された．関東大震災時に流言飛語（いわゆるデマ）が飛び交った反省もあり，神戸ではラジオ番組がボランティアによって担われた．2024年元旦に起きた能登半島の地震も同様に，電池で大勢が一緒に聴けるコミュニティ放送「FMななお」などラジオ番組が避難所で被災者を励ました．

そのような歴史の一側面にも目を向けつつ，この章ではテレビや新聞，SNSなどのネットメディアといった媒体だけでなく，場，関係，つながり，表現など「伝える機能」を持つものを広く捉えたい．また「コミュニティ」とは，あくまでも足元の情報を確認する地理的な意味の「地域」を中心に考えるが，一方で「在住外国人のコミュニティ」「政治に関心を持つ若者のコミュニティ」といった，共通性のコミュニティという概念も意識したい．

II 「ニュース砂漠」を知っていますか

これほど多メディア社会が広がり，余りある情報の波にのまれている学生の皆さんは，「ニュース砂漠」と聞いても意味がわからないかもしれない．アメリカをはじめとして，日本にも急速に及んでいる現象だ．オンラインで受け取る情報で十分だと考える人々が新聞を購読しなくなり，地域から「責任を

持ってニュースを発見し，取材し，記事にするジャーナリスト」の職業が失われ，新聞が消えていく．考え方の異なる新聞が複数あってこそ議論が起きるが，今や地域紙が1紙もない地域がどんどん広がり，地域社会の問題や活躍している市民の姿が地域の人々に見えなくなることを指すことばが「ニュース砂漠」である．

誰もがちょっと「節約」する新聞購読料，確かに安くはない．しかし「2紙の購読を1紙にした」くらいの罪悪感のない人々が，地域社会全体の問題意識や解決のための対話を失わせていることに気づいていない．グローバルな気候変動，世界の地域の紛争や戦争をネットやテレビで知ることができても，自分の住んでいる地域にそれらがどのように影響するのか，どのようなカタチとなって問題を引き起こしているのかがわからなくなる深刻な事態となっている．

新聞が顕著だが，コミュニティの，あるいはローカルのメディアは，人口の少ない地方で厳しい状況にある．NHK（日本放送協会）は「受信料」を財源としているが，コミュニティメディアは商業的な財源である「広告費」，公共的な財源の「会費，寄付」，ボランティアの無償活動などで支えられている．よって，景気が悪くなると支え手が少ないコミュニティ（ローカル）メディアは，取材や発信の頻度が低下し，消滅の危機に瀕することになる．人口減少に向かう地域において，あるいは地域経済が疲弊したコロナ感染拡大時に，多くのコミュニティメディアは運営に苦しんだ．

まとめると「コミュニティメディア」とは，市民社会における公共性を持った情報伝達のインフラでありながら，そのコミュニティ（地域や目的の共通性）の担い手の主体的な運営によるため，人的財政的基盤は脆弱である．しかし「市民社会の」「公共メディア」であり，コミュニティメディアを媒介とするコミュニケーションは，かけがえのない共感や行動が喚起されることが期待されている．

Ⅲ　脱東京のメディア

インターネットの登場で，「脱中心」という考え方が広がり，地方にヒト・モノ・カネ・情報が分散し，東京がメディアの中心ではなくなると期待された．しかし実態は産業メディアが産業資本で動き，国会議事堂が政治の中心である限り，やはり東京が依然として中心であった．マジョリティ（多数派）の声が流行を作り経済や政治を動かしていたのだ．全国から集めた受信料で放送するNHK（日本放送協会）も相変わらず渋谷を拠点としていたし，インターネットの「脱中心」は期待され過ぎたと見ることもできる．しかし，東日本大震災やコロナ感染症拡大期，人々はオンラインで容易につながれることを経験し，次第に全国各地の魅力を見出し，本当の意味で地域再生に取り組むようになった．もう中心（東京）に集まらなくてもいいと気づいた．

しかし都市への人口流出の続く地方では，地方新聞やローカル放送局の維持が難しくなってきている．インターネットで全ての情報が手に入ると思い込んでしまった人々が次々と地域のジャーナリズムを見捨てているのだ．SNSのつぶやきは軽視できないが，地域の課題を発見し，調査報道ができるプロのジャーナリズムが失われる．みなさんもスマートフォンがあれば，ニュースも音楽も情報も無料ですべて手に入ると思い込んでいないだろうか．今いる足元の情報が空疎になっているのに，フィルターバブルのなかにいて，自分の関心の外に出ることができないことに気づかないスマホ漬けの若者たち．

地元で愛されている伝統工芸の後継者，農産品の魅力，方言や民謡や祭りや踊りなど特有の文化，川や泉の水質，次の選挙で票を託すべき若者を，インフルエンサーは私たちに調べて伝えてくれるだろうか，地域の生活のさまざまな課題解決のための手掛かりを掘り下げる過程を，誰が発信するのだろう．発信力は経済力に比例する．企業の本社の集まる東京にはジャーナリストも多い．東京には何でもあるという錯覚をマスメディアが若者に与え，彼ら彼女らを東京に呼び込む．せっかく有望な若者を地元の

奨学金で育てても，東京に憧れ，東京に就職してしまっては地域に何も残らない.

　子どもたちが地域に恩返ししたいと思える地域にするためには，「ここでがんばれば必ず報われる」と信じることができるよう，メディアの「名誉付与機能」が役立つ. 努力した若者，才能を持つ子供，仲間を作りリーダーシップを持つ人材を見つけ，表現し，伝えるメディアがあれば，若者たちはそこに住み続け，ここで仕事を続けたいと思えるだろう. 次回の選挙で誰に投票するのか，地域社会に献身する人を選ぶために「隣人としてのコミュニティジャーナリズム」に期待できる. 学生たちにも参加し，取り組んでほしいジャーナリズムでもある.

　スポーツ競技で活躍する子どもたちを大きく取り上げ，カラー写真で地域新聞に注目してもらう試みは，かなり成功している. 少子化のおり，子どもたちは親族，地域社会で注目される存在となっている. 地域ぐるみの子育てにつながり好ましいことだが，購読契約の維持に成功しているとは言えない.

　「NIE 教育に新聞を」の取り組みも主権者教育の一環として，小学生にも導入されている. NIE タイムという新聞に親しむ時間を設け，子どもたちが取材をして記事を書き，学校で新聞を作る試みが実施されている. 2024年京都で開催された全国大会のスローガンは「探究と対話を深める NIE　デジタル・多様性社会の学びに生かす」. 新聞を活用して異なる考え方に触れ，正しい情報を選択する力を子どもたちが見つけ出してもらおうという狙いで，ジェンダーなどの課題を取り入れ，児童，生徒，学生たちが新聞づくりを通した学びを発表した. 2025年は阪神淡路大震災30年を振り返るため神戸で大会が開催される. 地道に復興をすすめてきた人々に，子どもたちが取材し，被災体験を語りつぐだろう.

Ⅳ　コミュニティのウオッチドッグ（権力の番犬）

　メディアには「名誉剥奪機能」もある. 議会の腐敗や不正な税金の使われ方，などの問題発見は地域に根差した報道が不可欠だ. 最近では，富山市議会議員の政務活動費の濫用を地元チューリップテレビがスクープし，映画「はりぼて」で全国に発信し，注目された. 情報公開請求は市民の権利として制度化されているので，役所に足を運べば，情報公開コーナーなどの窓口で学生にもできるが，大量に請求しコピーし分析する仕事は，楽しいとはいえない作業である. YouTube で「バズる」ことはない. が，調査報道は，不心得な悪徳商法や政治の問題を発見し，地域から締め出すこともできるのだ. そんな権力の番犬，いわゆるウオッチドッグとしての活躍が地域ジャーナリズムには求められている.

　正確な調査に基づくメディアがあれば，地域ビジネスや政治を育てることもできる. 優秀なジャーナリストの生活がその地域で成り立ち，継続した報道を続け，問題を解決する手掛かりを伝えることができるのだ. にもかかわらず，今，SNS があれば十分だと，地域の新聞もテレビもラジオも要らないという学生が増えている. 一方で市民メディア，住民ジャーリストと呼ばれる活動は，スマートフォンなど高精度の機器も身近になっており，地域を見つめ直すドキュメンタリー番組も数多くつくられている.

　信頼できる「権力の番犬」（ウオッチドッグ）を地域ぐるみで維持することが今後は重要だ. 権力をチェックするジャーナリズムは，丹念な調査報道を必要とする地道な仕事である. が，読者の支援が無ければ，取材対象に配慮するあまり抗議を恐れて「無難ジャーナリズム」でしかなくなる. メディアがそうした仕事をしなくなっているという評価は，フランスの「国境なき記者団」が毎年発表する「報道の自由度ランキング」の順位（日本は70位, 2024年度）にも現れている. また，オックスフォード大学の研究所が行った2019年の世界調査では「メディアが力をもつ人やビジネスを監視し検証している」と考える人が38か国中，日本が最も少ないことがわかった.

　「権力の番犬」の役割の担い手になるにはトレーニングを要し，費用も時間もかかる. にもかかわらず，SNS 依存の住民がいま，コミュニティ（ローカル）ジャーナリストを支持しない. 確かに「権力の番犬」の存在は，ときに地域社会の分断を生む可能

性もある．しかし「事なかれ報道」になってしまっているのは，住民が，番犬ジャーナリズムの意義を評価しないからではないだろうか．

地方再生のためのメディア，地域の課題解決のためのメディアとは何か，マスメディアではない脱東京のメディアとは，私たちのまちで誰が何を伝え，それを誰がどのように支えるのか．災害の度に人々は足元の被害を伝えるメディアの重要性を思い知る．にもかかわらず，地方新聞，コミュニティ放送などが閉局，倒産などに至っていることに気づかない．アメリカでは，新聞の消えた地域で，会員が寄付や会費で支える非営利組織運営の新聞が増えているというのだが，日本ではまだ「情報はタダ」という感覚から抜け出せないでいる．

Ⅴ　SNSの危険性

2016年，イギリスのEU離脱の可否を問う国民投票やアメリカの大統領選挙の際に拡大したフェイクニュース，偽誤情報は，その後も悪意の有無に関わらずSNSを介して拡大を続けている．日本では災害直後に増えると報じられる．Chat-GPTの登場で発見作業は困難を極め，マスメディアやファクトチェック団体は事実の確認に追われている．

また，ネット上にいじめや脅迫，誹謗中傷があふれ，SNSは暴力や犯罪の入り口になっている．時に少数者への差別，ヘイトも起きる．匿名での発信が容易なせいで，無責任な表現が横行するのである．傷ついた若者が死さえ選ぶ事態に，規制や法律が未整備なこのネット上のコミュニケーションに子どもを近づけてよいのか人々は頭を抱えている．大阪北部地震の際に，子どもたちの安全確認のために携帯電話を持たせることを解禁した小学校が多い．危険から守るために，危険につながってしまう矛盾が起きている．

しかしこの教科書を書いている間にも，オーストラリア政府が子どもたちにSNSを禁止するというニュースが報じられた（2024年9月）．ネットいじめが精神衛生に及ぼす影響や，子どもが有害なコンテンツに容易に触れることが懸念されたのだ．ロイター通信によると，アルバニージー首相は「子どもが端末から離れ，サッカー場やプール，テニスコートに行く姿を見たい．子どもたちに生身の人間とのリアルな体験をしてほしい」と望んでいる．

新聞や放送といった（かつての）マスメディアを「終わコン（終わったコンテンツ）」と切り捨てないでほしい．これらは100年以上の歴史のなかで，多くの失敗や問題を乗り越え，法律や規制，自浄作用，自治を備える努力を続けて，市民のコミュニケーションの公共空間とするべく，有識者，市民活動団体代表等，多くの人々が参加し，表現の自由とのせめぎ合いのなかで議論を重ねメディアを育ててきた．放送法や新聞倫理綱領，BPO（放送倫理・番組向上機構）などの議論について学べば，簡単に「マスごみ」と見捨てていいだろうか．マスメディアには第4の権力としての欺瞞も権利侵害も依然絶えないが．

特に，近年までマスメディア組織内部や取材対象との関係には女性差別，セクシャルハラスメントがはびこり，記事や番組にも女性への偏見を助長するものが溢れていた．男女の役割分業の固定化をマスメディアが促してきたことは否めない．家事や育児の場面に男性が描かれてこなかった昭和・平成のドラマやコマーシャルは近年反省がなされている．行政の広報活動でも多様性が認識されるようになり，それらは政治や経済の世界にもあてはまる．代表や管理職に女性が就いて来なかったが，ようやく近年，メディアも現実社会も，女性や性的少数者の姿を平等に見つめつつある．

ネット上のコミュニケーションの自由は重要だが，ほとんど規制がない．選挙が相次いだ2024年に深刻さが露呈した．既存のマスメディアが法や規制の適用される「公道」だとしたら，SNSは米国のIT（情報技術）関連大手企業が商業的に運営する「私道」であり，何らかの事故が起きても，利用者は守られる保障がない．身近なSNSだが，犯罪が潜みヘイトも起き，そこにいる人の多くは匿名で危険極まりない場所だとも言える．自分の「財産」「名誉」ときには「命」まで危機にさらす．社会を変える可能性を持つ一方，他者や自分の人権やプライバシーを

大切にしながら利用することを心がけ，SNS の危険性を認識してほしい．

Ⅵ コミュニティにおける小さな声とは 「隣人」として伝える

　医療や福祉の世界では，マイクロ・ニーズの重要性が問われている．声の小さな人にこそ，深刻な困難がある．かつて「水俣病」が発見されるまで，猫が踊る病が人々に広がり始めたとき，原因を見つけ治療法を探った医師は丹念に子どもやお年寄りの小さな声を聞き続けた．地域の人々の幸せな暮らしを支えるためには，人々に寄り添う観察力，洞察力が必要なのだ．その役割は，いたわり，思いやり，すなわち「ケア」の姿勢で人々が相互に耳を傾け，伝えることで担うことができる．マスメディアが必死になっていた「スクープ」や「特ダネ」とはまた違ったジャーナリズムがある．当事者の近くにいる隣人，あるいは当事者自身が伝える役割が，コミュニティメディアには求められる．

　小さな声とは，どんな声か．多数派，権力に近い，経済力のある声とは真逆の，少数派，権力から遠い，貧困の，そんな人々の声だ．障がいをもった，少数民族の，服役を終えた更生中の人，外国人労働者，重い伝染性の病を得た人などなど，小さな声の人々が多様に存在する．孤立し，自ら報道に訴える力もないが深刻に苦しんでいる．いま，その傍らに立つメディアがある．あなたの近くにはどうだろう．

　子ども，若者の貧困は見えにくい．「10代の孤立」に取り組む NPO は，助けを必要とする若者への支援のため必要な情報を届けるべく，Twitter や音声アプリを用いた発信，繁華街でのデジタルサイネージ，LINE，Instagram 広告など発信の幅を広げ，少しでも若者に近づくための「デジタルアウトリーチ」に取り組む（「D×P」：2024）．若者の声を聴き，それらを社会に届ける．集まった多くの寄付を原資に，大阪ミナミのグリ下に安全な居場所をつくりたいと，ユースセンターを開き，手作りの食事を若者に提供している．

　東日本大震災時（2011）の原子力発電所の爆発事故で放射性物質の影響を受け，甲状腺がんに苦しむようになった子どもたちは，成長して声を上げるようになった．「そっとしておいてあげたら」との批判を受けながらその声に耳を傾け続けてきた NPO がある．社会に訴えかけるアドボカシーとプライバシー保護の両立は困難を極めるが，当事者の意思を尊重しながら，支援者たちと連携し動画配信を続ける OurPlanet-TV は，財源を市民に呼びかける．誰もが寄付やボランティアで小さなメディアのスポンサーとなることができる．

　京都アニメーション放火事件（2019年）では被害者の実名報道を多くの遺族が拒んだ．龍谷大学の近くで起きたこの事件に「遺族が嫌がるのに，視聴率や購買数を増やすために商業メディアは被害者の実名を書こうとしている」と学生たちは実名報道に反対した．大災害，大事件の報道では，被害者が記憶されたくないという心情を推し量ることが求められる．かつて読者・視聴者の「知る権利」の名のもとに必然とされた実名報道がいま，デジタル社会において問い直され，人々が「記憶されない」権利を主張するようになった．一方，時間をかけて寄り添った地元京都新聞などの取材を受け入れる人も増えた．

Ⅶ 集合的記憶　公害，災害，戦争を 伝えるために世代を超えるメディア

　地域の古い写真や映像を集積するアーカイブズ作成の活動が各地で盛んだ．地域住民の思い出を目で見てわかる記録にすることで，地域の歴史をより身近なものにしたいという行政，住民の意図はよくわかる．8ミリフィルムが普及し始めた頃の貴重な映像が家庭から発見され，興味深いアーカイブとなり得る好機でもある．ただ，多くのコミュニティ・アーカイブは，名所旧跡の賑わいと立派な寺社仏閣，老舗の佇まい，開発の歴史としての新施設の紹介が多くなりがちである．そうした記録は基本的に必要だが，それだけでよいのだろうか．

　未来に伝える地域社会の歴史には，戦争，災害，公害，開発への反対運動など，地域の被った苦難の

歴史，乗り越えてきた課題，解決への過程，あるいは解決されていない問題があるはずで，次世代にはそこを語り継がねばならないのではないか．そこには，ただ映像を見せるだけでなく，それらの映像を見ながら，高齢者が若者や子どもたち次世代に向かい，語り部として当時についてコミュニケーションをつくる活動も必要であろう．「敬うべき」先人の偉業のアルバムになりがちなアーカイブズ．しかし地域社会は，つらかったこと，耐えてきたこと，乗り越えたことなど，時間がかかるかもしれないが，それらの語りを積み重ねることでアーカイブが完成される．こうした集合的記憶を記録する活動の意義が問われている．世代を超えてメディアを駆使する相互対話を考えたい．

時間の経過とともに，歴史の記憶は忘れ去られる．すでに学生たちと阪神・淡路大震災の記憶を教室で共有できなくなった．マスメディアの記者たちも被災経験のない世代が多数派となるだろう．語り継ぐ対話が，コミュニティの再生につながる．戦争も大災害も然り．世代を超えたコミュニケーションをつくるためにアーカイブズが活用されてこそ記憶の風化に抗う映像の意義や価値がわかる．

Ⅷ　持続可能なコミュニティメディアとは

現在，ほとんどの学生はスマートフォンがあれば大抵のことは自分で調べることができると思っている．検索スキルが高くなることは大切だが，しかし検索エンジンのアルゴリズムはあなたの求めているものを最初に差し出してくるだけだ．このような「フィルターバブル」に包まれたあなたは，新しい問いや知識に遭遇できにくい．あなたに送られてきた答えはあなたが求めていることでしかなく，あなたの世界から出ることができない．

地理も他言語もどんなにネット情報で装備しても，対話すれば本当の「ちから」はすぐに知られて

しまう．しかし実際にあなたが歩いたコミュニティで，コミュニティの隣人に耳を傾けると，新しく得られる知識は驚くほど増えるだろう．そこから課題を発見して，調査を進め，地域社会に伝えようとするとき，きっとあなたはコミュニティメディアにおけるジャーナリストの一員になっている．今日聴いたことを，下宿の玄関に壁新聞を貼ったり，大学新聞を発行してみるのも良い．環境や平和について一緒に考えようと地域に呼びかける公共広告をあなたが作ってみることも，楽しい学びになるだろう．

コミュニティメディアの意義は，隣人とのつながりのなかでメディアを使いこなすことである．メディアは，そこで生活者としてよりよく生きるために，消費者としてよりよい商品を支持し残すために，そして有権者としてより住みたいコミュニティをつくる政治を選ぶために使おう．読み，書き，発信する現代のメディア・リテラシーは，まずコミュニティの自治のために使おう．大学では，ぜひ「コミュニティメディア政策」の授業に参加して欲しい．娯楽メディアの学びも楽しもうね．

【参考文献】

コバッチ，ビル・ローゼンスティール，トム（2024）『ジャーナリストの条件──時代を超える10の原則』（澤康臣訳），新潮社．

畑仲哲雄（2014）『地域ジャーナリズム──コミュニティとメディアを結びなおす』勁草書房．

＜ウェブサイト＞

認定NPO法人 OurPlanet-TV（https://www.ourplanet-tv.org/）．

NIE（エヌ・アイ・イー）教育に新聞を（https://nie.jp/）．

認定NPO法人D×P（https://www.dreampossibility.com/）．

映画『はりぼて』（https://haribote.ayapro.ne.jp/）．

「未来へ紡ぐ深草の記憶」デジタルアーカイブ（https://fukakusa-archives.city.kyoto.lg.jp/）．

第11章 科学教育で地域を育てる

船田 智史

　豊かな市民生活を送るためには,科学的思考による生活行動をとることが大切である.そのために,サイエンスコミュニケーションを通して,大人も子どもも科学的理解を深め,科学的な根拠をもって生活できる地域社会に成長していく必要がある.そこで,学校教育での学びと連携したうえで,科学に関する正しい知識の提供と科学的思考をうながす活動に,主体的に参画できる市民の育成を考える.小中学校での理科の具体的な実験をベースとして,現代社会が抱える様々な課題とつながった実践事例を紹介する.また,地域社会を中心とする科学普及活動や市民科学の視点を通して,21世紀を切り拓く市民の科学的リテラシーの育成を促していきたい.

I 市民に必要な科学的リテラシー

　OECD が進めている PISA (Programme for International Student Assessment) と呼ばれる国際的な学習到達度に関する調査の中で,「科学的リテラシー」が定義されている (文部科学省・国立教育政策研究所 2023).その科学的リテラシーの1つが,「思慮深い市民として,科学的な考えを持ち,科学に関連する諸問題に関与する能力のこと」である.この調査で対象となる15歳の生徒について測定される能力は,「① 現象を科学的に説明する」「② 科学的探究を評価して計画する」「③ データと証拠を科学的に解釈する」の3つであり,2022年度の調査結果では,日本は世界トップレベルを維持している.文部科学省は,PISA 調査の結果を受けて,科学的リテラシーの教育への取り組みを着実に進めている.理科教育における日常生活や社会との関連を重視する活動,実験・観察など科学的に探究する活動,課題解決のために探究する時間のさらなる充実を図ろうとしている.科学技術の進展によって生活が急速に変化しているという現実があるからこそ,自らの生活観と科学的事実の認識を分離しないアプローチが教育には必要である.

　科学的リテラシーは,学校教育に限らず一般市民に対しても豊かな市民生活を送るために欠かせない能力の1つといっても過言ではない.科学的に思考し判断できる能力は,日常生活の中で得られる様々な情報に対して絶えず求められている.何か新しい場面に遭遇したとき人はまず情報を収集し,思考と判断をした上で行動するという一連のプロセスを常に繰り返している.例えば,医療におけるインフォームドコンセントは患者の自己決定権を保証するシステムでもある一方で,患者が明確な意思決定をするためには,市民としての科学的リテラシーが必要であることも確かである.リテラシーという言葉がもともと「読み書き」の能力を示すものであることを考えると,科学的リテラシーは「日常の社会生活の実態や自然が発する現象を理解するために,自然と対話する能力」ということもできる.人が自然と社会の中で活動している以上,科学的リテラシーを持つことは,現代社会の中で自立した生活を営むのに不可欠であろう.また,科学が利便性だけを追究する手段ではなく,精神的に豊かに生きるための文化になり得ることからも科学的リテラシーの獲得の意義は大きい.

　科学に関する知識や科学的思考は,時として専門家でないとわからないという風潮で流されることも少なくない.しかし,科学的リテラシーを獲得する手段として,特殊な訓練は必要としない.国家資格を取得しないとできない専門的で高度なスキルとも違う.読み書きと同様に,一般市民が科学的知識や方法を活用できる能力である.それゆえに,科学的知識や方法をベースに身の回りの社会で生じている

諸問題を合理的に判断し，意思決定し行動できる市民でありたい．

これまで科学者が研究した成果である核技術や遺伝子技術を人類はどのように利用するのかという問いや，人類の科学技術に伴って生まれた地球環境やエネルギーに関する問いは今も継続されたまま存在する．さらに，AI技術の進展によって，新しい問いが人類に突きつけられている．現代社会において今まさに，人類のできることが科学技術によって爆発的な広がりをみせている．今の科学技術でできてしまうことに対して，して良いことなのか，してはいけないことなのか，しなくてはならないことなのか，を人類が正しく見極めなければならない．そのためには，科学の専門家ではない市民が科学的リテラシーを備え，科学的判断や決定をし，科学の専門家に対しても行動できる社会が必要とされている．地球規模の社会問題から地域での身近な問題までのすべてに対し，専門家にその行く末を委ねてしまうのではなく，科学の視点で合理的に問題を捉えようとする態度ことが市民にとって重要である．科学の力で課題解決しようとするその過程において，当事者として感じる「楽しさ」みたいなものが，政策学の学びの本質にもつながっているといえよう．

Ⅱ サイエンスコミュニケーションについて

1999年に世界科学会議が開催され，「知識のための科学」の他に，「平和のための科学」「開発のための科学」「社会における科学」と「社会のための科学」の4つの柱から構成される「科学と科学的知識の利用に関する世界宣言（ブダペスト宣言）」が採択された[1]．特に，「社会における科学」と「社会のための科学」では，科学的知識は社会に貢献するものとして利用するべきであること，科学と社会が積極的に対話を行うことなどが示されている．社会が抱える課題に一般市民が主体的に関与・判断するために重要な役割を果たすのがサイエンスコミュニケーションである．一般社団法人日本サイエンスコミュニケーション協会が示しているサイエンスコミュ

ニケーションとは，「サイエンスに関する理解，関心，意識を深めたり高め合うことを通じて，多様な意見を踏まえた合意形成を図り，人々の声を政策に反映させ，協働して課題を解決していくための活動」であるとしている．科学のおもしろさや楽しさを感じてもらう活動，科学技術をめぐる課題を人々へ伝える活動は，科学の普及・啓蒙活動の一環である．現在も参加者と共に考え，参加者の意識を高めることを目指した活動は日本の各地域でみられる．その活動は，研究成果を人々に単に紹介するだけでない．その研究自体が社会に及ぼす影響を一緒に考え，理解を深める活動でもある．科学館や研究機関などでは，その特性から市民に向けた様々な教育普及活動・啓発活動を進めており，市民が参加しやすい環境を提供している．

サイエンスコミュニケーションを意識して実践している人をサイエンスコミュニケータ（もしくは科学コミュニケータ）と呼ぶことがある．実際にサイエンスコミュニケータとして活動されている多くは，一般市民の他に，教員，科学技術者，メディアおよび行政の関係者と多種多様である．日本テレビのアナウンサーであった桝太一氏が，2022年3月末で日本テレビを退職しサイエンスコミュニケータになることを発表したことは話題になった．2004年の『科学技術白書』（第1部これからの科学技術と社会　第3章社会とのコミュニケーションのあり方　第1節科学技術に関する国民意識の醸成3．科学技術と社会をつなぐ人材の養成）で初めて「科学コミュニケータ」の育成の必要性が指摘された．以下にその引用を示す．

科学技術政策研究所の調査資料「科学技術理解増進と科学コミュニケーションの活性化について（2003年11月）」によれば，「科学コミュニケータ」とは科学技術の専門家と一般公衆との溝を埋める役割を果たす人を言い，具体的には，マスメディアの科学記者，サイエンスライター，科学館・博物館関係者，大学・研究機関・企業等の広報担当者，理科・科学の教師，科学技術リテラシー向上に関わるボランティアのような人々を念頭に置いている．このような科学

技術コミュニケータは，前述したような科学技術と社会をつなぐ役割を果たす重要な存在である．

翌2005年に科学技術コミュニケータを専門に養成する教育プログラムが一部の大学内の組織で始まった．政策としてサイエンスコミュニケーションが推進されるようになり，サイエンスコミュニケータが養成されるようになった．一般社団法人日本サイエンスコミュニケーション協会は，社会全体の科学的リテラシーを高め，人々が科学技術をめぐる問題に主体的に関与していける社会の実現に貢献するために2019年度からサイエンスコミュニケータの資格認定試験を実施している．日本サイエンスコミュニケーション協会が考えるサイエンスコミュニケータに必要な資質は，① 固有の専門分野に関して研究した経験と実績，② 一般の人を対象に科学への興味関心の喚起，対話の促進，専門家を交えた意見交換等のコミュニケーション能力，③ 専門家と一般の人々をつなぎ，講座やイベントなどのマネージメント（コーディネーション）能力や企画力，④ サイエンスコミュニケーション活動を実装することができる実践力としている．そこには，科学技術がわかる人からわからない人への一方向の伝達ではなく，一般市民と専門家との双方向コミュニケーションとしての役割もうかがえる．また，科学に関心のある一部の層にしか情報が届いていない現状を打破するために，科学に関心がない層との懸け橋としての役割も求められている．一般市民と専門家をつなぐサイエンスコミュニケータは，科学的リテラシーの育成を推進する地域社会にとって重要な存在であるといえる．

実際に，専門家との双方向的な対話をうながす取り組みは世界各地で実施されており，「サイエンスカフェ」もその1つである．サイエンスカフェとは，講演会やシンポジウムとは違い，一般市民が日常的に利用しているカフェなどの小規模な場所に集まり，市民と科学者が科学について気軽に語り合えるイベントである．他に，コンセンサス会議やアウトリーチ活動など，サイエンスコミュニケーションにおける対話のあり方は様々である．

Ⅲ　科学普及活動の実態

サイエンスコミュニケーションを実践する場として，科学普及に関する様々な活動を紹介する．

(1) 研究活動としての取り組み（日本天文教育普及研究会）

天文愛好家，天文学の教育関係者や研究者などを中心に，天文教育の普及活動を研究対象とした日本天文教育普及研究会が一例としてあげられる．この研究会は教育活動と合わせて，普及活動や社会と交わる幅広い分野において研究することを目的としている．天文学および天文教育の研究者や学校教員のみならず，天文を興味・関心の対象として愛好する一般市民や市民からなる団体が研究活動や普及事業，提言のとりまとめをも行っている．天文を愛好する一般市民がサイエンスコミュニケータとして専門家と対等に議論でき，それぞれの地域で実践された事例を交流できる場が設けられている．現在に至るまでの天文学の歴史を考えると，天文学は特に市民の暮らしや地域性と密接に関連し，市民科学への貢献も大きい研究分野の1つである．

(2) 社会教育としての取り組み（科学系博物館，JAXA宇宙教育センターなど）

博物館・科学館・公共天文台・プラネタリウムのような社会教育施設は一般市民に対し，家庭や学校以外での学習や趣味などを楽しむ機会を生涯学習の1つとして提供している．博物館は，「博物館法」に定められた博物館資料の収集，保管，展示及び調査研究などを含む多岐にわたる業務と合わせて，教育普及活動も専門的な立場から必要な事業の1つとされている．その使命から広く一般市民に様々なプログラムが提供されており，普及教育に大きく貢献している．そのため博物館には，学芸員と呼ばれる国家資格としての専門的職員が従事している場合が多い．最近では，サイエンスコミュニケータを目指した養成講座の実施や，市民による展示場のボラン

ティアガイドを中心とした運営事業も活発に行っている。市民によるサイエンスコミュニケーション活動の拠点の1つに社会教育施設があるといえる。公的研究機関や民間の研究企業などが一般市民向けに教育普及を目的に活動されているケースもある。その一例が、JAXA（国立研究開発法人宇宙航空研究開発機構）の宇宙教育センターである。2005年に設立された宇宙教育センターは、宇宙を素材とした教育活動を通して、好奇心・冒険心・匠の心を持った子どもたちを育てる理念がある。JAXAを通じて得た研究成果や知見を、学校教育および社会教育活動に活用する支援を行っている。特に社会教育活動における小・中学生を対象に行うプログラム支援（コズミックカレッジ）は、宇宙をテーマにした体験活動を通して、科学の楽しさや不思議さに触れ、科学への関心や探求意欲を喚起し、子どもたちの豊かな心を育むことを目的としている。このコズミックカレッジ事業では、JAXAが直接主催するのではなく、地域の非営利団体や一般市民個人が主催者となって実施する活動が特徴である。それゆえ、市民による市民のためのサイエンスコミュニケーションが可能になり、それぞれの地域の特性を活かし、地域に根差した宇宙教育の普及活動が実現している。

(3) イベントとしての取り組み（青少年のための科学の祭典など）

地域の市民が気軽に参加できる科学イベントは、科学教育のすそ野を広げる活動の1つである。公益財団法人日本科学技術振興財団（JSF）は、青少年や大人も含めた一般市民を対象に科学技術に関するイベントや体験学習プログラム等の普及啓発活動を全国的に展開している。その活動の1つである「青少年のための科学の祭典」は、平成4（1992）年にスタートし、現在も継続されている事業である。ホンモノの科学技術に直接触れることができ、科学の魅力を体験できる機会を全国規模で展開している事業としては、前代未聞の体験型イベントとして評されている。日本での科学イベントでは、子どもを対象に限定されるケースが多い。このイベントは「青少年」を対象としたような表記になっているが、あらゆる年齢層の市民が楽しめるイベントである。子どもと一緒に家族で参加するケースだけではなく大人だけの参加も可能であり、市民に深く認知されているといえる。参加者にとっては、双方向のコミュニケーションと体験活動を通して科学的リテラシーの向上を図ることが期待できるため、多くの地域で毎年実施されている。

Ⅳ 地域における科学普及活動の教材事例

学びの観点で科学的判断・意思決定を行う機会を一般市民に提供し、科学的思考をうながす具体的な取り組みを紹介する。ここに挙げた事例は、地域住民とその地域環境との関わりを浮き彫りにするテーマとして位置づけ、地域社会全体の課題解決型活動としてとらえている。特に、「環境」問題に関して、義務教育レベルの学習内容を念頭におき、市民に親しみのある話題を中心に示す。

(1) 大気汚染——マツの葉の気孔の観察からわかる大気汚染の現状把握

大気汚染の要因は、空気中を漂う粒子状の物質である。空気がどれくらい汚れているのかを定量的に見る指標として、マツの葉を利用する。マツの葉の気孔は空気の汚れ（小さな粒子状の物質）がたまりやすい形状をしており、この汚れ具合は顕微鏡などで観察することができる。地域の様々な場所に存在するマツの葉を採取し、気孔に付着した物質の個数の割合でもって、その地域の大気汚染の状況を科学的に分析する。また一定の場所に生息するマツの葉を継続的に採取することで、汚れの時間変化を捉えることができるため、人間の活動に起因するもの（自動車の排気ガスなど）と自然現象に起因するもの（土壌粒子の舞い上がりなど）とを比較できる可能性もある。汚染度の地域分布を分析することで、その原因を特定し、課題解決のための政策につなげることができる。

(2) 光害——光害のない地球を目指した星空観察

　近年，光害（ひかりがい）が注目され，環境に関する研究テーマの1つになっている．都市部では過剰または不要な光によって夜空が明るくなり，天体観測に障害を及ぼしたり，生態系を攪乱させたり，あるいはエネルギー資源を浪費する一因になっていることが問題視されている．小中学校で学んだ知識をもとに夜空を見上げ，観察できる恒星の数の測定を通じて，夜空の現状を一般市民に感じてもらう取り組みが各地域で行われている．夜空を見上げる機会もなく，光のある生活が当たり前である中で，普段気がつくことのない現状に目を向け，地域差から見えてきた課題をどう解決するか？ というきっかけを与える．

(3) リサイクル——資源ごみの「見える化」実験

　ほとんどすべての自治体が分別収集の取り組みを行っており，日常生活の中でもごみの分別が習慣化されている．今やどこにでも分別のためのごみ箱があり，大人から子どもまで分別の意識は高い．しかし，その分別された資源ごみがその後，どのように活用されていくのか？ 何にリサイクルされて生活の中に戻ってきているのか？ という問いに答えることができる市民はそう多くないだろう．そこで，資源ごみがリサイクル製品に変化していくプロセスを実体験すれば，より分別に対する意識の高揚につながると考えられる．例えば，ペットボトルから繊維を作る工程は，綿菓子を作成する原理と同じような実験器具で再現可能である．ペットボトルの小片を熱で融解し，遠心力で容器から飛び出すと，固化し繊維状になる．資源としての変化する様子を直接観察することができる．また，リモネンを使った発泡スチロールの溶解実験や紙パックを原料にした紙すき体験も，市民生活で排出されるごみを資源化するプロセスを「見える化」した実験である．このようなサイエンスコミュニケーションを通して，ごみ処理に関する市民の当事者意識の高揚や地域産業で得られるリサイクル製品について市民間の価値共有を図ることができるだろう．

Ⅴ　疑似科学と市民科学

　いつの時代においても，私たち市民生活にさまざまな影響を及ぼしてきた1つに疑似科学がある．疑似科学とは，一般市民からみると科学に見えるようなもの，表面だけの科学や誤った科学と言える．一見，科学的方法に基づいているようにも考えられ，科学的事実だと間違って位置付けられた一連の信念と捉えることもできる．ニセ科学や似非科学ということもある．疑似科学を適切に見抜く眼として，批判的思考を持ち続け，科学的思考に基づいて日々生活をすることで，科学的リテラシーの習得と活用を目指したい．地域活動の中で，疑似科学の一種ではないかと批判されている一例が有用微生物群（EM）であろう．過去には，水質改善のためにEM団子を河川やプールに投入する地域活動が，環境教育の一環として各地で見受けられた．その科学的な効果が確かではない中で，科学的な検証を行わずに環境活動として地域の子どもたちが大人と一緒に参加する取り組みが実施されてきた．学校や行政も含めた地域社会の中でも，科学的リテラシーの育成が重要であると認識された事例の1つといえる．

　市民科学とは，一般市民によって行われる科学的活動であり，日本では多くの市民団体が学際的な科学研究に参加している．様々な環境問題や社会問題を解決するには，専門家に限らず当事者としての市民の協力も必要である．現代社会においては，市民が研究に貢献し自らが教育的な学びを深め，さらに得られた成果を社会の課題解決に活かすことも期待される．子供も大人も一緒になって社会とともに成長する地域作りを目指すために，理科に関する興味・関心の喚起と，自然科学と社会とのつながりを意識した学びの実践が，政策的な取り組みとして不可欠である．科学館での科学教育の視点（社会教育）と学校での理科教育の視点（学校教育）の両面を切り口として，社会変革につながる科学イベントを市民が中心になって取り組んでいきたい．地域政策によって，その市民活動が実現される社会が求められている．

VI リスクコミュニケーションについて

　サイエンスコミュニケーションの活動の多くは，ポジティブな思考で楽しいこと，夢のあることを中心に科学の本質を伝えることを主としている．しかし時には，リスクコミュニケーションとして危険や不安に感じる事象も科学的に伝えることが重要である．原子力発電所や遺伝子組み換え，地球温暖化などの科学技術と現代社会の両面に深く関わるテーマについては，リスクを低減する行動をとるために，リスクに関わる科学的知識の他にメディアリテラシー，データを読み取る能力，批判的思考のスキルと態度も必要になる．これまでも東日本大震災や新型コロナウィルスのときには，メディアで報道されている専門家に様々な意見が見受けられ，情報社会において人を混乱させるデマやフェイクニュースが流布された．当時の状況においては，放射線やウィルスに関する基本的な正しい知識をもとに，冷静に科学的な判断ができる市民でありたい．情報過多な現在，学校を含む地域の中で科学に対する1人1人の意識が醸成され，科学的リテラシーを身につけた市民の相互作用を通して地域社会が育成されること

を期待する．

【注】

1）ブダペスト宣言（科学と科学的知識の利用に関する世界宣言）については，文部科学省のサイト（https://www.mext.go.jp/b_menu/shingi/gijyutu/gijyutu4/siryo/attach/1298594.htm）を参照．

【参考文献】

国立科学博物館編（2017）『サイエンスコミュニケーションのはじめかた　科学を伝え，社会とつなぐ』丸善出版．

＜ウェブサイト＞

文部科学省・国立教育政策研究所（2023）『OECD 生徒の学習到達度調査（PISA 2022のポイント）』（https://www.nier.go.jp/kokusai/pisa/pdf/2022/01_point_2.pdf，2024年8月20日閲覧）．

文部科学省（2004）『平成16年度　科学技術白書［第1部　第3章　第1節　3］』，（https://warp.ndl.go.jp/info:ndljp/pid/11293659/www.mext.go.jp/b_menu/hakusho/html/hpaa 200401/hpaa 200401_2_031.html，2024年8月20日閲覧）．

第III部

都市と計画

第12章 都市の変化を読み取り，空間資源を再編する

阿部 大輔

都市空間と聞くと，どのような空間を思い浮かべるだろうか？ 何気なく歩く通学路，駅での待ち合わせ，道すがら友達と楽しむショッピング，物思いにふける公園や川沿い…私たちは人生の少なからぬ時間を都市空間で過ごしている．都市空間はどのようにして出来上がってきたのだろうか．その背景と論理，将来へ向けた示唆を得て，短期・中期・長期のさまざまな時間軸を見据えて，素敵で快適な都市空間をつくりあげていく社会的技術が都市計画・都市デザインである．

I 都市化する世界

(1) 世界でも高い都市化率

全人口のうち都市に住む者の割合のことを都市化率という．1920年の世界の都市化率は18％だったが，現在は半数を超える55％を示している．国連によれば，2050年までに世界人口の68％が都市に集中すると予測されている．

日本の都市化率は92％であり，北米（2018年の都市化率82％），ラテンアメリカ・カリブ地域（81％），欧州（74％），オセアニア（68％）を引き離し，世界でも非常に高い比率を記録している．都市への密集度が高いゆえの問題は，世界各地で生じていることが容易に想像できる．

(2) そもそも都市とは？

古くは古代ギリシャの都市国家やローマ植民都市，中世ヨーロッパの城郭都市，日本の城下町や門前町など，宗教的・政治的・軍事的性格を有する都市が建設されてきた．つまり，都市の起源は，政治・経済・文化の中心地である．

日本建築学会の定義によれば，都市とは「人口の多数性・高密性と，その活動の多様性・集積性によって特徴づけられる人間居住地」である．「人口の多数性・高密性」は，そこに住まう人々の属性（年齢層や性別，職業，収入帯等）が多様であり，人々が離散的ではなく集積して暮らしていることを指す．「活動の多様性・集積性」は，社会的・文化的・経済的活動が第一次産業を基盤とする農村・漁村と比較すれば多岐に渡るとともに相当の集積を見せていることを指す．日本の国勢調査では，「人口集中地区」（DID: Densely Inhabited District）と呼ばれる統計上の地区が設定されている．人口集中地区とは，「1）原則として人口密度が1平方キロメートル当たり4000人以上の基本単位区等が市区町村の境域内で互いに隣接して，2）それらの隣接した地域の人口が国勢調査時に5000人以上を有する」地域のことをいう．実態としてはこのエリアを都市として理解してよいだろう．

II 都市空間に立ち現れるさまざまな魅力や課題

(1) 空間へ着目する

わたしたちが暮らす中で，都市空間の「かたち」は変化し続ける．私たちはその変化の結果としての「空間」を眺め，「駅前が楽しくなった」や「歩きやすくなった道路沿いに個性的なお店が増えて，ただ歩くだけで心躍る」あるいは「古い町並みが残っていて，ホッとする」といった肯定的な印象を抱いたり，あるいは「自動車の往来が多くて，なんとなく危険を感じて行きたくない」であったり，「商店街に空き家や空き店舗が増えて，つまらなくなった」等の否定的な印象を持ったりしている．

都市の面白さは空間に宿る．都市の問題も空間に立ち現れる．「空間」を単位に都市の現状を捉え，今後を構想することが都市計画・都市デザインの基

底をなす．よって，空間の面白さや課題を生んできた背景や原理を探ることは，未来を構想する上で不可欠である．

(2) 都市は変化する／空間も変化する

1942年に出版され，日本語訳も出ている世界的に著名な絵本『ちいさいおうち』（バージニア・リー・バートン著）を読んだことはあるだろうか．

自然豊かな景色に佇む「ちいさいおうち」が，その後の都市化の波（自動車化による道路建設や集合住宅の建設）に飲み込まれていく．都市化はその後もスピードを緩めることなく，建物はさらに高層化し，道路は交通渋滞の自動車で埋め尽くされ，空気も汚れていく．「ちいさいおうち」は環境の良かった時代を哀愁とともに思い出す，という物語だ．

この絵本は，急速な都市化が良好な住環境を消し去り，交通公害のような環境悪化を進めてしまうことを批判的に示唆している．すなわち，「都市が変化すること」を描いているとも言える．では，そもそも「都市が変化する」とはどういうことだろうか．都市部に人口が集中することは，都市空間や人間社会にさまざまな変化をもたらす．例えば，新たな交通手段（当時で言えば自動車や路面電車）の登場は，人々の移動の仕方を変える．交通網が発達すれば，遠くに住みながら都心の職場に勤めることが可能になるので，働き方や暮らし方も変化するだろう．かつての一戸建ての住宅から，土地を有効利用するために集合住宅が増えれば，自治会などの地域コミュニティも変化せざるを得ない．住まい方，すなわち都市に集まって住む作法も変化していく．

絶えず変化することは都市の本質の1つだが，その都市にとって好ましい変化と好ましくない変化がある．住み続けたくなる都市にしていくために，何をどのように変えていくのか．そして，都市やそれを構成する地域コミュニティの価値をどのように捉え，変化に応じてどのように残していくのか？　都市の将来を考える上で，重要な論点である．

(3) さまざまな都市空間の存在

都市の「カタチ」は様々である．地形に沿った街道が曲がりくねっている都市もあれば，計画的に建設された格子状（グリッド状）の都市もある．古くからの町並みが多く残っている都市もあれば，近代的な建築物が大半を占める都市もある．そして，そうした建設時期の異なるエリアが折り重なりながら，現代の都市空間ができあがっている．

都市は古代から存在し，都市を計画し実現することも古くから行われてきた．古代においては王侯，貴族，僧侶が都市を支配し，宮殿，神殿，市場を中心に都市が構成された．古代ギリシャ都市は，聖域としてのアクロポリス（神殿が据えられた小高い丘）を中心に都市が計画された．都市の中心部にはアゴラと呼ばれる広場が設計され，その周辺の土地には格子状の街区が建設されるとともに，土地の使い方（用途）をエリアごとに定めるゾーニングと呼ばれる方法によって空間が形成された．なお，格子状の都市構造は，洋の東西を問わず，最も古典的に用いられてきた形態である．古代ローマ都市は，フォルムと呼ばれる市民が集う広場を取り囲む形で劇場や法廷，温泉等の公共施設が配置された．シンメトリー（左右対称）とバランス（調和）を重視したルネサンス期には，万華鏡を覗いたかのような華麗な都市がいくつか実現され，理想都市と呼ばれた．一般に，美しい町並みと称されるフランスの首都，パリの都市景観は19世紀半ば以降，絵画的で感動に満ちた芸術様式であるバロック型の計画に基づいて形成された．

計画概念が古くから発達してきた西欧諸都市に対し，イスラム都市は，非計画的に形成された混沌とした迷路状の都市構造を持つことが多い．世界遺産にも登録されているモロッコのフェズの旧市街が代表的な例だ．西洋的な計画概念とは大きく異なる都市づくりの思想が垣間見える．

日本の都市の原型は城下町である．城下町は，シンボルとしての城を中心に，その周囲に武家地，町人地，寺町といった性質の異なるエリアを計画的に配置した都市構造を持つ．そのほかにも，中山道や東海道などの街道沿いの宿駅を中心に江戸時代に発達した宿場町，有力な寺院・神社の周辺に形成された門前町，浄土真宗により建設された仏教寺院・道場（御坊）を中心に形成された自治集落である寺内

町など，多様な起源を持つ都市がある．

　私たちがそれぞれ唯一無二の個性を持つように，都市もそこにしかない個性を持つ．そして，最大の個性こそが，都市が時間をかけて築き上げてきた「カタチ」そのものなのである．次節では，都市の「カタチ」を把握するためのいくつかの視点を紹介する．

III　都市空間の「図」と「地」

(1)　「好きな場所」「嫌いな場所」はどのように生まれるか？

　ところで，唐突だが，読者の皆さんには普段生活をする中で「好きな場所」や「嫌いな場所」はないだろうか．ぜひ，空間的な観点から見た「好きな場所」や「嫌いな場所」をいくつかピックアップしてもらいたい．

　公園のような空間「広々とした開放的な空間が気持ちいい」から好きという人もいれば，「少し囲まれた親密な感じがする」から先斗町の路地が好き，という人もいるだろう．ある人が「好きな場所」が必ずしも多くの他者にとって同様であるとは限らない．逆も然りである．では，「好き」「嫌い」という主観的感情は，空間のどういった作用から生まれているのだろうか？

　写真12-1は東京駅前の丸の内と呼ばれるオフィス街にある仲通りの写真である．みなさんはこの写真を見て，どのような空間の良さを感じるだろうか？　例えば以下のように列挙してみよう．①路肩の植栽が豊かで，木漏れ日が気持ちいい．②どこか囲まれた感じがして落ち着く．③車に邪魔されず，歩きやすそう．④街並みが整っていて，1Fにお店が入っていてウィンドウショッピングでも楽しそう．⑤路上に美味しいコーヒーを出すカートがある．⑥みんなが思い思いに過ごしている様子が楽しい．①～④は使い手に一定の心地よさをもたらしている「空間の構成」である．⑤～⑥は「空間での活動」を指している．「空間の構成」の良さと「空間での活動」の面白さが合わさったときに，わたしたちはある空間を心地よい場所として認識していることが多い．これを「空間の作用」と呼ぶ．

(2)　空間の作用をもたらす「図」と「地」

　絵は，具体的な形として認識できるものを「図」と呼び，その下地や背景となるものを「地」と呼ぶ．これを都市空間に応用すれば，建物が「図」となり，道路や公園等が「地」となる．都市空間は，私的活動（住宅／オフィス／店舗）が展開される「図」と，社会活動（街路，広場，公園 etc. での活動・生活）の舞台となる「地」の関係性の中で規定される．

　図12-1は18世紀にイタリアの建築家ノッリが描いたローマの地図である．黒く塗られた箇所が既に建てられた建築物であり，白地は街路や広場等の非建造空間を示している．建築物の連なりが町並みをつくり，街路は連続的につながりながら所々で広場に接続していることがわかる．わたしたちは，都市空間を図と地の連続として認知しているのである．

1)　「図」の魅力を考える

　都市空間における「図」は，建築とそれらが連なっ

写真12-1　各地で進む歩行者空間化の試み
（出所）一般社団法人ソトノバ提供．

図12-1　ノッリによる18世紀ローマの地図
（出所）都市史図集編集委員会編（1999）．

て形成される町並みや街区（道路・街区に囲まれた一定の区画のこと）のことを指す.

　では，魅力ある「図」はどのようなものだろうか. 駅前再開発で新たに建設された良いデザインの複合施設だったり，まちのシンボルとして構想された美術館だったり，一階におしゃれなレストランが入ったホテルだったりと，都市は新陳代謝する中で，さまざまな新しい建築を受け入れ，新たな魅力へと転じてきた.

　古くから市民に使われながら今に残存している建築も，その都市にしかない価値の高い魅力となっていることが少なくない. 国宝や重要文化財，町並みそのものを保護の対象とする伝統的建造物群保存地区等は，文化財保護法により国レベルで保護の対象となるが，地域・都市には文化財ほど価値は高くないものの，市民生活に欠かせない古い建築物が存在する. そうした歴史的建築は耐震性や不便さ等から取り壊しの運命を辿ることが少なくないが，地域・都市のアイデンティティを育むためにも知恵を集約して保全してくことが望ましい. 廃校になった小学校と芸術センターやマンガミュージアムとして生き返らせたり，かつての社員寮をアーティストのアトリエ兼住宅に作りかえたり，昔の毎日新聞京都支社をカフェに変えたり……. 建築の風情を残したまま，現代の生活に必要な機能を埋め込んでいく「コンバージョン」というやり方は，全国各地で見られるようになってきた.

２）「地」の魅力を考える

　都市空間における「地」は，街路や公共空間のことを指す. 公共空間とは「市民みんなのスペース」のことであり，属性によってアクセスを制限されてはならない性質を持つ. 都市のイメージは，多くの場合，公共空間によって決定づけられる. 京都であれば鴨川沿いの水辺空間，大阪であれば中之島の美しい公共空間や御堂筋，パリであればシャンゼリゼ，バルセロナであればランブラス通り……. 市民生活にとっても欠かせない空間であり，それゆえに観光的魅力をも産んできたのが公共空間である.

　公共空間はすべての人々の共有物であるとするコ

モン／コモンズの概念が重要な判断基準になる. 近年では，多くの都市が公共空間の価値を再認識し，改めてその価値の再生を図りつつある. 都市空間の再生とは，コモンズの再生に他ならないのだ.

　京都では，市民生活をいまに伝える貴重な空間として，路地の再評価が近年進みつつある. 路地は，親密なスケール感を保ちつつ，子供たちが安心して遊べる空間として，また路地沿いの長屋に職人や単身高齢者が慎ましやかに暮らしつつ，表通りの大家さん等と地蔵盆で交わるという生活作法を形成してきた. 職住一体の暮らしや時代を超えて継続するコミュニティを支える空間として機能しており，長い歴史の中で培われた暮らしの知恵や文化が多面的に集積する場所として評価が進みつつある.

Ⅳ　都市を計画・デザインするとは？

(1)「住んでいることが楽しい」市民を増やす

　都市計画・都市デザインは，上記の「空間の構成」と「空間での活動」をより良いものにするために様々な規制・誘導（ルールづくり）の仕組みを構築する社会技術のことである. みんなが快適に過ごせるような，住みやすいまちを守ったり，創ったり，再び元気にしたりする技術. まちをつくっていくときのルールづくりであると言い換えることもできよう. 良質な「空間の構成」を導き，地域主導で活発な「空間での活動」をもたらすことは，結果的に多くの人々の「好きな場所」（＝日常生活の節々で関わりたいと思える場所）を生み出すことになる. 自分のまちに「好きな場所」を多数持っている市民が多い都市は，魅力的な都市に違いない.

(2)　まちをつくっていくときのルールづくり

　私たちが住む都市には様々な課題が山積みである. 自動車ばかりが走る通りでは気軽に散歩もできないし，こどもが安心して遊べるスペースがない. せっかくの念願の一軒家を購入したら，比較的近くに突然高層マンションが建設される計画が持ち上がった. 家の近くに工場やパチンコ屋ができて風致が崩れるのではないかと不安が高まっている. 古い

町並みがどんどん新しい住宅や駐車場に変わっていってしまって味気なくなりつつある．こうした課題は，いずれも都市計画・都市デザインの問題でもある．

では，実際の計画はどのようにつくられるのだろうか？　法定の都市計画では，例えば「まちづくりの目標」，「土地の使い方の目標」（どこにどのような性格の空間を配置するか，そしてそれはなぜなのか），「道路や公園などみんなが使う施設（都市施設）の建設」，「そのまちの魅力を引き出すような公共空間（みんなのためのスペース）の設計」，「地域内の広い土地を開発する計画」について決める．

(3) 身近な事例からプランニングとデザインを考える

都市を計画（プランニング）・設計（デザイン）するとは，どういう営為だろうか．まず，プランニングについて考えてみよう．旅行，家計，ダイエット，就職活動など，実はわたしたちは日常的に計画行為を行なっている．旅行を例に取ると，どこをどの程度の期間で滞在し，観光資源をどのような順序で訪れ，訪問地の地元の方々が集う評判の高いレストランや居酒屋を探し…というように，あらかじめ手順を決めておくことが多いだろう．ひとえにそこでしか看取できない旅の体験を得たいという「旅の目的」がベースになっている．

これを都市空間のプランニングに敷衍すると，まず，目指すべき将来像（目的）の設定が不可欠となる．どのような都市も，市民の生活の質（Quality of Life：QOL）の向上を目指していることが多い．そして，その目的を達成するための具体的かつ現実的な手段・方法と筋道を講じるのである．

では，デザインとはなんだろうか．身の回りのデザイン事案を考えてみよう．身近なプロダクト（製品）としてスプーンを取り上げる．スプーンの目的（機能）は何だろうか．スプーンは，液状のものをすくって食べることが主な目的なので，液体をすくうボウルの部分は平べったすぎても深すぎても食べにくくなるので，ほどよい深さと広がりとして設計されている．そして取っ手の部分は，すくった液体

を口に運ぶのに適切な長さ，あるいはテーブルマナーを成立させるのに最適な長さとして設計されるはずだ．

私たちは，綺麗なレイアウトや色使いだったり，見た目がオシャレな形態だったりすることを良いデザインであると思い込んでいる．しかし，デザインとは，ものごとに内在する問題を認識し，その問題点を改善することを目的に，カタチや仕組みづくりを行う一連のプロセスである．不自然な状態に気づき，自然な状態に近づける，秩序を整える行為でもある．例えば，使いにくい公園を人が訪れたくなるように介入することはデザイン行為に他ならない．ユーザー（使い手）の「〜したくなる」を喚起することは，デザインの重要な役割である．

Ⅴ　都市デザインの実践

都市空間をよりよいものにするにはどうすればいいだろうか？　その変化をよりよいものにしたり，その変化自体を制御し，活用して快適な場所をつくりあげたりすることが都市計画・都市デザインの重要な仕事である．大切なのは変化を否定することではなく，望ましい方向に変化を導くことだ．都市の良いところ（魅力）を伸ばし，もったいないところ（問題点）を少しずつ改善するための仕組みを構築することで，快適で素敵で包容力のある都市空間の「つくりかた」「まもりかた」「はぐくみかた」を地域主体で考えていくために，地域資源の掘り起こしとその再編成（価値づけ）が求められる．

以下では，現代の都市デザインのいくつかの潮流を紹介する．

(1) 公共空間を楽しくする

公園や街路，川沿い等は，誰もが楽しめるはずの公共空間であるが，現段階では必ずしも心地よい空間になっていないところも多いだろう．そうした「いまひとつ」な公共空間を「住民にとって欠かせない空間」へ変えていく試みが世界各都市で試みられている．例えば，ニューヨークのまちなかで管理がうまくいかず荒廃状態にあったブライアント・パーク

は，官民協働のまちづくりによって植栽や芝生の改修が進められるとともに無料のエンターティメント・イベント等を提供する等の工夫が凝らされ，「行きたくなる空間」へと転じた好例である．

(2) 水辺を生かす

人間にとって生理的に気持ちのいい空間である水辺は，都市の近代化の過程で暗渠化されたり都市の裏になったりしてきた．水辺の価値を新たに見出し，人々の活動の場として再生した事例として，水都大阪やとんぼりリバーウォーク，北浜テラス（大阪市），公園にカフェを誘致し琵琶湖への眺望を楽しめる場として再生したなぎさのテラス（大津市）などがある．

(3) 歩きやすい空間をつくる・拡げる・つなげる

四条通（京都市）や御堂筋（御堂筋），大手前通り（姫路市）のような大通りの歩行者空間化（いずれも車道の一部を歩道に転換した）に代表されるように，近年，世界中の多くの都市が歩きやすい空間づくりに取り組んでいる．物理的な歩きやすさ（広い歩道，適切な舗装や街路樹等）に加えて，「歩きたくなる」空間づくり（１Ｆに魅力的な店舗が軒を連ねている，圧迫感のない町並み等）が重要である．

また，歩いて回るのが楽しい空間にすることも重要だ．かつて車が多く走り，衰退傾向にあった街中の商店街を歩行者空間化したストロイエ（コペンハーゲン）は，その後，商店街を軸に，周辺の街路も徐々に歩行者優先の空間へと変えていった．結果的に通り沿いの店舗の売上も増加した．

(4) 空き家・空き施設を再生する

ライフスタイルの変化や人口の減少は，都市内に必然的に空き空間をうむ．空き家は持ち主の事情があるにせよ，通りに面しているが故に公共性を持つ．よって，放置するのではなく，新たな用途を導き，都市の魅力に転じることが必要である．古い木造密集市街地で老朽化が目立っていた中崎町（大阪市）では，空き家だった長屋のリノベーションが連鎖的に進んだことにより，人気スポットとして再生した．都心の空洞化で廃校となった小学校をリノベし，芸術家（アーティスト）の活動や展示の場として再生したアーツ千代田3331（東京都）などの事例は，いずれも古いものの中に新たな価値を見出す動きである．

【参考文献】

アーバンデザイン研究体編（1985）『アーバンデザイン──軌跡と実践手法』彰国社．

都市史図集編集委員会編（1999）『都市史図集』彰国社．

中島直人編（2021）『アーバニスト──魅力ある都市の創生者たち』筑摩書房（ちくま新書）．

前田英寿・遠藤新・野原卓・阿部大輔・黒瀬武史（2018）『アーバンデザイン講座』彰国社．

第13章 若者のためのまちづくり

服部 圭郎

　本章では筆者が2014年に上梓した『若者のためのまちづくり』という岩波ジュニア新書の内容の一部を紹介することを通じて，大学でまちづくりを学ぶ意義や楽しさを伝えたいと考えている．このような本を執筆した背景は，日本では若者（いわゆるティーネイジャー）があたかも存在しないかのようなまちづくりを進めてきたために，若者にとっては住みにくい都市，まちになってしまっていることに憤怒したからである．この文章を読んで，若者がまちづくりに奮起して取り組んでもらえることを願っている．

I 『若者のためのまちづくり』を執筆した背景

　『若者のためのまちづくり』では，若者が楽しく，嬉しく，快適に過ごせるようなまちづくりをするうえでのポイントを5つの視点から解説した．それは，若者を視座の中心に据えたまちづくりである．この5つの視点とは「モビリティ（移動力）の確保」，「若者が主人のような気持ちになれる空間の確保」，「自然を楽しめる場所の確保」，「持続可能な社会をつくることに貢献する機会の確保」，「自分の可能性を育む機会の確保」である．皆，「確保」という言葉で終わっているのは，大人に任せていくと，そのような場所や機会を得ることが期待できないからだ．そして，その事実をしっかりと明らかにして，若者達に，大人に任せないで自分達で，自分達にとって望ましいまちづくりをアジテートすることを意図した．

　さて，このような本を書くことになった社会背景について，少し説明を加える．まちづくりは基本，役所が行うものであった．というか，役所が行っているまちづくりはちょっと前までは「都市計画」と言われていた．なぜ，都市計画は役所がするかというと，市場経済に任せると，みんなが好き勝手な開発をしてしまい，それによって多くの人が迷惑を被ってしまったり，個別の利益の追求の積み重ねが全体の利益を損なう現象（これを「共同体の悲劇」と

言う）が生じたりするからだ．例えば，自分の住んでいる隣に有毒な煙を出す工場が建ったら困る．隣の家が夜遅くまで営業するカラオケスナックになったら嫌だ．また，水源となっている貯水池のそばに汚染水を流すような工場が立地したら多くの人々の健康に害を及ぼす．そういう事態が生じないように，土地利用に制限をしたりするのは，経済的な考えだけでなく厚生・環境・福祉面なども含めた総合的な価値判断ができる役所が担うべき仕事であるからだ．

　しかし，この役所の人たちが進める都市計画は，あまりそこで生活する人々のことを配慮せず進められる場合が多かった．これは，日本だけでなくアメリカ合衆国やヨーロッパの国々でもそうだ．そこで，役所に任せたらろくな都市にならない，ということで市民がこの都市計画に関与しようとする動きが出てくる．ただ，これは都市計画という政策を策定することとは，ちょっと異なる方法論が用いられたので「まちづくり」という言葉がつくられた．そして，いつの間にか役所の仕事であった都市計画も「まちづくり」と呼ばれるようになっている．この「まちづくり」には役所が一方的に決めるのではなく，より民主主義的に市民の人達の声を聞いて，都市計画をしましょう，といったニュアンスが含まれている．

　ちょっと，話が横に逸れたが，役所はそれほどまちづくりに熱心でない場合が多い．それは，役所の人たちにやる気がないという場合もあるが，やる気

があってもそのやる気を発現させることが難しかったりするからだ．なぜなら，役所というのは上下関係が厳しく，自分がこれはイケると思っても課長が反対したらおじゃんだし，課長が賛成しても部長が反対したらおじゃんだし，部長が賛成しても市長が反対したらおじゃんだ．さらに，市長が賛成しても市議会で反対されてしまうと，いくら市長であっても，それを押し進めることは難しい．無理に押し進めたりすると，次の選挙で落選してしまったりする．また市役所の上には県庁（府庁，都庁，道庁）があって，さらにその上には国の役所があって，そうそう市役所が自由裁量で勝手にはやれない．まあ，そういうこともあってやる気があっても，何回か提案を潰されてしまうと，よほどの根性をもっていないと虚無感を持ってしまう．このような構造下において，役所の人が若者のためのまちづくりをしようと仮に思ったとしても，これを上記のステークホルダーの人たちが賛同してくれる可能性は低い．

というのは，若者には投票権がないからだ．投票権がない，ということは市長や市議会議員には，若者に向き合うインセンティブをもたらさない．どんなに若者のためにいい施策を展開しても，それが選挙の票に繋がらない．さらに，若者は投票権がないこともあってそもそも政治とか政策とかに無関心なので，そのような自分達にとって有り難い施策が実施されても，それを感謝する術を知らない．もちろん，そのような施策が選挙権を持っている親にアピールするという可能性はある．ただ，親もどちらかというとティーネイジャーよりも，小学校に入る前の児童や幼児に予算を振り分けて貰いたいと思っている．特に，保育園のサービスを充実してもらう方がティーネイジャーに予算を振り分けるよりは有り難いと思っている．なぜなら，若者は児童と比べて，自分で勝手にやれると思われているからだ．そういうこともあって，若者は圧倒的に政治的には孤立無援である．

さて，しかし投票権もないし，自動車にも運転できないし，アルコールも飲めないからと言って，街づくりから排除される必要もないし，そのような状況は間違っている．現在のまちづくりは，圧倒的に自動車が優先されているし，若者は街を楽しむのではなく，学校にとりあえず幽閉され，放課後は塾に行って勉強したり，クラブ活動に専念したりしていればいいのだ，といった前提がなされていると思われる．しかし，それは若者にとっても街にとっても，勿体ない．街は若者が溢れている方が賑わいも出来て，ちょっと華やかになるし，若者は街によって社会性が育まれるし，感性も磨かれるし，そして多種多様な人と出会えたりする．街は孵化器のような機能を有している．ただ，そのためには若者が主体的に動かなくてはいけない．なぜなら，誰も若者のお尻を叩かないからだ．そこには，レールが敷かれていないし，グーグル検索してもマニュアルのようなものは存在しない．自分で考えなくてはいけない．そのような状況下，マニュアルのように丁寧ではないが，羅針盤のような役割ぐらいは担えるだろうと考えて，まとめたのが『若者のためのまちづくり』であったのだ．

II 若者がまちづくりを実践するポイント

以上，『若者のためのまちづくり』を書くことになった経緯を整理したが，次からは若者がまちづくりを実践するポイントとなる「モビリティ（移動力）の確保」，「自分の可能性を育む機会の確保」「若者が主人のような気持ちになれる空間の確保」という3つの視点から，そのエッセンスを整理していきたい．より詳しく内容を知りたい場合は，『若者のためのまちづくり』を参照してもらえると有り難い．

写真13-1 「若者ためのまちづくり」の本の表紙．現在は電子書籍での販売となっている

(1) モビリティ（移動力）の確保

若者が街を楽しむうえでの一番のネックはモビリ

ティが確保できないことである．ほとんどの日本の都市は自動車を主要交通手段として位置づけた計画が為されている．これは自動車を所有して運転ができる人にはとても便利であるかもしれないが，そうでない人にとっては，恐ろしく不便である．アメリカでは高校生になると免許を取って運転できたりするが，日本では18歳にならないと免許を取ることもできない．高校生ともなると，結構，あちらこちらに自分の都合で移動したいと思うであろう．しかし，この自動車が運転できないことによって，自分の可能性が閉じられている．理不尽なことだと思う．

　そのような状況を打破する方法は大きく2つある．1つは自動車の運転免許の取得年齢をより若くすることである．アメリカでは15歳から取得できる．しかし，これには2つ問題がある．そもそも免許を取ったとしても自動車を手に入れるのは相当，難しい．これは自動車の値段が高いからである．もう1つは，たとえ親の車を乗る場合でも，相当の高額の自動車保険料を取られることになるということだ．現在でも若者の自動車保険料は高い．これは，若者の方が自動車の運転の経験年数が低いのでより事故を起こすと保険会社が考えているからである．大学生くらいでも高いのであるから，高校生ともなればより高額になるだろう．自動車を運転できるようにするために，そのようなお金を払おうとすれば大変だ．毎日，アルバイトをしなくてはいけなくなってしまい，自動車によって移動性を確保するために高校時代という貴重な時間を犠牲にしなくてはならなくなってしまう．これは，あまりにももったいない話だ．したがって，この案はそれほど若者にとっていい話ではないかと思う．

　それでは，もう1つの方法は何かといえば，自動車以外の交通手段の利便性を高めるということである．これは自転車，公共交通，歩行の3つが挙げられる．その全ての利便性を向上させることで，総合的モビリティは上がるが，住んでいる自治体の規模や地形・歴史的な条件を考慮して，何かを特化するというのはあるかと思う．

　ここでは特に自転車のモビリティを挙げることを考えたい．なぜなら，これは若者にとって相当，使

い勝手のよい交通手段であるからだ．実は，日本のいくつかの都市は世界的にみても大した自転車都市であったりする．大阪や東京などである．しかし，日本の都市の自転車の利用環境は世界的には大きく劣っている．そして，自転車利用者に優しくない．こんなに自転車の利用環境が悪いのに，世界的にも自転車の利用率が高いというのは，それだけ，自転車を人々が利用したがっている，ということと自転車利用が便利な街のつくりになっていることが推察される．したがって，若者は声を大にして，もっと自転車が快適に安全に利用できるように街を改善しろ！と主張すべきなのである．

　自転車以外にも最近ではキックボードやスケードボードなども交通手段として考えられるであろう．キックボードは電動キックボードもあり，それなりに社会性を有し始めている．スケードボードは乗りこなすのはなかなか難しいが，シェア・キックボードとかはヨーロッパの都市では普及し始めている．このようなシステムが確立することで，若者のモビリティも格段に向上するであろう．「もっと我々のモビリティを高めるための公共事業を進めろ」と主張することを勧めたい．

(2) 若者が主人のような気持ちになれる空間の確保

　若者は現状のまちづくりにおいては，存在しないかのように無視されている．そのようなまちづくりがされているまちに若者がいっても楽しい訳がない．それを打破するためには，自分達でまちを変えることが必要である．しかし，まちづくりをする人たちは若者の気持ち，特にティーネイジャーの気持ちを配慮しない．これは相当，興味深いことである．なぜなら，彼らもその昔，ティーネイジャーであったからだ．それでは，なぜ，彼らはティーネイジャーの気持ちを分かろうとしないのか．それは，前述したように，彼らの利益に直接ならないからだ，というのが1つ．もう1つは，もしかしたら，つまらないティーネイジャーの時代を過ごしていて，そのつまらなさが街を楽しめなかったことに起因していることに気づかないまま大人になってしまったことだ．

　前者は，若者のためのまちづくりをすれば，役人

にとってもプラスになるような仕組みに変えることで状況は改善されるかもしれない．そのためのハードルは高いが可能だ．なぜなら若者は社会の貴重な資源なので，若者がしっかりと自己実現でき，成長できるような空間があることは，役所にとってもプラスで，役人にとっても長期的にはプラスになる筈だからだ．しかし，文句を言わなくては役人も気づかない．どんどん文句を言うといいと思う．本当は社会規模，地球規模でいろいろと主張するといいのだが，そのような主張をするにはちょっと勉強が不足していたり，見えていないこともあったりするので躊躇する場合もあるだろう．

しかし，自分の生活する空間であったらよく知っている筈だ．しかも，それをどう自分が感じているのか，は役人より遥かに知っている．一方的な主張だと建設的ではないが，そこでしっかりと議論をすることで有益な結論が得られるだろう．日本人は「空気を読む」ことが求められたりして，議論を避ける傾向がある．大人達の会議も「根回し」をしたりして，実際の会議は議論ではなく，ある決定を組織として下す儀式と位置づけている．大学とか，本来的には議論による学問的な質を高めるような場でもそういうことが求められたりする．私は，ドイツ人の研究者と共同研究をしていたことがあるのだが，そこでの会議はまさに議論の場であった．年功序列などまったく関係なく，20代の助手の先生が，センター長の大御所の先生に「納得できない」などと発言しているのに直面して，面食らったものだ．議論をすることで自分が誤解していたり，知らなかったことを認識したりもする．どんどん，自分のために積極的に議論をし，主張もするといいと思う．ただ，そのためには，若者がその街に対して，帰属意識，責任感を持つことが必要だ．自分が当事者という意識を持つことは必要だ．

自分が街の当事者である，という意識を持つと何かいい気分になるのではないだろうか？　デンマークだと，公園や学校の校庭をつくる時に，ティーネイジャーはもちろんだが小学生にも意見を聞き，それをアリバイではなくて，しっかりとデザインに活かす．そうやってできた公園や校庭に対して，ティー

ネイジャーや小学生が強い思いやりや責任感を持つのは理解できる．自分達がお客さんではなくて，主人公になれるような空間をつくっていくことは，市民のニーズに応えた行政サービスを提供するという役人の大目標にも通じる．ウィン・ウィンの状況に持って行くことができるのである．

一方，後者はなかなか大変だ．後者はもう役人になるための採用において，楽しいティーネイジャー時代を過ごしたかどうかを重要な判断基準にしないとどうにもならないかもしれない．現行の公務員試験は，筆記試験が中心であり，公務員になろうと思う学生は試験勉強に邁進しないといけない．試験勉強ばかりしていたら机上の知識は増えるかもしれないが，実際，日々変化している街のダイナミズムは分からないであろう．採用手段を検討し直すことが必要であろう．

(3) 自分の可能性を育む機会の確保

若者のためにまちづくりをすることの重要さを述べてきたが，なぜ若者にとって街が重要であるかをしっかりと述べてこなかったので，ここでそれを解説したい．若者にとって街が重要なのは，街というコミュニティと関わることで，若者の可能性が見出され，それを大きく育ててくれる可能性があるからだ．そして，街は若者にその可能性を試す機会を与えてくれる．これは別に若者に限られていない街の特性であるが，特に経験がない若者にとっては有り難いことである．

例えば，将来，お洒落で洗練されたカフェを経営したいと考えているとする．そのためのノウハウなどは学校では教えてくれない．いや，間接的に役立つようなことは教えてくれたりするが，直接的に役立つことは教えてくれない．その実践的経験を提供してくれる訳ではないし，カフェを経営した人が先生として教壇に立つことはゼロではないがほとんどないだろう．逆に，筆者は大阪の天満町で高校の先生を退官してカフェを経営している人を知っていて，いろいろとお話を聞かせて貰ったことがあるが，もう開店する前から知らないことばかりで大変だったと述べていた．先生をしているからといっ

写真13-2　ゼミ生達はカフェの屋台とともに町中へ出て，社会と関わることで多くを学ぶ
(出所) 筆者撮影.

て，カフェをすぐやれる訳では全くないのである．カフェを経営するために必要な知識，経験はカフェがある街でしか得られない．

　筆者は，大学のそばの商店街の空き店舗を借りて，カフェをゼミ生達と運営したことがある．まず大家と借りるうえでの条件を交渉し，店を掃除し，店内の装飾や椅子の配置を考え，什器や食器がどれくらい必要かを検討し，それらを調達し，店のロゴを考えデザインをし，看板を作成し，メニューを考え，損益分岐点を推定し，それをもとに赤字を出さないように値段を考え，仕入先を探し，交渉し，仕入に行き，メニューを作成し，さらにはメニューのレシピを考え，それが実際，ちゃんとつくれるように訓練をし，店に誰が入るかのスケジューリングをし，接客の仕方を考え，お金の管理方法を考え，とこれだけのことをした．というのは実際，カフェを運営したから筆者もここまで書き出すことができるのであって，頭の中でここまでシミュレーションすることは，どんなに関係する本を読んでも無理である．そして，予測していた収入，支出にずれがあったら，それを修正し，また集客上の問題点があれば，その解決法を検討する．さらには，隣のお店や商店会の会長にしっかりと挨拶をして，周辺に迷惑をかけないように留意する．私もこの商店街に行きつけの喫茶店があったが，そこのマスターはお客として来店してくれて，学生だけでなく私にもアドバイスをくれたが，それは本当に役に立った．大学で先生をしていても，カフェの親爺としては初心者であっ

たからだ．そして，学びの場はまさに街中であった．

　今はゼミ生達とカフェ用の屋台を製作して，商店街のお祭りとかイベントの時にカフェを出張販売している．これは，実際，店舗においてカフェを運営することに比べれば楽ではあるが，それでもイベント主催者との交渉，損益分岐点の予測と修正などいろいろと学ぶところは多い．大学のキャンパスに留まっていてはなかなか学ぶことが難しいことを，街に出ることで学ぶことができる．そして，それらの活動は街にも影響を及ぼす．学生達の活動如何によっては，街に賑わいをもたらすことも可能である．

Ⅲ　街と学生は本来，とても相性がよいものである

　最近，地方都市は元気がない．しかし，海外とかに目を転じると大学や高校がある都市は元気な場合がある．若者がいることで，街は活性化するのだ．ただし，街も若者にしっかりと貴重な機会を提供することが必要である．私は大学の教員をしているので，商店街や自治体から，ゼミ生にまちづくりに関与してくれないか，と相談を受けることがある．しかし，大学でまちづくりに取り組むうえでは，大学生にとって，それがプラスにならなくてはいけない．無料のアルバイトみたいな気持ちで学生を使わないで欲しい，とは強く思っている．大学生も前述したように，責任を持ってまちづくりに取り組まな

くてはいけないが，逆も真なりである．ただ，これをしっかりと踏まえれば学生と街がお互いいい相乗効果を発揮することは期待できる．街と学生は本来，とても相性がよいのである．

【参考文献】
服部圭郎（2013）『若者のためのまちづくり』岩波書店（岩波ジュニア新書）.

コラム　国際比較研究の勧め

　私は都市を研究対象としています．そして，都市政策，特に都市計画や都市デザインに関心をもって研究したりしているのですが，その際，国際比較研究という手法を採ることが多いです．というのは，都市に限ったことではないですが，政策が優れているか，いまいちなのかというのは相対的な指標なので，比較をして初めて分かるということがあるからです．自分では結構，イケてるんじゃないの，と思っても，海を越えた国の都市と比べたら全然，今ひとつということもあるかもしれないし，自分が思っていたよりも結構，いい線いっているかもなどと気づくこともあります．「人の振り見て我が振り直せ」という言葉もあります．海外の都市を訪れて，ちょっとこれは今ひとつだなと感じることがあったら，もしかして日本を訪れる観光客も同じような気持ちを抱いているかも，と自分の国（都市）の振りを直すきっかけにすることもできます．

　国際比較研究は，対象とする海外の国の都市を知ることを通じて，自分の国の都市を知ることにも通じます．日本は公共交通の独立採算が求められていますが，そんなものを求めている国は欧米には1つもありません．すべての都市において赤字です．しかし，なぜか日本は独立採算が求められ，したがってローカル線が赤字を理由にどんどんと廃線となっていきます．これは日本にいるとよく分かりませんが，例えばドイツに行って，地方部にまで高い密度で敷かれている鉄道で移動していると，「どうしてドイツの鉄道はローカル線が結構，走れているのだろう」と疑問に思います．そこで，調べると税金で赤字負担をしているので，日本のように赤字で廃線ということはないということが分かります．また，さらに交通権というものが保障されており，自治体は住民に対して公共交通サービスを提供する責任があります．もちろん，それでも乗客が極端に少ないところはバスで置き換えられたりしますが，赤字だからどんどん廃線という運営側の論理で公共交通ネットワークが決定する日本とは考え方が大きく異なります．

　さて，ここまで読んだ人は，ドイツの方が日本よりずっと優れているじゃないか，と思うかもしれませんが，このように赤字が補助金で補填される状況だと効率的に鉄道を経営しようという発想が薄くなります．結果，時間通りに列車を運行できなくなったりします．新幹線があれだけ正確に高頻度で走れる，というのはドイツ人からすると驚愕のことです．大抵の場合，どちらの国の方がすべて優れているということは少なく，お互いが相手のいいところを学び，自分の悪いところを相手の優れた取り組みから学ぶ，または相手のここがイマイチだなと思ったところは，自分もしっかりできているか確認してみる．このように海外の都市と比較することで，自国の都市も高めることができます．また，私は都市を対象とした場合の利点を記しましたが，これは人にも当て嵌まります．自分を相対化し，よりなりたい自分になるためにも海外に行くことは有益だと思います．

　私は学生を海外へのフィールド・スタディへ引率する実習講義を20年以上続けており，今でも龍谷大学政策学部で担当しています．このコラムを読んでくれた学生が受講してくれたら，それは望外の喜びです．

第14章 生活者の視点からコミュニティを考える

井上 芳恵

　急速に少子高齢化が進む中で，コミュニティの衰退が社会課題となっている．ここでは，身近な地域社会を支える担い手にどのような立場，組織があり，地域空間・施設の変化がコミュニティに与える影響と可能性について取り上げる．その中で，地域に住み，学び，働く生活者として，地域の現状や課題に触れ，持続可能な地域の未来のために何ができるかを，いかに快適で良好な住環境を形成するかについて，まち全体の居住性を対象とした地域居住学の視点から考える．

I　地域を支える組織とコミュニティの変化

(1) 地域活動への参加

　皆さんは，地域の夏祭りや清掃活動，防災訓練などの行事に参加したことがあるだろうか．例年，政策学部「地域コミュニティ政策」の講義内で地域での活動や行事等への参加経験を訪ねると，9割近くの受講生は参加経験があり，主な活動経験内容は表14-1の通りである．

　しかしその多くは，子どもの頃の経験で，一般的には中高生以上になると，地域活動への参加機会は大幅に減少する．中には，ボランティアや探究的な学習，地域の伝統行事への参加等で継続的に地域活動や地域課題等に対する取り組みを行っている人もいるが，地域との関わりに関心の高い学生が比較的多い政策学部であってもさほど多くない印象である．

　実際に地域の行事に参加してみると，中高生，大学生はあまり見かけず，子連れの家族と運営にあたる中高年世代が中心であることが多い．子育て層は，子どもとともに学校や地域での行事等への参加意欲も高いが，子どもが中高生以上になってくると，部活動や勉強などが忙しくなり，中年世代は共働き率も高く，特に都市部では地域行事への参加機会は減る傾向にある．

　さらに少子高齢化が進む地域では，担い手不足や運営の負担から行事が中止されたり，コロナ禍で数年中止していた行事の中には再開されていなかったりするものも見られる．子育てが終わった中高年世帯，特に高齢単身世帯は，地域活動に対する負担感の大きさもあり，これら地域行事等を担う母体である町内会・自治会などの地縁組織からの脱退，また町内会・自治会そのものが解散してしまう地域も増えてきている．

(2) 地域を支える様々な組織

1) 地域型コミュニティ（地縁組織）

　日本で一般的に町内会・自治会（以下，基本的に「町

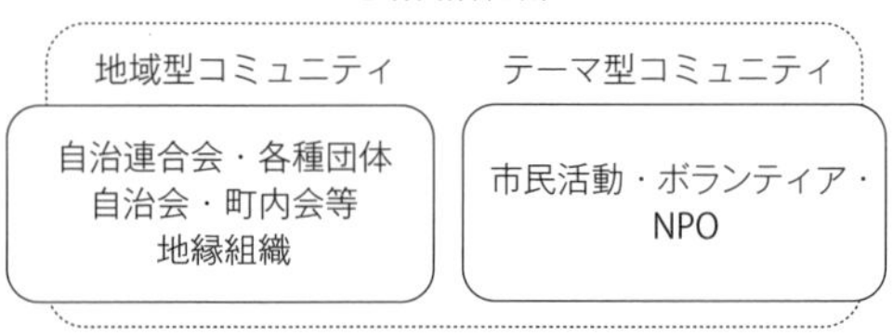

表14-1　地域活動や行事への参加経験

・祭り（季節の祭り，神社などの祭礼，地蔵盆等）	80%
・環境整備活動（草刈，清掃，廃品回収等）	52%
・情報共有（回覧板等）	47%
・スポーツ活動（運動会，各種スポーツ大会等）	43%
・親睦・交流活動（旅行，キャンプ，季節の行事等）	40%
・防犯・防災活動（防災・避難訓練，火の用心等）	30%

（注）2024年度地域コミュニティ政策受講生回答結果，複数回答，回答者160名．
（出所）筆者作成．

図14-1　地域を支える組織

（出所）筆者作成．

内会」と称する）と呼ばれる地域住民で構成される地縁組織は，一定の地区区画を持ち，世帯を単位として構成され，地域の諸課題に包括的に関与し，行政や外部の第3者に対して地域を代表する組織，とされている．高度経済成長期には，日本各地で公害問題や都市開発に対して，また地方では町並み保全や自然環境保護など，身近な生活環境の変化や問題に対して声を上げ，様々な住民運動が展開されたが，それらの活動主体を構成する一員ともなった．

主な活動は表14-1のような親睦や懇親，日常的な周辺環境の維持・整備，防犯・防災に関わる活動，行政連絡の伝達や，要望・陳情，町内の調整があげられるが，近年震災や自然災害等が相次ぐ中で，防災の観点からも共助の重要性が問われている．

古くは，江戸時代の農民統制の機構・相互扶助の仕組みとしての五人組などが起源とされるという説もあり，それらの組織は明治時代には廃止されたものの，私的な組織として存続した．明治から大正時代にかけて地方で隣保組織の復活運動がおこり，全国的に町内会が成立した．戦時中は国も町内会の整備に力を入れ，政府主導で国を挙げて戦争を支援する組織として位置付けられた．戦後は任意団体となったが，現在も日本各地に約30万団体存在し，多くの地域で，地域活動や地域環境の維持管理などの様々な場面で，住民の自主的な活動によって支えられている．地方都市では，伝統的なコミュニティとして今でも地縁組織の活動が活発な地域も見られるが，都市部では，戦後多くの人口が地方から流入し，ニュータウンや新興住宅地の開発などが進み，コミュニティの希薄化が課題となった．

国では1969年国民生活審議会による「コミュニティ　生活の場における人間性の回復」の報告以降，モデル・コミュニティ事業を展開し，全国に対象地区を指定し，集会所の建設，道路・緑地帯の整備，地域住民による新たな組織やコミュニティ活動計画作りなどを支援してきた．各都道府県や市町村でも同様のコミュニティ政策が展開され，小学校区〜中学校区単位程度の規模で，コミュニティ協議会が立ち上げられている地域もみられ，行政の各部局

から補助を受けて福祉や環境，交通安全，青少年育成などテーマごとに活動をする各種団体が設立されている地域が多い．また，戦前から慈善や救済等の福祉事業等を担い，戦後福祉関連の法整備や，社会福祉事業法の成立を経て，全国的に組織された社会福祉協議会では，高齢者や障がい者福祉をはじめ様々な福祉事業が展開され，小学校区程度の範囲では，地域関係者のボランティアにより高齢者の居場所づくりや子育て支援などの取り組みを担っている．

小学校区単位では，町内会長で構成される自治連合会などの上位組織が組織されているほか，町内会に対して各種団体への委員選出，行政からの広報物配布，行事への動員など依頼事項の多さによる負担も大きい．一方で任意団体が故に意思決定や組織運営の不適切性が指摘されており，近年行政によるコミュニティ支援策として，組織設立，運営に関わるマニュアル作成や負担軽減にむけたアドバイスなどが進められている．

2）テーマ型コミュニティ（市民活動・ボランティア・NPO）

1995年阪神・淡路大震災で多くの人がボランティアとして被災地の支援に携わったことをきっかけに，1998年にNPO法（特定非営利活動促進法）が施行され，それまで任意団体であった市民活動団体も，法人格を取得することができるようになった．現在約5万団体が認証・認定されており，保健，医療又は福祉の増進を図る活動，社会教育の推進を図る活動，子どもの健全育成を図る活動，まちづくりの推進を図る活動，活動を行う団体の運営又は活動に関する連絡，助言又は援助の活動など，計20の活動分野の中から一つまたは複数の活動分野を定款に示し，様々な活動が展開されている．現在では，公的機関からの指定管理業務や行政との協働事業によって公共的サービスの供給主体になったり，社会の変化や課題を先取りし，子どもの貧困問題，フードドライブなど公共ではまだ支援が行き届いていなかった分野にいち早く取り組み，支援の必要性をアピールし，公的な支援や制度の創設に結びついたり

86 第Ⅲ部 都市と計画

する事例も多い.

3）地域自治組織

主に小学校区程度を単位とし、既存の地縁組織や各種団体、ボランティア団体を含めて構成される組織であり、平成の大合併以降、条例や要綱に基づいて市内全域で設置される地域や、地域での話し合いや準備が整った地域から立ち上がるもの、地方創生戦略の中で、特に地方都市の過疎地域では、地域生活の維持と地域資源を活かした収益事業を両輪とした地域運営組織、小規模多機能自治などの設立が進んでいる。合併した地域では、旧町村単位で地域自治組織を立ち上げ、地域ニーズに合った活動を展開するために、意思決定や予算執行できる仕組みが創設されたが、既存の地縁組織や地域団体の代表者で構成されていることが多く、既存組織との役割分担や新たな担い手の確保が十分にできていない事例も見られる。一方で、NPO法人や株式会社などを立ち上げて、事業費を得ながらより幅広い活動や地域課題の解決に資する事業を展開している地域も現れている。

4）世帯の多様化や居住形態の変化に伴うコミュニティの変化

マンションなど集合住宅の増加や、世帯の多様化、多国籍化、少子高齢化などの変化は、地域コミュニティに大きな影響を与えている。学生が居住するような単身者向け賃貸集合住宅では、町内会に加入できない場合もある。また、分譲マンションでは、所有者で構成される管理組合が設置され、共用部分や建物の維持管理は共益費や積立金等で賄い、ごみ集積所や共用部分の清掃等日常的な管理は専門業者に外注している場合も多い。一方で、親睦や地域活動を主たる目的とする町内会は別途設立する必要があるが、設立されていない場合も多く、近隣地域との関係づくりが困難な集合住宅も増加している。また外国人居住者の増加に伴い、日本語によるコミュニケーションや町内会活動への理解が難しい場合も多く、ごみ出しやマナーなどに関わる近隣トラブルが発生する事例も見られる。

京都市では、2011年に「京都市地域コミュニティ活性化推進条例」が制定され、市の責務として、地域コミュニティの活性化の推進に関する施策を総合的に実施すること、事業所の責務として、所在する地域の地域活動に協力するよう努め、従業員が、居住地で地域活動に参加することへの配慮に努めること、地域住民の役割として、地域活動に積極的に参加、協力することにより、地域コミュニティの活性化を推進することが掲げられている。特に住宅の建築、販売等をする事業者等による地域コミュニティの活性化の推進のための取組として、集合住宅の施工、販売、管理に係る事業者には、入居者に対して事前に町内会等地域活動に対して理解を求め、行政や地域に対して窓口を届け出るように定められている。また、地縁組織と市民活動団体の連携を促進するためのマッチングや取組事例の紹介なども進められている。

Ⅱ 地域空間・施設の変化がコミュニティに与える影響と可能性

コミュニティの中心として、学校、公共施設、公園、商店街、福祉施設、神社・寺などがある（広井2009、小地沢2024）。しかし高度経済成長期以降に整備された公共施設は老朽化が進み、建て替えの時期に来ているものの、財政的な課題もあり、施設単体としての建て替えが困難な場合も多い。また、2000年以降の市町村合併に伴い、市役所・出張所など身近な公共施設も減少傾向にある。さらに居住者の入れ替わりが進まない旧市街地、郊外住宅地・ニュータウン、市町村合併が進んだ旧町村部をはじめとし、少子化に伴い小中学校、また高等学校の統廃合も進んでおり、コミュニティに与える影響が大きい。

京都市の中心部では明治初期、地域の自治を担っていた地縁組織である「番組」ごとに地域住民が資金を出し合い、「番組小学校」が開設された。その後全国に公立小中学校の設置が進む中で、京都市周辺部においても学校の整備が進んでいくが、地縁組織との関係は密接で、地域の集会所や倉庫が学校の中に設けられたり、地域の運動会が小学校のグラウ

ンドで行われたりしており，地域の拠点的な機能を有している．しかし，少子高齢化に加えて，近年若い世代を中心に周辺地域に人口流出が進む京都市では，小中学校の統廃合や小中一貫校の創設が進んでおり，2024年現在で市内に8校の小中一貫校がある．一方で，学校の統廃合が進んでも，小学校区を基盤に形成されている地縁組織は，旧小学校区単位での活動を継続することが多い．しかし，学校がなくなり跡地も別の用途に転用され地域で活用できない状況となる場合，学校の運動場で開催されていた地域行事，空き教室・体育館を利用した住民サークル，地域団体が活動場所を失ったり，青少年育成など子どもに関わる各種団体は統合されないまま活動を停止したりするなど，地縁組織や地域活動に与える影響は大きい．

その他の施設をみると，入居にあたって，所得や世帯構成など一定の要件が定められている公営住宅が郊外住宅地・ニュータウン内に立地している地域も多いが，老朽化に伴い空き家が増加し，自治会活動が停滞，解散する事例が見られる．都市における緑地・空地の確保のために整備された様々な規模の都市公園も，設備の老朽化や草刈りなどの管理不足，また騒音や利用マナーに対する近隣からの苦情のため禁止事項が多く，少子化の中で利用者が減る公園も増えている．高度経済成長期に賑わいを見せていた商店街は，モータリゼーションや郊外への大型店，ショッピングセンターの進出，また店主の高齢化や跡継ぎの無さから，空き店舗が増え，特に身近な買い物場所として食料品・日用品を扱う店の多い近隣型商店街の多くが衰退し，シャッター通りと称される状況である．

このように，人口減少，少子高齢化，施設の老朽化が進む中で，街中に多くの「空き」が生まれているが，今後これらを有効に利活用することはできないのだろうか．近年，公共施設の更新時に，複合施設化や公民連携，民間活力の利活用による建て替え・維持管理が進んできており，行政，大学，地域関係者の連携により市営住宅の空き室をリニューアルし大学生が入居してコミュニティづくりに関わったり，商店街の空き店舗や店先を地域団体の活動場所として開放し，マルシェなどのイベントの開催やチャレンジショップの場としたりするなど，様々な主体と連携した施設の利活用の事例が増えてきている．単に，公共施設を行政が整備し，商店街の各店舗を個人が維持・管理し続けるだけではなく，地縁組織，市民活動団体，民間事業者との連携や，住民個人もオーナーシップを持った街への関わりが求められており，地域に住み，学び，将来の担い手である学生のコミュニティへの関わりも期待されている．

Ⅲ 向島地域のまちづくりの経緯と地域連携型教育の取組事例

政策学部「地域課題発見演習（旧「伏見CBL演習」）」では，2017年度以降，京都市伏見区内の特定の地域に1年間を通して参画し，フィールドワークや地域行事の支援，地域関係者へのヒアリング調査などを行ってきた．ここでは，2017〜2022年度まで関わってきた京都市伏見区向島地域を事例に取り上げ，地域のまちづくりの経緯や変化と地域連携型教育による成果や影響について紹介する．

(1) 向島地域のまちづくりの経緯

京都市伏見区南部に位置する向島地域には，かつて京都盆地の南に位置する巨椋池に豊臣秀吉が伏見城の出城として築き，徳川家康が居城していた向島城の痕跡がある．1933年戦時中の食糧不足に対応するため巨椋池の干拓事業が行われ，広大な農地になった．最後に残っていた二の丸池を埋め立て1970〜1980年代にかけて計11街区（低層・高層分譲住宅，公団住宅，市営住宅）で構成される向島ニュータウンが建設された．当初は多くの分譲住宅の建設が予定されていたが，1970年代に入り，住宅需要も落ち着いてきたことから，市営住宅が全体の6割を占める住宅構成となった．また完成時は，30，40代の子育て層が多く居住し，新たに小学校3校，中学校1校も建設され，多い時期で約2万人が住みにぎわっていたが，子ども達が成長し，巣立っていくと親世代が中心となり高齢化が進み，他地域のニュータウン

88　第Ⅲ部　都市と計画

と同様，オールドタウン化と市営住宅の老朽化・空洞化が課題となっている．

　向島ニュータウンでは，2017年に京都市や地域関係者，専門家による会合を経て，「向島ニュータウンまちづくりビジョン」が策定され，2017〜2021年にかけて誰もが暮らしやすいまちづくりを目指して「向島まちづくりビジョン推進会議」が進められた．ビジョン推進期間には，公園の魅力向上や商業施設の誘致，市営住宅の空き住戸を使ったグループホームの開設などが実現した．その後も，地域住民，向島地域の民間事業者，大学関係者等の連携により「向島暮らし安心ネットワーク」，「向島子ども・若者支援ネットワーク」，「向島防災ワーキング」などのワーキング・グループが設置され，ビジョンに沿った様々な取り組みが継続されている．2019年には旧集落の小学校1校，ニュータウンの小学校2校，中学校1校が統合し，小中一貫校が創設され，コミュニティにも影響や変化を与えている．

(2)　向島地域の変化

　ニュータウンでは自治会や各種団体が結成されている街区・小学校区がある一方で，自治会が解散していたり，自治会を束ねる自治連合会がなかったりするなど，地縁組織の形態は街区・小学校区によって様々である．ニュータウン周辺の旧集落では，地縁組織による地域活動や行事が行われているが，他地域同様コロナ禍や学校の統廃合の影響，高齢化や担い手不足もあり，停滞している活動もみられる．

　小中学校統合前の地域協議の段階では，旧集落とニュータウン間，またニュータウン内でも，地域の成り立ちや居住形態，地縁組織の有無の違いなどもあり，様々な障壁がみられたが，学校統合にむけた協議のプロセスの中で「子ども達のよりよい学びの場づくりのために」という地域の想いが徐々にまとまり，2019年の統合後は，子ども達が小学校区の違いを気にすることなく学び，交流を深めている姿に，大人たちも好影響を受け，まちづくりビジョンの推進に向けて活動や地域間の連携に変化や深化が見られた．

　駅前の葬儀場建設計画への反対運動を契機に2005年設立した向島駅前まちづくり協議会は，向島ニュータウンまちづくりビジョン策定を契機に2017年NPO法人化し，向島ニュータウンの住環境の充実と住民福祉の増進を図り環境整備事業，高齢者の居場所づくり，定期的な朝市やバザールの開催，情報発信など，積極的な活動を展開している．

　2019年小中学校統合に伴い，各種団体の1つである少年補導委員会やPTAなどが主催する旧小学校区の子ども達を対象とした行事が休止し，地域行事の運営方法にも影響が生じた．一方で，小学校統合前の2018年から地域の若手農業経営者を中心に実行委員会が立ち上げられ「たんぼラグビー in 京都・向島」が開催されており，向島地域内外の学校や団体が多く参加するイベントとなっている．また毎年1月に開催される「とんど祭り」は統合により廃校となった1つの小学校PTAや自治会連合会主催で実施されていたが，2024年1月は，統合した新しい小学校区の関係者で実行委員会を結成し，小学5，6年生有志が準備に関わり運営された．実行委員会の方が，「いつまでも旧小学校単位で動くのではなく，新しい小学校区としてイベントを作っていこう」と述べており，向島まちづくりビジョン推進会議後の取り組みを経て，旧小学校区を超えた地域活動の今後の展開が期待される．

(3)　高大連携による地域連携型教育の取り組み経緯と成果や影響

　向島ニュータウン近隣の京都文教大学は2008年からニュータウンの祭り（現「向島まつり」）の運営に携わっており，社会福祉協議会や民生児童委員会などと連携して，子どもや高齢者の居場所づくり，多国籍化が進むニュータウンでの日本語教室の開催など多文化共生に関わる活動を担っている．龍谷大学政策学部では2017年当時「伏見CBL演習」として向島ニュータウンに隣接する旧集落と連携をはじめ，2019年の小中一貫校創設に至るプロセスの中で，旧集落やニュータウンの地域・学校関係者へのヒアリング調査や成果報告等に取り組んできた．また，地元の京都すばる高等学校は専門高校の特性を活かし実践を伴った探究的な学びにむけて地域連携

型教育の取り組みを開始し，向島地域でも大学との授業連携を展開した．

これら3校が，2020〜2023年度京都市「学まち連携大学」促進事業の一環で，京都市伏見区向島地域を主なフィールドとして地域連携型教育を実践し，まちぐるみキャンパスを展開した．

龍谷大学では，伏見・向島地域に関わるビデオ教材やアーカイヴコンテンツを制作・活用し，各校の地域学習の共通教材にするほか，地域レポートの作成，フィールドワークを行い，さらに地域行事への参加，行政や地域関係者へのヒアリングを通して，地域の特色や現状，課題の把握・理解を進めてきた．例年10月に開催される「向島まつり」では，地域の魅力を発信し，地域課題を把握するための高大合同ブースを設けるほか，各種調査結果を踏まえて，高大合同発表会を地域関係者対象に実施してきた．

大学生達は授業を通じて，イベントに参画し，地域や人の魅力に触れるとともに，地域活動がどのように地域活性化や多世代交流促進に寄与しているのか，一方で，イベントを開催するための人的，資金的資源確保の重要性などを学んできた．高校生は，高校が位置し通学している向島地域について改めて深く知り，地域の魅力や課題に気づき，自ら実践できることとその限界を知り，就職や進学選択に活かしてきた．また，向島地域の小中学校でも，総合的な学習の時間などで地域学習，探究学習が進んでおり，高校生，大学生との学びの交流機会も生まれ，旧集落，ニュータウン双方の向島地域の歴史や魅力を知り，地域への愛着を高める機会になっている．

これら児童・生徒・学生による地域を対象とした学びにより，単に地域行事への若い世代の参画を実現し，活気をもたらすだけではなく，学生達による調査への協力や素朴な質問への対応などを通じて，地域関係者は，地域の歴史や活動の経緯，現状や課題を言語化する機会となり，時には硬直化した地域や団体間の関係を変化させ，新たな団体との連携や新たな形態での地域活動の展開にもつながっていると考える．

Ⅳ 身近なコミュニティから政策学へ

政策学では，国内外の政策や制度，それらの社会的背景，取組事例について机上で学ぶこともももちろん重要だが，授業や演習，プロジェクト等で関わるフィールドでは，制度や組織，施設が人々の生活や活動の中でどのように維持，形成，更新されているかを見聞きし，時代に合わせて変化・対応していくことの難しさを肌で感じることができるだろう．それらを，各専門分野での学びと結び付けて，地域の諸課題の要因を分析し，分野を融合した解決策を見出し，様々な主体が新たなチャレンジの一歩を踏み出すことを支援，または自らが実践できるような力を身につけることが期待される．

皆さんには，地域に住み，学び，働く生活者として，地域の現状や課題に目を向け，持続可能な地域の未来のために何ができるかを身近なコミュニティから考えてもらいたい．

【参考文献】

今川晃編（2014）『自治体政策への提言　学生参加の意義と現実』北樹出版．

小地沢将之（2024）『都市・まちづくりのためのコミュニティ入門』学芸出版社．

中山徹（2024）『地域居住とまちづくり　多様性を尊重し共同する地域社会をめざして』自治体研究社．

広井良典（2009）『コミュニティを問いなおす——つながり・都市・日本社会の未来』薩摩書房（ちくま新書）．

山崎義人・清野隆・柏崎梢・野田満（2021）『はじめてのまちづくり学』学芸出版社．

第15章 「災間」の時代を生き抜く
──生き抜くための処方箋としての「地域レジリエンス」──

石原 凌河

　昨今の日本では，自然災害が頻発し，その被害が後を絶たない．私たちは，さまざまな災いと災いの間，つまり「災間」の時代を生き抜かなければならない．
　本章では，自然災害の中でも特に「地震」による被害について取り上げ，日本でこれまで大きな被害をもたらした地震の被害の実例や，地震発生時に起こり得る状況について紹介していきながら，「災間」の時代を生き抜くための知恵と政策学が果たす役割の一端について考えていきたい．

I 「災間」の時代を生き抜くために

　いま，私たちが生きている社会では，頻発する自然災害，新型コロナウイルス感染症，ロシアによるウクライナ侵攻など実に様々な危機に見舞われ，困難に直面している．仁平（2012）によると，災害・危機が頻発し，多くの犠牲が生じるという不条理な社会の様相を，さまざまな災いと災いの間，つまり「災間」の時代であると指摘している．これから皆さんが社会で活躍していくためにも，危機からは避けては通れず，誰もが「災間」の時代を生き抜いていかなければならない．「災間」の時代をしなやかに生き抜くための知恵と政策が求められているのだ．

II 災害による被害と対策

(1) 日本の国土と自然災害

　日本の国土は環太平洋変動帯に位置し，世界の諸各国と比較しても，地形，気候などの自然的条件から，地震，津波，台風，豪雨，高潮，豪雪などのあらゆる自然災害が発生しやすい．日本では自然災害によって毎年多くの人命や財産が失われており，自然災害による犠牲者がゼロとなった年はない．
　日本では1960年代までは，大型台風や大規模地震により，死者数千人に及ぶ被害が度々発生してきた．こうした災害からの被害を防ぐために，防潮堤の整備，建物の耐震化などのハード整備に加えて，

行政による避難情報の発信，学校での防災教育などのソフト面での防災対策が進められてきたことで，自然災害による犠牲者は減少しつつある．しかし，阪神・淡路大震災では6400人以上が犠牲となり，東日本大震災でも1万8000人以上の死者・行方不明者が発生するなど，これまでの想定を超えるような大災害もたびたび発生している．
　南海トラフ地震や首都直下地震等の「国難」と言われる規模の巨大地震が近い将来に発生することも懸念されており，自然災害は日本全体の安全に関わる大きな脅威となっている．

(2) 地震災害による被害
1) 阪神・淡路大震災

　1995年1月17日に発生した阪神・淡路大震災（兵庫県南部地震）は，日本における第二次世界大戦後に発生した直下型の地震のなかで最大規模の被害が出た地震である．地震による直接の犠牲者は5512人で，災害関連死を含めた犠牲者は6343人にも及んだ．阪神・淡路大震災で甚大な被害を受けた都市部では，鉄道や高速道路の高架が崩落し，交通インフラが遮断された．市街地のいたるところでは，建物の倒壊や火災が発生したため，多くの道路が通行できず，重傷者の搬送や避難に大きな支障が出た．人々の生活に欠かせない電気，通信，上下水道，ガスなどのライフラインも広域に被災し，最大で約32万人もの人々が避難所で不便な生活が強いられた．神戸港では液状化現象によって埠頭が使用できなくなり，船による物流が長期間停止し，被災地の産業に

写真15-1　阪神・淡路大震災による火災被害の様子
（出所）人と防災未来センター提供.

写真15-2　阪神・淡路大震災による建物倒壊被害の様子
（出所）人と防災未来センター提供.

大きな打撃を受けた．

このように，大都市が地震に襲われることで，人口や建物が密集している市街地を中心に集中的に被害が発生することとなり，被害の規模が巨大化するという性質を持っている．さらに，大都市に集まるあらゆる機能が停止することで，サービスや経済活動が断絶し，間接的な被害が連鎖的に広がる．人口が集中する大都市に直下型の地震が直撃することの恐ろしさに日本中が衝撃を受けた．人的・物理的被害だけでなく経済的損失も大きく，社会的にも大きなインパクトをもたらした災害であり，私たちの社会のあり方に対して多くの反省と教訓を残した．

2）東日本大震災

2011年3月11日に発生した東日本大震災（東北地方太平洋沖地震）では，約1万8000人を超える死者・行方不明者を出すなど，阪神・淡路大震災を超える甚大な人的被害をもたらした．日本の観測史上で最大となるマグニチュード9.0の巨大地震であり，その規模は阪神・淡路大震災を引き起こした地震の約1400倍にも及ぶ巨大なものであった．地震発生から30分から1時間後には東北地方太平洋沿岸の広い範囲で巨大な津波が繰り返し押し寄せた．高さが数十メートルにも達する巨大津波は防潮堤を乗り越えて，建物や車や人々を次々とのみこんでいった．

東日本大震災による津波が起因して福島第一原子力発電所で水素爆発が発生し，原子炉建屋などが破壊され，放射性物質が大気中に放出されたという重大な事故が発生した．この事故によって福島第一原子力発電所近辺の多くの住民は避難を余儀なくされたほか，いまもなお住むことができない地域も残っている．福島第一原子力発電所事故に代表されるように，突発的な自然現象である自然災害が，人間の創り出した高度なシステムに対しても危機的な状況にさらし，私たちの社会そのものを揺るがす事態となった．

3）能登半島地震

2024年1月1日に石川県能登地方を震源とするマグニチュード7.6の地震である令和6年能登半島地震が発生した．日本中が年明けのお祝いムードに包まれ，多くの人々がだんらんを繰り広げていた元日というおめでたい日に大地震が襲い，日本中が震撼した．自然災害の発生は時を選ばない無情なものである．能登地方では以前から断続的に地震災害に見舞われている．能登地方で被害を受けた代表的な地震として，1993年2月7日に発生したマグニチュード6.6の地震，2007年3月25日に発生したマグニチュード6.9の地震，2023年5月5日に発生したマグニチュード6.5の地震が挙げられる．令和6年能登半島地震はまさに「災間」の時代に発生した大地震の典型例であると言えるだろう．令和6年能登半島地震では，建物倒壊だけでなく，津波，地震火災，土砂崩れ，液状化現象，集落の孤立，ライフラインの途絶など様々な被害をもたらした．このように地震は揺れによって複合的な被害をもたらす．能登地方は県庁所在地の金沢市から離れており，震災以前から交通網が脆弱であったが，震災によって道路網が寸断され，ライフラインが途絶したことにより，

救援物資の提供などの被災者への支援が大幅に遅れてしまった．また，能登地方では高齢化と過疎化が顕著に進んでいたが，高齢化によって建物の耐震化が進まなかったことが被害を拡大させた．能登半島地震の被害の事例からも明らかなように，災害前からの地域課題が被害を拡大させる要因となることから，災害前からの地域課題を解決することが，災害の被害を減らすことにつながるのだ．一方で，能登地方は住民同士の結束力が元々強く，こうした結束力が災害時の助け合いに功を奏した．能登地方は豊かな自然や文化に恵まれており，歴史的な街並みが残る集落も多い．震災によって以前の風景と大きく変容してしまうが，安全性を担保しつつも，能登地方でこれまで育まれてきた地域性を継承して復興していくことが望まれる．

(3) 自然災害による被害の考え方

　以上のように，全く同じ災害が発生することはなく，また，災害によって全く同じ被害も出ない．災害が発生するたびに私たちの社会に新たな教訓が突きつけられるのだ．自然災害そのものは単なる自然現象であるが，自然災害により，何かが壊れることによって，社会や人に対して被害が発生する．すなわち，人や社会が関わらなければ災害とは捉えられず，被害も生じない．また，自然災害による被害は，災害が発生したことで新たに被害が生じるだけではなく，地域社会が被災前からもっていた課題があらわになるという側面も持っている．

(4) 地震防災対策の再考

　地震からの被害を防ぐために，あなたはどのような対策を行っているだろうか．例えば，非常持ち出し袋を用意している，水や食料といった備蓄を用意している，災害時の連絡方法を家族で決めているなど，さまざまな対策があげられるだろう．しかし，ここであげた対策は，いずれも地震発生時に生き残ったことが前提となって対策が実践できるものばかりである．すなわち，地震発生直後に建物や家具が倒れてきてしまい，生き埋めになってしまえば，避難もできず，備蓄も使えず，地域の方々と助け合

うこともできない．地震防災対策においては，建物や家具が倒れてこないために耐震化と家具の固定化に取り組むことが先決である．

　なんとなく防災対策を行っても，災害時に適切に活かすことはできない．それぞれの対策は，どのような災害で，どのような場面で，どのように有効なのかを普段から確認しておく必要がある．

Ⅲ　災害のジレンマ

(1) 災害と「正解」

　災害から必ず命が守れる「正解」はあるのだろうか．もちろんそのような「正解」は存在しない．災害から必ず命が守れると思って対策を進めていたとしても，平時から想定していなかったような状況が災害時に発生すれば，場合によっては命を落としてしまうことにもなりかねない．被災前には「正解」だと思っていたことでも，被災時にはその「正解」とは別の「正解」が出てきてしまい，2つの選択肢に対して板挟みとなるといった，まさにジレンマの状況に陥ることも考えられる．

　そのような災害時の状況を巧みにいかして開発されたのが防災教育教材「クロスロード」である．「クロスロード」は，阪神・淡路大震災当時に神戸市の職員の体験をもとに作られた．災害のときに起こりうるできごとを聞いて，自分ならどっちの道を選ぶか"YES"または"NO"を選択するものである（矢守ら，2005）．災害時の想定していなかった場面や，明確な答えのない問題に直面した時に備えて，平時から考えることを目的としている．

　防災対策の中には，もちろん明確な「正解」があるものも含まれる．例えば，消火器は消火活動を推進するための設備であるが，消火器を使いこなすためには，平時から消火器に書かれている通りの操作方法を熟知しなければ，火災を鎮火させることはできないだろう．消火器を正しく使いこなすためには，消火器に書かれているマニュアルにそって繰り返し訓練すること，すなわち「正解」に従って対応することが求められるのだ．

（2）避難所のペットに関する「クロスロード」

　一方で，防災対策の中には「正解」が明確に定まっていないものも含まれる．例えば，**図15-1**に示しているように災害時にペットを避難所に連れて行くかどうかについては，明確な「正解」が決まっているわけではなく，家庭でペットを飼っているかどうかや，動物のアレルギーに疾患しているかどうかなど，その人が置かれている状況・立場・価値観などによってYESまたはNOの意見が変わってくる．**図15-1**で示したような災害時のジレンマの状況を問題として設定したのが「クロスロード」なのだ．「クロスロード」の問題には明確な「正解」は存在せず，YESまたはNOのどちらが「正解」なのかを決めるものでもない．自分自身はYESまたはNOのどちらを選び，なぜそれを選んだのかといった自分の意見をしっかりもち，参加者の意見をしっかり聞くことが大切である．想定していなかった場面や，「正解」のない問題にぶつかったときに備えて，平時から考える教材である．

　2022年度に主に政策学部の1年生（全309名が受講）を対象とする「政策学を学ぶ」の授業の中で，**図15-1**に示した問題を尋ねたところ，229名がYES（連れて行く），80名がNO（家に残す）と回答した．

大地震で家が半壊し，避難所に行くことになりました．しかし，自宅には，家族のように大事な猫がいます．ペットの猫も一緒に避難所に連れて行きますか？
　　　［YES：連れて行く］　　　［NO：家に残す］

図15-1　避難所のペットに関するクロスロードの問題

（3）「クロスロード」から考える政策学部での学び

　状況・立場・対象・時間・個人の価値観などが異なれば，「クロスロード」の意見は自ずと変わってくる．政策学部の学生に**図15-1**の問題を毎年行っているが，YES（連れて行く）と回答する学生は年々増えている傾向にある．それは，ペット自体が家族の一員として認識している人々が年々増え続けていることと，避難所にペットを連れてくることを認める避難所が増えているからだと思われる．「クロスロード」を行うことで，参加者同士で議論を進める

中で，YESまたはNOのそれぞれの意見を共存できるアイデアを導くこともできる．「クロスロード」は，画一の「正解」ではなく，多様な参加者の意見や価値観に触れながら，その場での「答え」を知ることができる．

　大学入試までは，一般的には「正解」はただ1つと決まっており，その「正解」を受け入れ，理解し，解答として示すことが求められてきた．政策学部での学びは，「正解」が定まっていない問題，あるいは「正解」が1つではない問題に対して，様々な観点から考え，より良い社会を構想することが求められる．地域の課題を解決するためには，唯一の「正解」は存在せず，地域固有の解決策を地域ごとに見つけていく必要があるため，政策学部で現場との関わりが重視される．地域固有の解決策を見つけるためには，多様な人々と議論しながら，地域固有の解決策を見つけ出していかなければならない．そのため，政策学部での学びは「話し合い」が重要視されているのだ．社会がより複雑化し，多様性が尊重される「災間」の時代の中で，YESまたはNOといった明確な「正解」が存在しない「クロスロード的」な「問い」に向き合っていく必要がある．

Ⅳ　災害と政策学

（1）多様な学びからのアプローチ

　災害・危機からいのちを守り，安全な暮らしを実現するためにどのような政策が必要となるのだろうか．例えば，災害から命や地域を守る人材を育成するための教育を行う必要があるだろう．災害に強い都市や地域空間を構想することも大切となる．避難や防災対策を人々に働きかけるために心理学のアプローチも有効かもしれない．

　このように，災害は1つの学問だけでは解決ができず，多様な学問を総動員して課題解決を図っていく必要がある．これは災害に限ったことではなく，少子高齢化，国際関係，環境問題などといった多くの社会課題にもあてはまる．

写真15-3　防災教育出前授業の様子
（出所）筆者撮影．

写真15-4　児童が書いた「手紙」の実例
（出所）筆者撮影．

(2) 災害時に必要とされる地域公共人材

　災害からの被害を減らすためには「自助・共助・公助」の観点から対策を進めることが必要である．「自助」とは，災害時には他の助けに頼るのではなく自分たちで助かることや，自分たち自身で助かるように備えることである．「共助」とは，家族・地域コミュニティ・ボランティアなどの周囲から助けてもらうことである．「公助」とは，国や地方公共団体などの公的な機関によって助けてもらうことである．

　地域社会の担い手である「地域公共人材」も災害時に大きな役割を果たしている．被災者の健康を支援する医師や看護師，被災直後から捜索活動や復旧活動にあたる自衛隊員，被災直後から災害対策本部を立ち上げて自治体での被害の情報を収集し，被災者のための適切な政策や支援を提供する公務員といったように，「公助」の立場からたくさんの専門家が社会の安全を支えている．

　専門家だけではなく，一人ひとりの市民も社会の安全を支えている．災害直後から多くの市民がボランティアとして被災地に駆けつけ，被災者のそばに寄り添う活動を展開している．ひとたび大災害が発生したら，「公助」に頼ることは期待できず，自力あるいは家族やご近所などの周りの仲間同士で助け合う必要があるため，地域の防災活動に積極的に参加している市民も多い．しかし，誰かの命を守るためには，まずは自分の命を守ることが前提となる．自分の周りの仲間を助けるためにも，自分自身が確実に災害・危機から命を守るために率先して対策を進める必要がある．自分の命を守ることは，大切な人の命を守ることにつながるのだ．

(3) 防災のコミュニケーション・デザイン

　災害から被害を減らすための知識や技術をそれぞれが学ぶだけでなく，それら知識や技術を他者に伝えていくことで政策の裾野を広げることができる．災害分野においても，「アウトリーチ」と呼ばれる大学や専門家が持っている知識や技術を市民へ還元するための取り組みが盛んに行われている．

　筆者のゼミでは，アウトリーチの一環として，南海トラフ地震による被害が懸念されている徳島県阿南市の小学校を対象に，2016年度から延べ30校以上で防災教育出前授業を筆者のゼミ生とともに取り組んでいる（写真15-3）．防災教育出前授業を継続していく中で，学校内で授業での学びが完結してしまっており，学びの対象が児童だけに留まってしまっているという現状に疑問を持ち，出前授業で学んだことを学校内で完結するのではなく，宿題などを介して保護者や地域の方々と対話する機会を積極的に設けることで，学校防災教育の学びが家庭や地域へ波及し，地域全体の防災力の向上に寄与するのではないかというアイデアを筆者のゼミ生から提案がなされた．そのアイデアを実現するために，防災教育出前授業で学んだことについて大切な人に伝えたいことを児童に「手紙」を書いてもらい，大切な人へ「手紙」を渡してもらう取り組みを行った（写真15-4）．

　その結果，この取り組みを通じて，児童が防災教

育の学びをより深く理解してもらうことができた．また，児童だけでなく，「手紙」の読み手の防災意識の向上や防災対策を促すこともできた．防災教育出前授業をきっかけに手紙の読み手へも防災の学びを波及できることが明らかとなったのだ（石原・北村 2024）．

このように防災の学びを他者へ伝えるためのコミュニケーション・デザインを考えるのも政策学が果たす役割の１つである．

Ⅴ 「防災・減災」から「地域レジリエンス」へ

(1)「地域レジリエンス」とは何か？

阪神・淡路大震災以前は，災害による被害を出さないようにするための「防災」対策が主流であった．しかし，阪神・淡路大震災が発生すると，この防災力を上回る被害が起きてしまい，被害を完全に防ぐという事は不可能であることが明らかとなった．そのため，阪神・淡路大震災を契機に，災害による被害をできるだけ減らそうとする「減災」という考え方が広まった．

近年では，東日本大震災をはじめとする広域巨大災害が多発していることを受けて，「レジリエンス（Resilience）」という考え方が注目されるようになった．「レジリエンス」の定義は様々な専門家から示されており，また，心理学・経済学・教育学など様々な学問領域で使われているため，確固たる一律の定義が存在しないが，自然災害の観点から「地域レジリエンス」を定義づけると「自然災害が発生しても，起きても，被害を最小限に留め，迅速に回復し，持続可能で公正な地域社会を構築すること」と捉えられる．

「防災」や「減災」の考え方は，自然災害そのものの被害に焦点が当たっており，被害そのものの「量」を減らすことを主眼とした取り組みが該当す

る．一方で，「地域レジリエンス」の考え方は自然災害からの被害を受けても社会全体を持続可能にすることに焦点が当たっており，被害そのものの「量」を減らすだけではなく，日常生活を回復させ，持続可能な地域社会を実現するまでの「時間」を早くさせることを主眼とした取り組みが該当する．「地域レジリエンス」の考え方は，「持続可能な地域社会の実現のための政策を構想する」という政策学部の学びと親和性が高いと言える．

(2)「地域レジリエンス論」の学び

龍谷大学政策学部では２年生以上を対象に「地域レジリエンス論」という科目を開講している．この科目では単に自然災害から被害を減らすための表層的な対策を学ぶことを主眼とはしていない．自然災害から被害を受ける前，そして受けた後に地域社会はどのような状況になるのかを知りながら，それぞれの場面で必要な支援や政策について紹介するとともに，レジリエントな地域社会を構築するために必要となる政策について学んでいく．私たちが確実に目の当たりにする災害や危機に対して，悲観しすぎる必要はないが，油断は禁物である．この科目などを通して被災する地域社会の状況や必要な支援や政策について学び，一人ひとりのレジリエンスを高めていくことこそが，「災間」の時代に逞しく生き抜く知恵となるに違いない．

【参考文献】

石原凌河・北村泉帆（2024）「学校防災教育における手紙を媒介とした読み手への学びの伝達に関する研究」『自然災害科学』43.

仁平典宏（2012）「〈災間〉の思考──繰り返す3.11の日付のために」，赤坂憲雄・小熊英二編『「辺境」からはじまる──東京／東北論』明石書店.

矢守克也・吉川肇子・網代剛（2005）『防災ゲームで学ぶリスク・コミュニケーション』ナカニシヤ出版.

第IV部

環境と未来

第16章 地球規模の環境問題に挑む

櫻井 次郎

　暑い夏，地球規模の環境問題がもたらすリスクについて考えたことはないだろうか．実際，人類の経済活動にともない地球環境の変化は加速度的に進行しており，緊急対応が必要なのは温暖化問題にとどまらない．
　地球規模の環境問題に対してこれまで人類は何をしてきたのか．今，求められる変化のポイントはどこにあるのか．各国の利害関係が複雑に絡み合い，地域紛争の絶えない国際社会の現状を思い起こせば，地球規模の問題について国家間の合意が困難であろうことは容易に想像できるだろう．本章では，各国が国連を中心にこの問題に対応してきた歴史的経緯を辿り，人類のサスティナブルな未来について皆さんと考えていけたらと思う．

I　環境問題への警鐘

　第二次大戦後，特に1950年代から1970年代前半の高度経済成長期に，人々の生命・健康に危害をもたらす環境公害が先進国を中心に深刻化した．日本では水俣病やイタイイタイ病など公害の救済を求める裁判が相次いだ．戦後の人口増，それを支える食料増産のための化学肥料・農薬の広範な使用，人々の生活を便利に快適にした重化学工業の発展など，基本的には人々の欲望を効率的に満たす資本主義システムの副産物として，そのシステムの基盤を提供する自然環境は悪化し続けた．

　この時期，農地周辺で大量に散布されていた有機塩素系の駆除剤が，食物連鎖を通じて生態系システムそのものをかく乱する影響を指摘したのが，米国の生態学者レイチェル・カーソンだ．1962年に出版された『沈黙の春』は20カ国語を超す言語に訳され世界的ベストセラーとなった．また地球規模で深刻化する環境問題を背景に，1972年3月にはローマ・クラブから「成長の限界」が発表された．斬新なモデル分析と刺激的なメッセージ故に様々な反応があったが，人類の経済成長は100年以内に限界に達するというシナリオは広く注目を集め，地球規模の対策を促すメッセージは後の国際会議にも影響を与えた．

　一方，この時期にはまだ環境問題を解決するため

の国際協調は欧州の一部にとどまり，むしろ東西冷戦を背景に安全保障を口実とする環境破壊が公然となされていた．例として，大気圏内核実験による放射能汚染，ベトナム戦争で使用された枯葉剤などが挙げられる．戦後，世界はアメリカ合衆国を盟主とする西側諸国（資本主義陣営）と，ソビエト連邦を盟主とする東側諸国（社会主義陣営）とに二分され，相互に核兵器の脅威を誇示して対立する状況が続いた．このような対立構造は，環境破壊の直接要因となっただけでなく，地球規模の環境問題に対処する国際協調の障害ともなっていた．

II　東西冷戦下における国際協調の胎動

(1) 国連人間環境会議 (1972年)

　国境を越える環境問題への対応が求められるなか，1972年6月には環境問題を主題とする初の国連会議「国連人間環境会議」がストックホルムで開催された．地球システムの一体性を意識した"Only One Earth"がキャッチフレーズとなったが，実際には東西冷戦の影響を受け，ソ連およびその影響下にあったワルシャワ条約機構加盟国の多くは不参加を選択した．

　また，同会議では先進国と途上国の間，すなわち南北間の主張の隔たりも明らかとなった．先進国からは環境問題に関する国際的協調の必要性が主張さ

れた一方，途上国にとっては植民地主義の結果とし
て深刻化した貧困の解消こそが「人間環境」の主要
課題であった．

　一方，この会議で採択された人間環境宣言には「資
源と自然環境の限界が人々の生命と Well-Being に
かかわるレベルに達している」という認識が明記さ
れ，国際社会がこのことに「無知・無関心であれば
地球環境に重大で不可逆的な損害がもたらされる」
という危機意識が示されていた（前文第6項目）．ま
た，国連に環境問題に関する国際的な活動を主導する
組織を設置する必要性についても協議され，同年12
月には「国連環境計画（UNEP）」が発足した．

(2)　「環境と開発に関する世界委員会」と「持続 可能な発展」

　1982年，UNEP 本部のナイロビ（ケニア）で開催
された特別会合において21世紀の地球環境の理想や
戦略などに関する協議体の設立が提案され，「環境
と開発に関する世界委員会」（WCED）が設置され
た．元ノルウェー首相のグロ・H・ブルントラント
氏が委員長を務める同委員会が1987年にまとめた報
告書 "Our Common Future" では，当時 NGO など
で使われ始めていた「持続可能な発展」（Sustainable
Development）に言及された．同報告書における「将
来世代のニーズを損なうことなく現在の世代のニー
ズを満たすような発展」という定義は，その後の国
際環境条約などに引き継がれている．

(3)　オゾン層保護のための国際条約

　1985年には生物に有害な紫外線を吸収し地上の生
物を守る役割を果たすオゾン層の保護に関するウ
イーン条約が締結され，その2年後にはオゾン層破
壊物質の削減に関するモントリオール議定書が締結
された．オゾン層破壊物質・フロンガスの代替物質
が物理的・経済的に利用可能であったこと，各国が
オゾン層破壊物質の削減に関する義務履行に努めた
ことにより，現実に成層圏におけるフロンガス濃度
の低減へと結びついた．人類が地球規模の環境課題
を国際協調によって解決することができる可能性を
示した事例と言える．

Ⅲ 東西冷戦の終焉と国連環境開発会 議（1992年）

(1)　東西冷戦の終焉と地球環境への関心の高まり

　1980年代後半まで続いた東西冷戦は，核兵器でお
互いを威嚇しあう恐怖に依存していたが，その東西
冷戦の終焉は核の恐怖と緊張感を緩和させる一方，
地球規模の環境問題のリスクへの意識を相対的に高
めた．

　また，この時期には地球温暖化への意識が各国の
政策決定者に共有された．1985年には地球温暖化を
主題とする科学者による初の世界会議がフィラハで
開かれ，1988年のトロント主要国首脳会議（サミッ
ト）では，地球温暖化問題が重要な政策課題となっ
た．「サミット」はもともと世界経済の安定のため
経済政策の協調を図る場であるが，この年には温暖
化に焦点が当てられ，二酸化炭素の排出削減を目指
す「トロント目標」も採択された．

　同じく1988年11月には，気候変動に関する政策に
科学的基礎を与える専門組織として「気候変動に関
する政府間パネル（IPCC）」が設立された．IPCC
から公表される気候変動に関する評価報告書は，そ
の後の温暖化に関する国際会議を先導する役割を果
たしてきた．

　この時期には，途上国への開発支援政策が転換さ
れたことも見逃せない．東西冷戦下の途上国支援は
アメリカとソ連が途上国を自陣営に引き入れるため
の政治的カードとして用いられ，専制支配下の人権
侵害などは等閑視され，むしろ政権を支える経済発
展とインフラ整備への支援が積極的になされた．ま
た，1980年代に世銀・IMF が主導した「構造調整
政策」も，経済成長のための市場の役割を重視する
あまり，貧困支援は副次的なものとなっていた．

　これに対して，1987年のユニセフ報告書『人間の
顔をした調整』は，途上国のベーシック・ヒューマ
ン・ニーズ（BHNs）を満たすことを優先し，それ
まで切り捨てられてきた教育や保健など社会開発分
野への積極的な支援を奨励した．同様の変化は国連
開発計画（UNDP）にも見られ，1990年の『人間開

発報告書』第1巻は「貧困」を主たるテーマとして取り上げ，経済指標に偏った開発政策の見直しを含む開発パラダイムの転換を宣言した.

(2) 国連環境開発会議 (地球サミット)

このような流れの中，国連環境開発会議は1992年6月，ブラジルのリオデジャネイロで開催された．当時の国連加盟国のほぼすべて172カ国の政府代表が参加し，さらにそのうち116カ国は首脳クラスが参加する盛り上がりを見せ，「地球サミット」とも呼ばれる．地球サミットでは，環境と開発に関するリオ宣言と，各国の自主行動計画をまとめたアジェンダ21が採択された．同時に気候変動枠組み条約および生物多様性条約が採択された一方，森林保護については条約に至らず森林保護声明となった.

リオ宣言で合意された27原則には，後の国際条約や国内法の指針となる原則や概念が多く含まれている．主なものを列挙すると，発展における世代間の公平原則（原則3），貧困撲滅における国際協力（原則5），共通だが差異ある責任（原則7），市民による司法アクセスの保証（原則10），予防原則（原則15），汚染者負担原則（原則16）などがある.

(3) 世界社会開発サミット

東西冷戦終焉後，経済のグローバル化に伴い途上国の貧困問題はむしろ悪化した．1995年にコペンハーゲンで開かれた世界社会開発サミットでは，貧困，失業及び社会的疎外への取組みの必要性が強調され，社会開発に関するコペンハーゲン宣言及び行動計画が採択された．人類のWell-Beingの向上を目標として掲げ，途上国における「貧困の克服」および「絶対的貧困の根絶」が課題として明示された．目標達成のため，完全雇用，人権保障，プライマリー・ヘルス・ケア，男女間の平等と公平，教育への普遍的かつ平等なアクセスなどにも注目が集まった．また，経済発展，社会開発及び環境保護の3要素は相互に依存し強化し合う関係にあること，それぞれが持続可能な発展に欠かせないことが指摘され，その後の国際合意にも反映されている.

(4) ミレニアム開発宣言とMDGs (2000年)

2000年9月の国連総会はミレニアム・サミットと呼ばれ，絶対的貧困の中で暮らす人々の救済を国際社会の共通目標とすべく，ミレニアム宣言およびミレニアム開発目標（MDGs）が採択された．社会的統合や社会開発への関心が高まった1990年代を象徴するサミットでは，それまでの国際会議で採択された行動計画や開発目標がMDGsへと統合され，その達成期限は2015年とされた．貧困と飢餓の撲滅から始まる8つの開発目標には，普遍的な初等教育，ジェンダーの平等，環境の持続可能性などが含まれており，「持続可能な開発目標（SDGs）」に引き継がれていく.

Ⅳ 社会開発のための国際協調と「テロとの戦い」の同時進行

(1) 「テロとの戦い」がもたらした分断

ミレニアム開発宣言からわずか1年後，国際協調の流れを混沌とさせる出来事が起きた．2001年9月11日にニューヨークで発生した同時多発テロ事件だ．同年に発足したばかりのブッシュ政権は即座に「テロとの戦い」を宣言したが，問題はこの後の行動である．「怒り」と「恐怖」に駆られたアメリカ合衆国は「テロ組織の掃討」を名目にアフガニスタンへと侵攻し，2003年には「悪の枢軸」と名指ししたイラクへの侵攻に踏み切った．「テロ」を名目に武力行使を正当化するのは，現在のイスラエルによるパレスチナ侵攻と同じ論理構造である．民間人の犠牲を顧みない空爆を繰り返す国の軍隊が現地の人々の支持を得ることはなく，むしろ新たな怨念と混乱をもたらしたまま，イラクからは2006年に，アフガニスタンからは2021年に撤退した．「貧困と飢餓の撲滅」を目指す社会開発は，援助対象への理解と共感が基礎であり，「敵」への人間的感情を否定する「テロとの戦い」とは対極の関係にある.

2002年，国連環境開発会議（地球サミット）から10周年のサミットがヨハネスブルグで開かれたが，「テロとの戦い」による分断が進むなか，先進国から途上国への政府開発援助（ODA）の目標達成期限

は合意に至らず，多くの環境 NGO から期待されていた再生可能エネルギーの数値目標の設定も実現しなかった．社会開発にも環境問題に関しても明確な成果が得られない会合に終わった．

(2) 科学者からの警鐘

2000年代後半，地球規模の環境問題に再度注目を促す警鐘を科学者が鳴らした．2007年に発表された IPCC の第4次評価報告書では，気候システムの温暖化が疑う余地のないものとされ，工業化以後における大気中の二酸化炭素濃度上昇の主要な原因は化石燃料の使用であると明記された．

さらに，2009年にポツダム気候影響研究所所長のヨハン・ロックストロームらがネイチャー誌上で発表した「プラネタリー・バウンダリー（地球の限界）」に関する論文は，地球規模の環境問題の危機レベルを明確に示して注目された．同論文の2023年更新版では，安全領域の外側にある高リスク（またはリスク増大中）と評価されたシステムが6つに増加し，「新規化学物質による汚染」，「生物化学的循環（窒素，リン）」，「淡水利用」，「土地利用変化の影響」，「生物圏の一体性」，そして「気候変動」が含まれている．

なお，これらの科学者による警鐘が注目された時期に，アメリカ大統領選挙でグリーン・ニューディールを公約として掲げたバラク・オバマ氏が大統領に選出されたことも指摘しておきたい．オバマ元大統領が実際に環境分野で国際的影響力を発揮するのは2013年の再選以降であるが，2015年のパリ協定へのプロセスを進めるうえでのインパクトは無視できない．

(3) 地球規模の環境問題への関心を促した国際会議

2010年には生物多様性と気候変動問題に関する二つの重要な締約国会議が開かれている．生物多様性については日本の愛知県で開かれた生物多様性条約第10回締約国会議であり，ここで生物多様性に関する2050年を目標年とするビジョン（中長期目標）「自然と共生する世界」と2020年を目標年とするミッ

ション（短期目標）「生物多様性の損失を止めるための効果的かつ緊急の行動」（20の個別目標）が合意され，これらは「愛知目標」と呼ばれ日本の生物多様性国家戦略へも反映された．

気候変動に関しては，メキシコのカンクンで気候変動枠組条約第16回締約国会議（COP 16）が開かれ，2050年までの世界規模の大幅排出削減，および早期のピークアウト（増加傾向から減少傾向への転換）について合意された．停滞していた京都議定書後の温室効果ガス排出削減枠組みについても議論が前に進み始めた．

但し，温室効果ガスの排出削減目標などを定めた京都議定書の目標達成状況については，決して楽観できる状況とは言えない結果となった．京都議定書の目標達成期間は2008年から2012年までの5年間と設定されていたが，森林等吸収源および京都メカニズムクレジットという柔軟性措置を加味しない場合，先進国では目標を達成したのが23カ国中11カ国と半数に満たず，上記の柔軟性措置を加味してようやくすべての締約国が目標を達成したとされた．

地球規模の環境問題への関心が再び高まるなか，2012年にはブラジルのリオデジャネイロにおいて国連環境開発会議（地球サミット）の20周年として国連持続可能な開発会議が開かれた．同会議では，「持続可能な開発のためのハイレベル政治フォーラム」が創設され，持続可能な開発目標（SDGs）のための政府間交渉プロセスが始まった．

Ⅴ 国連持続可能な開発サミットとパリ協定（2015年）

(1) MDGs の達成状況

大きな変化の起点となった2015年，まずは潘基文国連事務総長（当時）が行った MDGs 総括に注目したい（「MDGs 報告 2015」参照）．そこでは「MDGs は歴史上最も成功した貧困撲滅運動になった」とその成果が強調された．確かに統計上，開発途上国で極度の貧困（1日1.25ドル未満）に暮らす人々の割合は1990年の47％から14％に減少し，初等教育就学率も2000年の83％から91％に改善されている．

一方，5歳未満児や妊産婦の死亡率削減については目標水準に及ばず，女性の地位についても就職率や政治参加などで男性との間に大きな格差が残ったことも報告された．途上国における開発援助が数値で結果が出やすい分野の指標に集中し，本当に援助が必要な人々への援助の不足を指摘する声は少なくない．この点は，潘基文氏も「進歩は女性たちや経済の最下層の人々，年齢・障害・民族性などを理由に不利な立場に置かれた人々を素通りしているかのようです」と認めている．

(2) 国連持続可能な開発サミット

MDGs 報告書公表から2カ月後，2015年9月にニューヨークの国連本部において国連持続可能な開発サミットが開かれ，「持続可能な開発目標（SDGs）」を含む「我々の世界を変革する：持続可能な開発のための2030アジェンダ」が採択された．新たに策定された SDGs は上記の MDGs 総括を踏まえ，対象は先進国も含む世界全体へと広がり，社会開発および環境関連の目標に加えて経済成長にかかわる目標も追加された．

SDGs の具体的内容や各国における目標達成状況については，国連経済社会局（UN-DESA）から毎年発表される報告書や，各国の SDGs 達成状況を数値で表した「SDGs インデックス・スコア」などを是非確認して欲しい．オンラインで誰でも閲覧できる（https://dashboards.sdgindex.org/）．

(3) パリ協定

SDGs 採択の3カ月後，気候変動枠組条約第21回締約国会議（COP 21）がパリで開かれ，2020年以降の温室効果ガス排出削減に関する新たな取り決め「パリ協定」（Paris Agreement）が合意された．パリ協定では，世界の平均気温の上昇を2℃（努力目標1.5℃）までに抑える長期目標を定め，そのため今世紀後半には温室効果ガス排出量と森林などによる吸収量を均衡させる（いわゆるネット・ゼロ）という排出削減目標も定められ，国別には先進国だけでなく途上国も含むすべての国が削減目標（NDC）を提出すること，その NDC については5年ごとに進捗状況を確認することが合意された．その他，途上国における排出削減努力を促すため，先進国全体で2020年までに年間1000億ドルを拠出するとする資金援助についても合意された．

上記のパリ協定における各国の温室効果ガス削減目標が京都議定書と異なるのは，会議において具体的数値を定めるのではなく，各国が「自主的に」宣言する形式となった点にある．各国の削減目標は1.5℃目標を達成するために必要な削減量とは直接連係しておらず，ここにパリ協定の限界がある．2018年に IPCC から発表された「1.5℃特別報告書」は，パリ協定に則り各国から提出された NDCs では「地球温暖化を1.5℃に抑えることはないであろう」と評価結果をまとめている．また，2023年3月に公表された IPCC 第6次報告書統合報告書においても，2021年10月までに発表された NDCs では，温暖化が21世紀の間に1.5℃を超える可能性が高く，温暖化を2℃より低く抑えることが更に困難になる可能性が高いと警告を発している．パリ協定の限界は，現状の国家間協定の限界ということもできる．

(4) 金融界が先導する気候変動関連の情報開示

パリ協定の協議がなされるなか，G 20財務大臣および中央銀行総裁らが出席する会合において，企業に気候変動関連の情報開示を促すと同時に，開示される情報の基準を統一することによって比較可能性の向上を促す共同声明が出され，この共同声明に基づき「気候関連財務情報開示タスクフォース（TCFD）」が組織された．TCFD は2017年6月に最終報告書・TCFD 提言を公表した．

TCFD 提言は，企業に対して，気候変動に関連したリスクおよび収益機会が自社に与える影響を分析しその結果を公開することを促すもので，そのための枠組を提供し，温室効果ガス排出量の算定基準として GHG プロトコルを用いている．GHG プロトコルの特徴は，自社から排出される温室効果ガス排出量（Scope 1）だけではなく，自社で購入した電気・熱等の使用によって発生したとみなされる間接排出（Scope 2），さらに製品の原材料調達から製造，販売，消費，廃棄に至るサプライチェーン全体を通して排

出される温室効果ガスの量（Scope 3）も算定の対象としている点にある．このようにScope 3までを含む基準の導入により，グローバル化したサプライチェーンを通して温室効果ガスの効果的な削減の可能性が期待され得る．

なお，TCFD は国際サステナビリティ基準審議会（ISSB）へと統合され，ISSB は2023年，IFRS（国際財務報告基準）S 2（気候関連情報開示）を公開し，これに基づく日本版情報開示基準も2024年5月に草案が公表された．

(5) 生物多様性に関する IPBES 報告書

2019年4月に開かれた IPBES 総会において「生物多様性と生態系サービスに関する地球規模評価報告書」（以下，「IPBES 報告書」）が承認された．IPBES 報告書では，生物多様性への深刻なシナリオを回避するためには経済，社会，技術のすべての分野に渡る「トランスフォーマティブ・チェンジ」を「緊急に」，「協調して」起こすことの重要性が強調されている（生物多様性に関する詳細は第20章参照）．

この報告書が公開された年に始まったコロナ感染の拡大は，まさにこの報告書の警告の正しさを証明するかのように国境の壁を軽々と越え，世界の経済成長に甚大な影響を及ぼし，経済界と金融界に変化の緊急性を強く印象付けた．

Ⅵ　本章のまとめ

地球規模の環境問題に対する人類の挑戦は国連人間環境会議からすでに半世紀を過ぎたが，ここまで見てきたように現状はまだ楽観できない状況にある．日本では，政府がグリーントランスフォーメーション（GX）を推進し「経済社会システム全体の変革」の必要性が主張されているが，ここで言う「変革」の先にある社会のビジョンは明確に描けておらず，そこに至る経路も不明瞭なままだ．

国際社会では，グレタ・トゥーンベリさんの呼びかけで始まった社会運動 Fridays for future が世界に広まり，気候変動を阻止する政策とグリーン・ニューディールを求めるサンライズ・ムーブメントがアメリカで急速に拡大し，政府や企業に気候変動への対応を求める「気候訴訟」が世界各地で争われている．注目すべきは，これらの活動がどれも若者によって支えられていることだろう．

地球環境問題への対応の強化と「経済社会システム全体の変革」が人類にとって喫緊の課題であることは，もはや否定することの方が難しい．そして，そのような変革は環境分野だけでなく雇用，格差，社会保障など幅広い分野との連携を必要としている．解決策の全体像を考える際には，世界の著名な経済学者らが署名して注目されている「新しいパラダイム　ベルリン・サミット宣言──人々を取り戻すために」（2024年，フォーラム・ニューエコノミー）も参考になるだろう．

【参考文献】

ディクソン＝デクレーブ，サントリーヌほか（2022）『Earth for All 万人のための地球──『成長の限界』から50年　ローマクラブ新レポート』（ローマクラブ日本監修・竹内和彦監訳），丸善出版．

東京大学気候と社会連携研究機構編（2024）『気候変動と社会──基礎から学ぶ地球温暖化問題』東京大学出版会．

第17章 気候変動対策で社会的イノベーションをすすめる
——急速に進むエネルギー転換——

大島 堅一

エネルギーは現代社会の基盤であり，経済活動や日常生活に不可欠である．しかし，その利用には環境問題が伴う．化石燃料の燃焼は地球温暖化や大気汚染を引き起こす．原子力発電は，実際に事故がおこった上に，放射性廃棄物処分という解決困難な問題がのこる．これらの問題は不可逆的な影響をもたらす可能性がある．

今日，従来の環境破壊型エネルギーシステムから持続可能なエネルギーシステムへの転換が世界規模で進んでいる．その中心となるのが，再生可能エネルギーとエネルギー効率向上である．これらは，飛躍的な技術革新と政策手法の組み合わせによって，社会的イノベーションを生み出す．本章では，その動きの一端をみることで政策学の重要性を確認しよう．

I 気候変動対策の国際的枠組み

エネルギー利用にともなう環境問題のなかで国際的に最重要課題となっているのが気候変動問題である．これに対して，1992年に気候変動枠組条約がつくられ，対策が世界的に進められるようになった．

気候変動枠組条約の究極の目的は，「気候系に対して危険な人為的干渉を及ぼすこととならない水準において大気中の温室効果ガスの濃度を安定化させる」(同条約第2条) ことにある．1997年に京都議定書が結ばれ対策がとられたものの，このときの対策は先進国に限られていた．当然，それでは気候変動を止めることができない．そこで，気候変動枠組条約の究極の目的を達成するために，2015年12月に，世界各国は一致して「パリ協定」を採択した．

パリ協定は，「世界の平均気温の上昇を工業化以前よりも摂氏2度高い水準を十分に下回るものに抑えること並びに世界全体の平均気温の上昇を摂氏1.5度高い水準までのものに制限するための努力を，(中略) 継続すること」を目標として定めている．この目標達成のためには，2050年までのできるだけ早いうちに，温室効果ガス排出実質ゼロ (ネットゼロ) を実現しなければならない．加盟する全ての国は，本格的な対策に取り組むことになった．パリ協定の下で，各国は，「国が決定する貢献」(NDC：Nation-ally Determined Contributions) を決定し，国連に提出する．各国は，5年ごとに目標の見直しと更新を行うことになっている．

パリ協定を契機に，エネルギー産業だけでなく金融機関，製造業を含めた世界のビジネス界全体が本格的対策に乗り出した．その意味で，パリ協定は，経済全体が革命的に変わるきっかけをつくった国際条約となった．国，自治体，ローカルコミュニティー，企業，団体，市民等，多種多様なステークホルダーが対策に取り組み，世界が変わろうとしている．

II エネルギーサービスと気候変動対策

気候変動の主な原因は，人間活動から排出される温室効果ガスである．特に，化石燃料の燃焼に伴って発生する二酸化炭素の寄与度が最も大きい．気候変動対策を進めるには，現代のエネルギー利用のあり方が根本的に変わらなければならない．

では，エネルギー利用を変えようとした場合，一体何を変えればよいのか．この点について改めて考えてみよう．まず，エネルギー利用にあたって，我々が本当に求めているのは一体何だろうか．よく考えてみると，我々が欲しいのは「エネルギーそのもの」ではない．私たちが欲しているのは，エネルギーを利用することで得られる「サービス」である．

例えば，電気は，現代社会において重要なエネルギー（正確には２次エネルギー）の１つである．だが，我々は「電気そのもの」が欲しいわけではない．我々が電気を必要とするのは，電気使って照明をつけたり，エアコンをつけたりするためである．同様に，ガソリンや都市ガスなども，私たちが直接的に欲しているものではない．私たちがこれらの燃料を必要とするのは，自動車を動かしたり，調理したりするためである．

このように，私たちが求めているのは，エネルギーを利用することで得られるサービスである．これを「エネルギーサービス」という．ここで重要なのは，エネルギーサービスを得るために，必ずしも大量のエネルギーを消費する必要があるわけではないということである．エネルギー効率の高い機器を使えば，同じ量と質の「エネルギーサービス」であっても，エネルギー消費量は大幅に少なくなる．例えば，建物の断熱性能を高めれば，快適な室内環境を保ちながら，必要なエネルギー消費量を劇的に削減し，実質的にエネルギー消費量ゼロを達成できる．したがって，「エネルギーサービスの量と質を向上させること」＝「エネルギー消費を増やすこと」ではない．エネルギー効率化（省エネ）を徹底的に行うことで，エネルギーサービスの質と量を向上させればよい．つまり，気候変動対策の第一の要素は，エネルギー効率の徹底的な向上である．

次に，エネルギーの質について考えてみよう．我々が必要としているのは，「エネルギーサービス」であった．そうであるならば「エネルギー源」の種類が従来のものでなければならないというわけではない．言い換えれば，エネルギー源が従来型の化石燃料や原子力である必要はない．「エネルギーサービス」の維持・向上は，従来の化石燃料や原子力に依存しなくても可能である．気候変動対策の第二の要素は，エネルギー源の転換である．

このように，エネルギー利用と環境問題を考える際には，エネルギー源とエネルギー量，エネルギーサービスの関係を正しく理解することが重要である．私たちが求めているのはエネルギーサービスであり，エネルギー量やエネルギー源ではない．必要

なエネルギーサービスを享受しつつ，徹底的効率化とエネルギー転換をすすめればよいのである．

そのためには，環境に影響を与えないエネルギー源で，必要十分なエネルギーサービスを得られるような仕組みを構築すればよい．これらの仕組みには，もちろん技術的要素も含まれる．だが，何より重要なのは社会制度の変更である．なぜなら，どんなに技術があっても，社会制度が化石燃料や原子力の利用を促進するものであれば，エネルギー転換が進まないからである．社会制度をどのように変えたらよいのか．これに答えるのが政策学である．

Ⅲ　エネルギー転換の課題

気候変動を念頭におけば，エネルギー源は，温室効果ガスを排出しないものに転換しなければならない．このときエネルギー源の選択肢としては，原子力と再生可能エネルギーがある．

エネルギー源を将来どうしていくべきかについて考える場合には，気候変動問題だけが環境問題ではないということに注意すべきである．気候変動対策を進めても他の問題が深刻化するならば，社会はまた対策しなければならなくなる．環境政策の根本原則は，取り返しの付かない環境問題（不可逆的環境破壊）を起こさないことにある．この観点から原子力発電と再生可能エネルギーについて考えると，原子力は，とり返しのつかない環境問題を引き起こすものであることがわかる．

原子力が及ぼす環境破壊の中で最大の問題は，深刻な原発事故（＝人の健康や生活に多大な被害をもたらす過酷事故）である．どれほど厳重に安全対策を講じたとしても，過酷事故の可能性を完全には排除できない．かつて，日本は，原発が過酷事故を起こすことはないという「安全神話」にとらわれていた．だが，現実に，2011年３月11日に東京電力福島第一原発事故（福島原発事故）が発生し，巨大な被害がもたらされた．もはや政府も電力会社も，過酷事故が起きないとは言わなくなった．しかも，福島原発事故は，「最悪の事故」ではない．福島原発事故以上に深刻な被害をもたらす事故は起こりうる．その

ような事故が発生すれば，数千万人規模の人々が避難しなければならなくなる．

加えて，原子力を利用すれば，放射性廃棄物が必然的に発生する．特に高レベル放射性廃棄物は，大変危険なものであり，高レベル放射性廃棄物に人が近づくと致死量を超える放射線を被ばくする．そのため，数十万年という人類史をはるかに超える期間，環境から完全に隔離し続けなければならない．この途方もない時間スケールは，現在の技術や社会システムでは対応しきれない課題を突きつけている．

経済面から見ても，原発には難点がある．福島原発事故後，世界的に原発の建設コストは大幅に増加した．そのため発電コストが高く，経済的にみあわない．また，原発の建設には10年から20年という長期間を要する．仮に，2020年代半ばに原発を建設したとしても，稼働を開始するのは2040年代である．気候変動対策という喫緊の課題に対して原発は殆ど効果がない．近年，注目されている小型モジュール炉（SMR）や核融合発電，革新軽水炉なども，コストの高さや技術的課題から，気候変動対策としては期待できない．

これらを踏まえると，直接的な二酸化炭素排出がないからといって，原子力を気候変動対策の有効な選択肢とみなすべきではない．むしろ原子力を選択肢に入れれば，かえって対策を遅らせることにもつながる．原子力は，環境，安全性，経済性，そして実行可能性の観点から見て，エネルギー転換の中心にはならない．

これは，国際エネルギー機関（IEA）が2021年に発表した報告書（Net Zero by 2050）によっても裏付けられている．この報告書は，2050年までに世界のエネルギー部門からの温室効果ガス排出を実質ゼロにするための道筋を示している．IEA報告書の最も注目すべき点は，再生可能エネルギーが果たす中心的な役割である．

IEA報告書によると，2050年までにネットゼロ（温室効果ガス排出実質ゼロ）を達成するには世界の電力供給の約90％が再生可能エネルギーで占められる必要がある．主要な電源と位置づけられているのは太陽光発電と風力発電である．再エネは，今後，発電コストが継続的な低下が見込まれており，経済的にも最も競争力のあるエネルギー源である．

一方で，IEA報告書における原子力の役割は極めて限定的であり，実質的に不要とされている．この背景には，原子力発電所の建設に関する重大な課題がある．IEA報告書によれば，原子力発電所の建設期間が，太陽光発電所や風力発電所の建設期間に比べて著しく長い．この長い建設期間は，急速な脱炭素化が求められる現状には適合しない．再生可能エネルギーは短期間で大規模に導入でき，即座に発電を開始できるため，気候変動対策として効果的である．

さらに，原子力発電所の建設コストが年々増加し，経済性が悪化していることも，将来のエネルギーにふさわしくない．IEA報告書では，過去20年間で原子力発電所の建設コストが約50％上昇したことが指摘されている．これは近年さらに鮮明になっており，技術の成熟化や規模の経済によってコストが低下する再生可能エネルギー技術とは対照的である．特に，太陽光発電や風力発電のコストは同期間に大幅に低下しており，原子力との差はますます開いている．

長期の建設期間とコスト増加傾向は，原子力発電所への投資リスクも高めている．不確実性の高い長期プロジェクトは投資家にとって魅力的ではなく，資金調達も困難になる．一方，再生可能エネルギープロジェクトは短期間で収益を生み出すので，投資リスクも相対的に低い．

これらの要因により，IEA報告書では，原子力発電は気候変動対策として適切な選択肢とは見なされていない．代わりに，建設期間が短く，コストが低下傾向にある再生可能エネルギーが中心的な役割を果たすとされている．太陽光，風力，水力，地熱，バイオマスなどの再生可能エネルギーが電力供給の大部分を担うことで，より迅速かつ経済的に脱炭素化を達成できると示されている．そのため，世界のエネルギー転換は，再生可能エネルギーを中心に進められている．

Ⅳ 変動性再生可能エネルギー（VRE）と電力の安定供給

今後，再生可能エネルギーの主力となる太陽光発電，風力発電は，変動性再生可能エネルギー（VRE），とよばれる．出力が変動するため，一般には「不安定電源」と言われることもある．しかし，このような言い方は誤りであり，一般の人々を誤解させる．

VRE の出力変動は，電力供給の「不安定」とイコールではない．VRE をもちいて，安定的に電気を供給すればよいのであって，実際これは現実に行われている．太陽光発電，風力発電の出力が「変動」しても，高度な予測技術や電力システム全体の柔軟性によって，電力の安定供給は可能である．特に，現代では，先進的気象予測モデルに基づき，VRE の出力予測精度が飛躍的に向上している．

VRE の予測は複数の時間軸で行われている．週間予測は電力系統の運用計画や電力市場の取引に使用され，前日予測は当日の電力の需給計画に活用されている．さらに，数時間前からリアルタイムまでの短期予測は，送電線を管理する系統運用者による即時の需給調整に用いられる．例えば，ドイツの系統運用者は15分ごとの風力発電予測を行っている．その予測精度は平均誤差率 1 ～ 2 ％に達している．この高精度な予測があるおかげで，VRE の変動は事前に把握されており，電力が安定的に供給されている．

今後，VRE は増加の一途をたどる．VRE が大量導入されるようになると，高精度な予測に加えて，電力システムの「柔軟性」が必要になってくる．「柔軟性」とは，電力需要と供給のバランスを迅速かつ効率的に調整する能力のことである．主な「柔軟性」としては，デマンドレスポンス（供給側ではなく需要家側で電力需要を変動すること），地域間連系線の強化，揚水発電，バイオマス発電，バッテリーなどがある．

これらの「柔軟性」を VRE の出力予測と組み合わせることで，より一層の電力の安定供給が実現する．例えば，デンマークでは VRE 比率が60％を超えている一方で，高度な予測システムと北欧諸国との強固な連系線（柔軟性の一部）により電力が安定的に供給されている．この事例は，適切な予測と柔軟性の組み合わせにより，高い VRE 比率でも安定した電力供給が可能であることを示している．

ここで，日本でしばしば用いられる「バックアップ電源」という用語について言及しておこう．この用語も誤解を招きがちで誤った表現である．VRE が常に他の電源（火力発電等）による「バックアップ」を必要とするかのような説明がされることが多い．これは，供給面に偏った対策であり，VRE の大量導入には不向きで，現代にそぐわない時代遅れの考え方である．

なお，再生可能エネルギーには，VRE 以外のものもあり，重要な役割を果たす．地熱発電やバイオマス発電は安定した出力が特徴である．小水力発電は地域の電力需給バランスの調整に貢献する．これらの多様な再生可能エネルギーを適切に組み合わせることで，より安定した電力供給システムを構築できる．例えば，アイスランドでは地熱と水力を組み合わせ，電力の100％を再生可能エネルギーで賄っている．電力の再生可能エネルギー100％化は，比較的容易である．各国は，2035年までの電力の脱炭素化を政策目標としている．

Ⅴ 再生可能エネルギーがもたらす社会的イノベーション

再生可能エネルギーの大量導入は，電力市場を介して，従来型の電源，特に石炭火力や原子力発電所に大きな影響を与えているようになっている．欧州の電力市場では，VRE の発電量が需要を上回る時間帯にネガティブプライス（マイナス価格）が発生している（日本はネガティブプライスにならないような制度になっており，最低価格は 0.01円/kWh である）．ネガティブプライスとは，通常とは逆に，発電事業者が電力を売るために料金を支払わなければならない状況を指す．

通常，電力価格がプラスの場合，発電事業者は電力を供給することでお金を受け取る．しかし，価格

がマイナスになると，発電事業者は電力を供給するためにお金を支払う必要が生じる．これは，再生可能エネルギーによる発電が増加することによって発生する．実際，ドイツでは2023年に300時間のネガティブプライスが発生している．

ネガティブプライスの発生は，「柔軟性」の低い電源にとって大きな問題になっている．特に，原子力発電所や石炭火力発電所は，技術的・経済的理由から出力を頻繁に調整することが難しい．そのため，ネガティブプライス時に発電を続けると，電力を売るためにお金を支払う必要が生じる．つまり，発電すればするほど損失が増大するという逆説的な状況に陥る．再生可能エネルギーの大量導入と電力自由化によって，これらの電源が停止を余儀なくされるケースは増加している．

例えば，フランスの原子力発電所では，電力需要が低く再生可能エネルギーの出力が高い時期に，計画的な出力抑制や停止が行われるようになった．ドイツでも同様の現象が石炭火力発電所で見られている．これらの発電所は，ネガティブプライスの発生を予測し，経済的損失を避けるために運転を停止せざるを得なくなっている．

この傾向は，電力システムが再生可能エネルギー主体に移行する過程で生じている．その結果，原子力発電や石炭火力等の従来型電源の収益性が低下し，早期に廃止（廃炉）するという動きにつながっている．ネガティブプライスの頻発は，柔軟性の低い電源にとっては深刻な経済的課題となり，長期的には電源構成の変化を加速させる要因になっている．

このような市場の変化は，柔軟性を提供できる技術や事業者にとっては新たな機会を生み出している．特に，ネガティブプライスの導入は革新的なビジネスモデルを可能にしている．実際，太陽光パネル，EV（電気自動車），バッテリーを設置した需要家を仮想的に束ね，VPP（バーチャルパワープラント）を構成し，エネルギーマネジメントを行うソフトウェアを需要家サイドに組み込み，電力市場価格の状況に応じて，自動的に瞬時に経済的に最適な給電・蓄電・電力消費を行うことも，他国で既に導入

されている．設備価格の低下を背景に，VPP事業者が設置コストを負担するため，需要家にとっては機器の設置コスト負担は不要である．最適な電力需給の調整が行われるため，電気料金や系統安定化費用も低下する．このようにVREと柔軟性，自由化された市場を統合することにより，経済的に最も効率的な状態と再生可能エネルギー比率の飛躍的拡大が同時に達成されるようになる．

このビジネスモデルは，電力系統の安定化に寄与するだけでなく，再生可能エネルギーの余剰電力を効率的に活用する手段としても機能する．さらに，このような収益機会の存在は，バッテリーシステムへの投資を促進し，結果として電力系統全体の柔軟性向上につながっている．

また，デマンドレスポンス事業者にとっても同様の機会が生まれる．電力価格が高騰する時間帯に需要を抑制し，ネガティブプライス時に需要を増加させることで収益を得ることが可能になる．このように，再生可能エネルギーの導入拡大と電力市場改革の進展は，新たなビジネスチャンスを創出し，社会的イノベーションを促進している．

この現象は，VREを中心とした電力システムへの移行が，単に新たな電源の追加ではなく，既存の電力システム全体の構造変革をもたらすことを示している．柔軟性の低い電源（原子力や石炭火力）は，この新しい市場環境に適応することが難しく，結果としてフェードアウトしていく．他方で，柔軟性を提供できる技術や事業者は，新たな価値を創造し，電力システムの中核を担うようになる．これは，気候変動対策としての意義だけでなく，経済的な観点からも再生可能エネルギーへの移行が加速していることを示している．

社会的イノベーションは技術革新をもたらし，さらにVREの導入率が高まる可能性がある．電気自動車のバッテリーを活用したV2G（Vehicle to Grid）技術は，分散型の需給調整手段になりうる．さらに，次世代の長期蓄電技術は季節間の需給調整すらできるようになる可能性がある．これらの技術と適切な制度設計により，100％再生可能エネルギーによる電力供給システムの実現に向けた取り組みが世界中

で加速している.

Ⅵ 社会的イノベーションを引き起こす科学的な政策立案へ

人類は,未曾有の気候危機に直面している.この危機を乗り越え,持続可能な社会を構築するには,社会のあらゆる側面における大変革が不可欠である.特にエネルギー分野では,変動性再生可能エネルギー（VRE）を中心とした100％再生可能エネルギー社会の早期実現が急務となっている.

再生可能エネルギー技術と電力市場改革は,驚異的な速度で進化を遂げている.人工知能（AI）の飛躍的発展も相まって,わずか数年で劇的な変革が起きている.「再生可能エネルギーは不安定で高価格,非効率」という認識は,もはや完全に時代遅れである.技術革新と社会システムの変革により,再生可能エネルギーは多くの地域で最も経済的かつ効率的なエネルギー源となり,世界的にみて多くの企業が導入している.

この急速な変化に対応し,社会イノベーションを効果的に推進するには,科学的知見に基づいた政策立案が不可欠である.複雑化する社会問題に対し,効果的な政策を設計・実施・評価する能力が強く求められている.残念ながら,日本のエネルギー政策は,絶望的に古い考え方に基づいており,政府はいまだに火力や原子力に依存したエネルギーシステムを目指している.日本に住む多くの人々は,このことに全く気づいていない.社会的イノベーションが加速する中,日本は世界から「遅れている」のではない.むしろ,社会的イノベーションとは全く正反対の方向に向かって全速力で走っているような状況である.

気候危機という人類共通の脅威に直面する今,再生可能エネルギー100％社会の実現は単なるエネルギー転換にむかう必要がある.この動きは,エネルギー転換に留まらず,社会経済システム全体をより公正で持続可能なものへと変革することにつながるであろう.

【参考文献】

大島堅一編（2021）『炭素排出ゼロ時代の地域分散型エネルギーシステム』日本評論社.

安田陽（2024）『再生可能エネルギー技術政策論――日本特有の問題点の整理と課題・解決法』インプレス.

第18章 脱炭素化を地域から推進する

的場 信敬

　本章では，国際社会の喫緊の課題である脱炭素化について，「持続可能な発展」と「ガバナンス」の概念を手がかりに検討する．特に，地域レベルにおける3つの社会的基盤（政治の意志，その意志を実現するための政策・制度，それらの制度・政策を担う人材・組織）の確保と，利害関係者の協働による取り組みの重要性を確認し，これらの取り組みを支えるオーストリアの中間支援組織「エネルギー・エージェンシー」の機能を紹介しながら，日本における脱炭素型地域社会のあり方を構想する．

I　脱炭素化と持続可能な発展

　世界的に猛威を振るったコロナ禍が一応の落ち着きを見せた現在，気候変動問題が改めて国際社会の表舞台に立っている．2023年末の気候変動枠組条約第28回締約国会議（COP 28）では，化石燃料からの脱却を目指し，2030年までに再生可能エネルギー容量を3倍にするといった，脱炭素化へのさらなるコミットメントが共有された．また，ロシアのウクライナ侵攻や中東地域の情勢の不安定化による天然ガスや石油価格の高騰がもたらしたエネルギー危機は，改めて化石燃料に頼らない地域分散型のエネルギー政策の重要性を国際社会に示した．

　脱炭素化やエネルギー政策というと，とかく二酸化炭素など温室効果ガスの削減ばかりが注目されるが，課題はこれだけにとどまらない．そもそも，電気や熱，燃料といったエネルギーは，誰もが毎日何かしらの形で使用するものであるため，エネルギーの使い方を考えるということは，人間社会のあり方そのものを考えるということである．それはつまり，1992年の国連環境開発会議（地球サミット）において人間社会共通の「永久の原則（permanent principle）」として設定された「持続可能な発展」のあり方を構想していく，ということでもある．

　持続可能な発展の詳細については第16章に譲るが，その概念の大きな要素として，①環境・経済・社会の各課題への包括的な対応，②人間社会の価値観や行動規範の再検討，③長期的なコミットメ

ント，④利害関係者のパートナーシップ，が挙げられる．これらはそのまま，脱炭素化への挑戦にも当てはまる極めて重要な要素である．地域の脱炭素化を進めるための再生可能エネルギー（太陽光発電）の実装を例にすると，まず，①の要素として，太陽光パネルの設置場所の自然環境や景観保全への対応（環境），地域住民の脱炭素化対策への意識向上（社会），地域事業者によるパネル設置やマネジメントを通した地域経済への貢献（経済），などへの対応が必要になる．②については，大量生産・大量消費・大量廃棄型社会から，より高コストを受容した上での省エネルギー，省資源型経済社会への転換が挙げられる．そしてこれらの挑戦は，一朝一夕では達成し得ず，かつ政府セクターなど1つの主体だけでは実現できないため，利害関係者の良好な協力関係のもとでの長期的な粘り強い取り組みが必要となる（③と④の要素）．

　④の利害関係者間のパートナーシップについては，「持続可能な開発目標（SDGs）」など国際レベルの議論においては，主に先進国と発展途上国の間での協力関係の文脈で議論されることが多いが，国内や地域内，あるいは地域から国際レベルに至る重層的な利害関係者の連携も踏まえた広い概念として捉えることもできる．ストックホルム大学レジリエンス・センターのロックシュトローム（Johan Rockström）教授らが提唱した「SDGs ウェディングケーキ」モデルでは，生態系や自然環境の「生物圏」を基盤として，その上に人間の社会・経済活動（「社会圏」「経済圏」）が成り立っていることが示されているが，

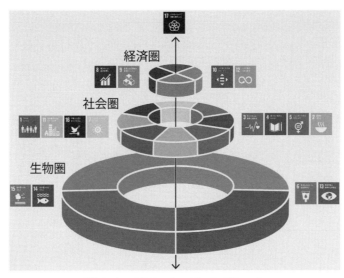

図18-1　SDGs ウェディングケーキ

（出所）Stockholm Resilience Centre ウェブサイト（https://www.stockholmresilience.org/research/research-news/2016-06-14-the-sdgs-wedding-cake.html，2024年10月31日閲覧）．

その中心を，「ゴール17：パートナーシップで目標を達成しよう」が貫く形で設定されている（図18-1）．ここからも分かる通り，パートナーシップの概念は，持続可能な発展への挑戦のあらゆる面に共通する重要な要素である．

II　地域エネルギー・ガバナンスという考え方

以上のような基本スタンスを踏まえて，地域レベルにおいて脱炭素化を進める際に必要な要素として，筆者は「地域エネルギー・ガバナンス」という考え方を提起してきた．国内外の90を超える先進事例の調査を踏まえて構築してきた概念である（的場ほか 2018）．

この説明の前に，まずは「ガバナンス」という言葉の解釈について少し説明しておきたい．政策学の分野では，1980年代後半あたりから「ガバメントからガバナンスへ（from government to governance）」というフレーズが頻繁に使われはじめた（Rhodes 1997）．ここでいう「ガバメント」とは，国の政府や地方自治体など政府セクターを意味する．対する「ガバナンス」は，文脈によってさまざまな捉え方・使われ方をされるが，ここでは一般に「共治」「協治」と訳される意味である．

日本では特に明治以降，公（おおやけ）に関すること，あるいは不特定多数が共有するものに関すること，つまりは公共政策や公共サービスといったことについては，中央集権体制化の進んだ政府セクターが一手に担ってきた．しかし気候変動や少子高齢化など多様化する社会課題や継続的かつ深刻な経済停滞などにより，政府セクターのみによる公共のマネジメントに限界が見えてきた．そこから，行財政改革による委託連携や民営化といった政府セクター業務の外部化や，地域運営における利害関係者の協力による知識やノウハウの有効活用といった考え方が生まれてきた．それが「ガバメント」から「ガバナンス」への移行の議論であり，その手法としてのパートナーシップ（協働）という考え方である．

地域エネルギー・ガバナンスの考えでは，脱炭素化への挑戦を支える社会的基盤として，①政治の意志，②その意志を実現するための政策・制度，③それらの制度・政策を担う人材・組織，という3つの要素を設定している．民主主義体制のもとでは，市民から選ばれた首長や地方議会議員など政治家の意思決定によって地域運営が行われる．そのため，まずはその政治がしっかりと脱炭素化と持続可能な社会づくりの重要性を認識し，その実現に向け

てコミットする強い意志が必要になる（①の基盤）. 政治的な意志が示された後は，それを具体的に実現していくための政策や制度が求められる. 例えば，自家用車からの温室効果ガスの排出を低減するための公共交通網の充実策や，再生可能エネルギーの普及に寄与する固定価格買取制度（FIT），個別家庭向けの太陽光パネルの設置補助金などがこれにあたる（②の基盤）. これらの政策や制度の開発は，地域で言えば地方自治体の公務員が主に担うが，上述のガバナンスの考え方に照らせば，地域企業やNPOなど他の利害関係者の積極的な地域運営への参画が必要となるし，そのための十分な知識や技能なども求められる. また，制度・政策の開発時だけでなく，それらの実践時に，そのコンセプトを受容し積極的に活用していくことが求められる市民や企業もまた，ここに含まれることになる（③の基盤）.

　これら3つの要素はそれぞれが相互に関連しており，全てが同時に地域において確保されている必要がある. ここで重要なことは，3つの要素全てに直接関与する市民の役割である. 脱炭素化とは，市民の日々の生活の変革に他ならないが，その生活の変革は，市民の意識改革による行動変容なしには起こり得ない. そして，市民は民主主義の担い手として，自分たちの代表となる政治家を選ぶという重要な役割も有する. 市民がいかに気候変動という問題に真摯に向き合い，これまでとは異なる選択を行うことが出来るのかが，地域エネルギー・ガバナンスの実現，つまりは脱炭素化の成否に関わるのである.

Ⅲ　日本における脱炭素化の動き

　日本においても，2000年に当時の菅政権が2050年までのカーボン・ニュートラル宣言を行い，地方自治体レベルにおいても，全体の6割を超える1078自治体が同様の宣言を行っている（都道府県と市に限れば，宣言自治体は約77%にのぼる）[1]. また，再生可能エネルギーの国内供給は，2011年度から10年間で約4倍となり，地域レベルで電力需要を上回る再生可能エネルギー生産を行なっている自治体の数は，2022年度には326となっており，少しずつではあるが，

着実にカーボン・ニュートラルへの取り組みは広がっている（千葉大学倉坂研究室・環境エネルギー政策研究所2023）.

　しかしその一方で，地球温暖化対策の推進に関する地方自治体への調査結果（野村総合研究所2024：106）からは，地域における明らかなキャパシティ不足が見て取れる. 地球温暖化対策のために地方自治体に策定が義務付けられている「地方公共団体実行計画」のうち，地域の利害関係者とともに実施する内容を設定する「区域施策編」を未策定・未改定の自治体に向けた，その理由についての質問への回答では，「計画を策定・改定するための人員・体制が不足しているため」が84.6%，「対策・施策の実行におけるノウハウが不足しているため」が64.2%など，自治体の能力的な問題が上位に挙がっている. また，「地域住民の反対が予想され（既に起きており），地域の合意形成ができない」（65.3%），「他の業務と比較して優先度が低いため」（23.5%）など，気候変動問題への理解不足や関心の低さといった課題も見て取れる. こういった傾向は特に小規模な地方自治体に顕著であり，地方自治体や利害関係者の取り組みをサポートし，気候変動に対する地域力を高めるようなしくみや組織の必要性が明らかとなっている.

Ⅳ　地域エネルギー・ガバナンスを支える中間支援組織

　そのような市民や組織の育成も含め，脱炭素化の取り組みを地域でサポートする存在が欧州の先進諸国には存在する. それがエネルギー・エージェンシー（Energy Agency）と呼ばれる中間支援組織である. 中間支援組織とは，分野によって解釈の違いはあるが，基本的には文字通り，何かの間に入って支援を行う組織を指し，必ずしも新しい概念ではない. ここでは，地域の利害関係者の間に入ってそれぞれを繋ぎつつ，エネルギー政策や気候変動問題に関する地域の課題解決能力を高める活動を行う団体である. つまりは，上述した3つの社会的基盤の実現に寄与する組織である.

社会的基盤の実現におけるエネルギー・エージェンシーの取り組み例として，まず①については，議員のキャパシティ・ビルディングの取り組みがある．基礎自治体レベルでも近年，脱炭素化と地域の持続性を結びつけて関心を高める議員が増えているが，いまだに「環境活動に熱心な議員」というイメージづくりで留まっていたり，既存の価値観の変革や将来世代の選択の権利といった，より本質的なところの理解が十分でなかったりすることも多い．そういう議員に向けて，正確な情報を発信したり，レクチャーを提供したりすることで，議員の質を高める活動を展開している．②に対する取り組みは，特にエネルギー・エージェンシーの得意分野であり，博士号取得者や長年の経験を有する専門スタッフが地域に赴き，地方自治体の担当職員や利害関係者をネットワーク化しつつ，脱炭素化に関する政策や市民参画の制度づくりと実践をサポートするなどしている．③については，企業や市民むけの脱炭素化のための取り組みに関する個別サポート業務や，学校と連携した環境教育の提供などが挙げられる．また，より専門的な知識や専門資格を身につけるための継続教育プログラムの提供を行うところもある．このような形で，利害関係者とともに地域の社会的基盤を構築しつつ，地域全体の気候ガバナンスをコーディネーションする役割を担っている．

Ⅴ エネルギー研究所フォアアールベルク

地域においてエネルギー・エージェンシーを積極的に活用して大きな成果を挙げている国の1つにオーストリアがある．ここでは，国最西端のフォアアールベルク州のエネルギー・エージェンシーである「エネルギー研究所フォアアールベルク」（以後，エネルギー研究所）の事例を紹介する．フォアアールベルク州は，スイス，ドイツ，リヒテンシュタインとの国境に面した人口約38万人の小さな州である．州内には96の基礎自治体があるが，最大都市のドルンビルン市でも人口約4万7000人と大規模な都市は存在せず，多くは人口1万人未満の小規模な自治

体となっている．原子力発電所の保有国であるドイツやスイスに接していることもあり，国内でも特にエネルギーや気候変動に関する意識が高い州として知られている（なお，オーストリアは1978年の国民投票で，原子力発電を持たない国となることを選択している）．

このエネルギー研究所は，まずその設立のプロセスから特筆すべき点がある．1985年の設立時には，州政府，地域の電力・ガスなどのエネルギー供給会社，商工会議所，組合銀行，建築関連企業など，13の団体が会員として参加し出資を行なった．その当時に，環境やエネルギー問題に取り組む専門的な独立組織の必要性が認識されていたことがまず驚きであるが，その際に，分野横断型の利害関係者が参加していること，特に気候変動対策によりネガティブな影響を受ける可能性があるエネルギー供給会社も参加していることが特徴的である．ここには，地域のエネルギー戦略をベースにした新たな持続可能な地域づくりのビジョンを作り上げるには，最初から地域運営の核となる組織の参画が重要であるという意識があった．現在もエネルギー研究所のコア・コスト（人件費や事務諸経費など）の3分の2をこれらの組織からの会費により賄っており，それが継続的な中間支援組織の運営に寄与している．

エネルギー研究所は，非営利のNPOという形態をとっているが，有給スタッフ数は50名を超えており，その多くは修士号や博士号の取得者である．環境や気候変動，エネルギー問題はもちろん，建築や都市計画，交通，教育，コミュニケーションなど多様な分野の専門家を有しており，州内の持続可能な地域づくりのさまざまな課題に対応できる体制となっている．

州政府も会員として名を連ねているものの，政府セクターから独立した専門機関となっており，政治的状況に左右されることなく，専門的な見地から地域に必要な政策や事業を追求することができる．また，この中立性が，地域のコーディネーターとしての機能を果たす際にも役立っている．

エネルギー研究所の業務は実に多岐にわたるが，ここでは上述の3つの社会的基盤に関連する事項をいくつか紹介する．

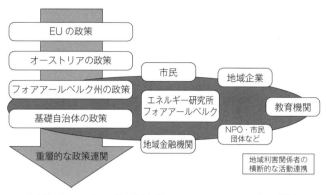

図18-2 エネルギー研究所フォアアールベルクの機能
（出所）筆者作成.

フォアアールベルク州には，州のエネルギー担当大臣が委員長を務める，エネルギー政策推進を担う運営委員会が設置されている．エネルギー研究所はここにメンバーとして名を連ねており，直接的に州の政策意思決定に専門的知識を活かして関与することができるようになっている．

基礎自治体レベルの政策づくりやその実践のサポートは，エネルギー・エージェンシーの大きな役割の1つだが，エネルギー研究所でも特に力を入れている．オーストリアには，「e5」という地方自治体の環境・エネルギー政策を総合的に評価し認証するしくみがある．取り組みや成果への評価が高いほどeの数が増え，最高評価を得ると5つのeが与えられる．これは欧州全土で実施されているEuropean Energy Awardという評価制度とも互換性があり，e5に参加することで欧州全体における自地域の取り組みの進度を測ることもできる．エネルギー研究所では，州内の自治体がe5に挑戦する際に，専門スタッフの派遣と伴走支援，自治体職員の育成など，手厚いサービスを提供している．e5の促進は，州内で設定した気候変動に関する目標を地域レベルで実践することにも寄与しており，州と自治体の政策のつなぎ役として機能している．

エネルギー研究所は，その専門性を活かして，市民や地元企業，自治体などの育成にも力を入れている．そのために教育・研修を担当する教育部門を設置しており，子供の環境教育から専門家への最新情報の発信まで広く対応している．その中でも特に重要なのが，エネルギーや気候変動分野の専門資格「エネルギー・アドバイザー」の養成である．継続教育として基礎コースと発展コースが設置されており，発展コースを修了した人の多くは，州内外の自治体や企業などで活躍している．地域レベルでの脱炭素化の動きが活発化しているため，現在は特にこの専門人材へのニーズが高く，エネルギー研究所の人材養成機能は地域で貴重な役割を果たしている．

以上のように，エネルギー研究所は，社会的基盤を地域において強化し，利害関係者を横断的につなぎ，相乗効果を生み出すための重要な役割を担っている．また，ヨーロッパではEUが積極的に脱炭素政策を推進しており，それが国や州の政策にも大きな影響を及ぼしているが，そのような影響についても迅速かつ専門的に対応を行うことができる．つまり，EUから地域までの重層的な脱炭素政策を担う役割も同時に担っている（図18-2）．

VI 日本での挑戦に向けて

日本における気候変動に関する意識について，1つ気がかりなデータがある．電通総研が実施した，若者世代（16-25歳）の気候変動に対する意識の国際比較調査では，気候変動が人々や地球を脅かすことを「心配している」と回答した割合が，比較対象となった10カ国中で最低となった．また，気候変動に対する罪悪感や恥ずかしさ，といった，気候変動を自身の生活や行動に結びつけて考えているかについ

ての設問への回答も，10カ国平均の半分以下となっている．つまり，端的に言えば，日本のこれからを担う若者世代は，気候変動を自分ごととしてあまり認識していないということである．

もう1つ，海外との大きな違いに，自治体のスタッフに対する考え方がある．欧州諸国の地方公務員は基本的に専門職採用であり，その専門性活かして常に同じ部局で仕事を行う．対して日本では，2～3年ごとに部局間の異動を繰り返し，ジェネラリスト型の職員の育成を行うことが一般的である．どちらの考え方にも良し悪しはあるが，こと気候変動対策という専門性の強いかつ継続的に取り組む必要がある分野においては，欧州の専門職型の方が望ましいように思われる．

このような日本の特徴やこれまで見てきた脱炭素化の国際情勢を考えると，日本にこそエネルギー・エージェンシーのような地域の脱炭素化を総合的に担う中間支援組織が必要と思われる．専門的知識を有する安定的な外部組織の存在は，資金・人材・ノウハウなどのリソースの不足にあえぐ日本の地方自治体にはとても頼もしい存在となりうる．実際に，筆者らの研究グループにもエネルギー・エージェンシーに関する多くの問い合わせが届いており，現在日本におけるエネルギー・エージェンシーの設立と普及の方策について，国や地方自治体のスタッフ，NPO，地域新電力会社，研究者など，全国の関係者らとともに議論を進めている．

欧州の調査でいつも印象に残るのが，実に多くの組織や担当者が，エネルギーにまつわるこの新たな挑戦を政治的・社会的な問題であると捉えていることである．もちろん，常に新しい技術革新は望まし

いし求められるものの，基本的には，現在の技術的・経済的能力の中で脱炭素化を実現することは十分に可能であると考えられている．地域エネルギー・ガバナンスにおける社会的基盤の強化は，まさにこの政治的・社会的問題の解決につながるものであり，日本においても今後地域全体で検討していくべき課題である．

【注】

1）環境省 HP（https://www.env.go.jp/policy/zerocarbon.html）

【参考文献】

的場信敬・平岡俊一・豊田陽介・木原浩貴（2018）『エネルギー・ガバナンス──地域の政策・事業を支える社会的基盤』学芸出版社．

Rhodes, R. A. W.（1997）*Understanding Governance: Policy Networks, Governance, Reflexivity and Accountability*, Buckingham: Open University Press.

＜ウェブサイト＞

千葉大学倉坂研究室・環境エネルギー政策研究所（2023）『永続地帯2022年度版報告書』（https://sustainable-zone.com/，2024年10月31日閲覧）．

電通総研（2023）『電通コンパス vol.9 気候不安に関する意識調査（国際比較版）』（https://qos.dentsu-soken.com/articles/2823/，2024年10月31日閲覧）．

野村総合研究所（2024）『令和5年度地方公共団体における地球温暖化対策の推進に関する法律施行状況調査 調査結果報告書』（https://www.env.go.jp/policy/local_keikaku/sakutei5.html，2024年10月31日閲覧）．

第19章 東アジアで環境問題を考える・学ぶ

金　紅実

　本章では，我々の身近な暮らしの中から環境問題を観察し，暮らしと地球環境問題の深い関係性を考察する．多様な視点から環境問題が発生する要因を理解し，環境問題を解決するためには我々の暮らし方をどのように変えるべきか，その方法論をどのように実践していくべきかを一緒に考える．第二次世界大戦後の東アジア地域は，日本を先頭に世界経済のセンターとして世界経済をけん引し，グローバル化の進展に大きな影響をもたらした．同時に，世界的にも深刻な環境問題の発生源となった．体系的に学ぶ政策学の様々な理論や接近方法論，視点を思い起こしながら，環境問題を解決するために何をなすべきかを考える．

I　環境問題を理解するための概念整理と視点

(1) 環境基本法における環境の概念

　環境問題を考える前にまず環境問題とは何かを理解しておく必要性がある．なぜなら身近で起きている環境問題は様々な原因によって引き起こされるからである．環境問題を解決していくためにはその背景にある社会的，経済的な構造の変化やその国や地域がおかれた経済発展段階の違い，地理的，自然的な状況の特性を把握しておく必要がある．

　それでは環境問題をどのように分類すれば良いのか．1993年に施行された環境基本法は1967年に制定された公害基本法を基に策定された国の環境政策の基本方針を示した法律である．公害基本法は高度経済成長を背景とする公害問題，特に産業公害問題に対処するために策定された法律である．その後は新たな環境問題として都市生活型公害問題や身近な自然環境の破壊問題，そして地球規模で進行する様々な環境問題に直面するようになったことから環境基本法が策定された．環境基本法第2条第1項では「環境とは人類の生存や発展に影響を与える天然資源や人為の影響を受けた自然要因の総称である．具体的には陽光，空気，水，土壌，陸地，鉱産，森林，野生生物，景観や遊憩，社会経済，文化，人文史蹟，自然生態系等が含まれている」と定義している．即

ち，自然的または人為的，歴史的に形成された自然や生態系，人間社会の経済，文化，人文史蹟などが含まれるとした．環境問題の概念やその分類については，国や地域によって，または研究者の研究領域や接近方法論によって異なる．

(2) 身近な環境問題への視点とアプローチ

　本章では，発生源や被害対象などを分類要素に，環境問題を性質上の分類を3つ，規模上の分類を3つに分けて考察する．

　性質上の分類では，① 公害問題，② 生態環境問題，③ アメニティ問題の3つに分類する．規模上の分類では，規模の小さい順から ① ローカル (local) な環境問題，② リージョナル (regional) な環境問題，③ グローバル (global) な環境問題の3つに分類する．この2つの分類方法は，環境問題に接近する方法論の違いであって，両者を切り離して議論するものではない．性質上に分類される3つの環境問題は，規模上に分類される3つの分類規模の各段階の中で性質を変えることなく，複合的に，場合によっては同時多発的な特徴をもちながらローカルな規模からグローバルな規模へ拡大する傾向をもつ．

　性質上の分類における①公害問題は，更に産業公害問題と都市生活型公害問題に分けることができる．産業公害は，事業活動やその他の人の経済活動に伴って生ずる相当範囲にわたる大気汚染，水質汚濁，土壌汚染，騒音，振動，地盤沈下及び悪臭によっ

て人々の健康や生活環境に与える被害を指す．産業公害では発生源が特定されることが多く，汚染原因者と被害者の間は対立的な関係にあるため，環境裁判に発展するケースが多く，汚染の発生原因や責任所在が特定できる場合が多い．日本の高度経済成長期に経験した4大公害病がその代表的な出来事といえる．また2011年3月11日に発生した東日本大震災で経験した福島の東京電力の原子力発電所のメルトダウンによる放射線事故は戦後最大の産業公害ともいえる．他方で，都市生活型公害問題は産業公害とは少し違う特徴をもつ．1970年代の自動車や電化製品の普及，1980年代に広まったスーパーマーケットにおける核家族をターゲットにした商品の個別包装の定着や缶，ペットボトル等の清涼飲料水の急速な普及などに伴って発生した新しい形態の公害問題として捉えられる．その背景には，急速な経済成長によってもたらされた経済的構造の変化とそれに伴う自動車社会や大量生産，大量消費，大量廃棄の生活様式の定着と深く関係する．地球上の有限な資源を再生可能性か再生不可能かを問わず，使い捨ての言葉で表される資源・エネルギー多消費社会が拡大し続けた結果である．自動車社会は，道路の渋滞や排気ガスによる窒素酸化物の排出，使用済み自動車の解体・処分過程における二次的汚染問題などが取り上げられた．近年になって見られるようになった冬場から春にかけて中国大陸の都市部を中心に発生するPM2.5の大気汚染問題がこれに該当する．廃棄物社会は，ごみの収集・運搬・処理に多くの税金が投下されるほか，ごみ焼却工場のダイオキシン類有毒ガスの問題や最終処分場となる埋立地の不足の問題などの問題が取り上げられる．廃棄物の中には，使用可能または利用可能な状態の物がたくさん含まれている．しかし，日常生活の中で使用価値が下がり，市場によって取引されなくなった市場価値を失ったものが含まれる．現代社会で起きている食品ロスの問題やファストファッションの問題がこれに該当する．産業公害問題と区別される特徴として，都市生活型公害問題は原因者と被害者の立場が対立的な構造ではなく，同等の立場にある点である．原因者も被害者も我々自身からなる生活者である点に注目する必要がある．

性質上の分類における②生態環境問題は，人間社会がより便利で豊かな暮らしを求めて自然に働きかけた結果，自然環境の自己増殖力や自己修復力，自己浄化能力をはるかに超えて開発利用を行ったことによって，生態系や自然環境に与えた深刻なダメージを指す．森林の減少や砂漠化の拡大，湿地の減少や湖沼の減少，指定絶滅危惧種の増加や生物多様性の減少など日頃の暮らしの中でもよく耳にするようになった．1992年のリオ地球サミットで採択された生物多様性条約では，地球規模ですでに発生している生物多様性の破壊現象を危惧し，先進国と途上国が一緒になって取り組むべき政策的な目標を定めた．生物多様性を種の多様性，遺伝子の多様性，生態系の多様性の3つのレベルで捉え，各国が取り組むべき保全政策の方向性を示した．

このような自然環境の破壊は，人間社会の生産活動や日々の暮らしを支える公共事業や自然資源に深く依存する農業，林業，漁業の営みの中で，過剰利用や過少利用を繰り返す中で起きる．このような現象は一国の中で発生するだけでなく，国際貿易や国境を超えて活動する国際独占資本に伴って地球規模で起きている．井田（2010）は世界各地で起きている生物多様性の危機について注目した．その1つの事例として2006年秋ごろから北米や中南米で起きたミツバチが急激に消失する蜂群崩壊症候群を取り上げた．ミツバチの消失が地域の果樹栽培やココア生産に与えた大きなダメージについて紹介し，人間が自然環境に与える深刻なダメージだけでなく，破壊された自然環境が人間の経済活動に与える負の影響についても警鐘を鳴らした．

性質上の分類における③アメニティの問題は，長い歴史の中で先人たちが培ってきた伝統文化や町景観及び歴史遺産が，近代工業化社会の波の中で農村や城下町，街並みから消え去る現象をいう．アメニティはその地域の長い歴史の中で形成され，地域社会の文化や自然環境と相まって形成された地域性に富んだ固有性をもつ．そのため，いったん破壊されれば，不可逆的に回復が困難な特性をもつ．1980年代以降に急激に減少してきた京町屋はその代表的な

118 第IV部 環境と未来

事例の1つである．戦後の建築関連法や消防関連法の改正による建築物基準の改定がもたらした影響は否めないが，現世代の便利な住居環境への選好や経済的な収益への期待値が要因の1つでもある．同様の現象がお隣の中国でも都市化の急激な進展の中で都市部と農村で起きている．

以上のような環境問題は地域社会（ローカルレベル）の中で発生するが，同様の現象が地域社会にとどまることなく全国各地で発生し，やがて国を超えて地域（リージョナルレベル）を超えて地球規模（グローバルレベル）で起きている．ローカルな環境問題が地球環境問題に変貌するプロセスともいえる．発想を変えると，だからこそ地球環境問題を解決するためには，ローカルから自分の足元から見つめなおし，身近な暮らしの中から反省し取り組んでいくことが重要である．

Ⅱ 拡散し続ける環境問題とそのメカニズム

(1) 雁行型経済発展モデルと置き去りされた社会技術

ここで断っておきたいことは，政策学も環境経済学も社会の経済発展を否定するものではない．あくまでも社会公平性の最大化を目指す学問であり，経済発展の果実をどのような手段を通じてより公平により多くの人々に分かち合えるようにするかを研究や教育の目的としている．

そのためにはなぜ資本主義経済体制では不平等問題や環境問題が生じるのかを理解しておく必要性がある．シュンペーター（1977）は『経済発展の理論』の中で，企業者による「企業者利潤」の飽くなき追求こそが資本主義経済システムを動かす基本的な動機付けとし，経済の循環運動が行われる状態では利潤が生じないため，経済発展とはある循環から別の循環への非連続的な軌道の変更であるとした上で，企業利潤はこれまでの循環が技術革新によって打ち破り，生産費を一挙に下げることによって手にすることができると主張した．諸富（2003）は経済学の理論を代表するいくつかの学派の環境に対する捉え

方には相違性があるものの，共通点として言えるのは資本主義経済制度には環境保全への内在的なメカニズムが備わっていないことを認めていると結論づけている．つまり，資本主義経済制度は企業者の利潤最大化が存続条件とされ，環境保全への内部措置を備えていないため，生産費の節約のためには汚染物質の除去設備など環境設備への十分な投資を行わない現象が生まれる．自然環境の利用の在り方においても，経済的な収益が優先され，生態系へのダメージを顧みない過度の利用と過少の利用が繰り返されてきた．

環境問題は資本主義市場経済体制だけの課題ではない．社会主義計画経済体制も同じく環境問題の課題が発生する．都留（1972）は当時の旧ソビエト共和国が経験する深刻な産業公害問題に注目し，公害問題は資本主義市場経済体制下でも社会主義計画経済体制下でも同様に発生する現象として捉えた．その原因を膨大な官僚機構の不作為や情報の偏在による計画の失敗にあると指摘した．都留重人の公害の政治経済学の理論はその後の1980年代以降に急成長を遂げる中国の事情にも当てはまるといえる．

私たちが暮らしている近代工業化社会は18世紀半ばから19世紀にかけて起きた一連の産業技術の変革と石炭利用によるエネルギー革命に端を発する．産業技術はイギリスからヨーロッパの国々へ，そして北アメリカ大陸へと伝播され，順次的な社会構造の変革を引き起こした．戦後は東アジアの日本に波及し，日本の高度経済成長を支えた後に1980年代には近隣の NIES（新興工業経済地域）と呼ばれる韓国や台湾，香港，シンガポールに，1990年代には中国に伝播され，行き着くところでは先進国並みの豊かな暮らしがもたらされた．その過程においては，次々に開発された産業技術が企業の利潤最大化を実現する手段として，グローバル資本とともに生産拠点の移転に伴って先進国から途上国へ，一国内では発達地域から未発達地域へ広がった．このような類似した経済発展の軌跡を見出したのが雁行型経済発展論である．資本主義市場経済体制下で形成された発展の軌跡が，東アジア地域では経済体制の如何に関係なく，ほとんどの国に採択され，近代工業化社会を

目指すようになった．中国も例外ではなかった．

　雁行型経済発展論は赤松要（1896-1974年）が1930年代に提唱し，その後の継承者たちによって整理され体系化に至った理論である．日本を先頭に急速でかつ持続的な経済発展を維持し，世界経済をけん引し続けた東アジア地域内の経済発展の軌跡を分析する重要な理論の１つとして注目された．後発工業国，または経済未発達地域が工業先進国，または経済発達地域に追いつくキャッチアップのプロセスを製品の輸入―生産―輸出という軌跡として捉えて分析を行った結果，生産の能率化と産業構造の多様化と高度化を図っていくプロセスにおける構造変化の形が雁行型にみえることから雁行型経済発展論と名付けられた．付加価値の低い産業が隣の労働力が豊富で安価な国に移行し，自国内の産業構造が更に付加価値の高い産業に高度化していくという形の国際分業体制が多国間，特に東アジアの諸国間で形成された．それに伴って産業技術の移転やグローバル資本の移動などが起きた．

　戦後の半世紀において東アジア地域内では，日本を先頭とする追い越す追い越される国際競争の中で多くの国々が近代工業化社会を実現し，多くの人々が物的豊かさと便利な暮らしを手にした．しかし，このような経済繁栄の裏には深刻な環境問題が表裏一体となって存在し，むしろ拡散し続ける傾向がみられた．先進国また経済発達地域の生産拠点がより安い労働コストや環境規制の緩い生産環境を求めて，順次に生産拠点を移転していく過程で産業公害や都市生活型公害問題，そして生態環境の破壊問題やアメニティ破壊問題が局地の課題から東アジア地域内へ拡散し続けたといえる．諸富徹の指摘のように，東アジア地域の経済繁栄を支える雁行型経済発展は環境保全を念頭においた内部措置を備えていない．つまり，東アジア地域内の産業技術の伝播は，その裏腹で起きている環境問題や不平等問題を解決する手段となる社会技術を同時に備えることはなかった．

(2) 国際貿易の裏に隠れた環境問題

　国境を越える経済活動の活発化に伴って，局地で発生していたはずの環境問題が国境を越えて発生し，地球規模に広まる状況の中でいくつかの国際規制法が策定された．

　1973年に採択されたワシントン条約（絶滅のおそれのある野生動植物の種の国際取引に関する条約）は国際取引によって生存が脅かされる野生動植物を保護することを目的としている．輸入輸出国が協力して国際取引を規制することで，過度の利用による絶滅を防止し，種の保全を図ることを目的に策定された．

　1992年に採択されたバーゼル条約は先進国由来の有害廃棄物が途上国で放置され，環境汚染をもたらす問題を越境移動管理で克服しようとした．しかし，相手国の同意があれば輸出可能となる仕組みであることから，完全な輸出禁止措置にはならない条約となった．

　1990年代の後半から2017年の間に，日本国内で多発したプラスチックごみはリサイクル資源として世界の工場とされた中国に輸出され処理された．本来ならば，1995年に制定された容器包装リサイクル法（容器包装に係る分別収集及び再商品化の促進等に関する法律）によって日本国内で分別収集されリサイクルされるべきであったが，当法律の規定では国外への輸出を禁止する規定がなかったため，国際貿易のルートに乗って輸出され中国農村の劣悪な解体工場で処理された．中にはリサイクル資源として使えない成分も含まれているため，解体やリサイクル工場を多数運営していた広東省や浙江省の一部農村地域では周辺農地の土壌汚染や水質汚染，悪臭などの深刻な環境問題が発生した．中国政府は1990年代の後半からリサイクル資源ごみの輸入品目について登録制度や規制輸入制度を策定し輸入規制に乗り出したが，拡大し続ける汚染状況をコントロールすることができず，2017年には翌年からプラスチックごみの輸入を全面禁止する措置を公表した．

　しかし，中国によるプラスチックごみの輸入禁止が施行されると日本を含む先進工業国のプラスチックごみは環境規制が緩いタイやマレーシア，ベトナムなどの国に輸出されるようになった．プラスチックごみによる海洋汚染問題がクローズアップされる

中で2019年にはバーゼル条約の付属書の改正が行われ，2021年1月からすべてのプラスチックが規制対象または規制対象外の形に規定され，輸出の際には塩化ビニールの輸出承認申請を設けるなどの措置が加わった．

国際貿易がもたらす環境問題の潜在的な課題は，日本国内の環境経済学の先駆者からも早い段階で指摘されてきた．宇沢（1995）は，深刻化する地球温暖化問題に注目し，その原因を突き止める分析の中で，熱帯雨林の役割を取り上げた．スリランカは2000年前にため池を利用して灌漑農業を行った世界有数の高度な水利文明国であった．かつては豊かな森に恵まれた自然環境を保有していたが，16世紀中ごろにポルトガルに占領され，その後はイギリスに占領されてから，大規模な森林伐採が行われ，ゴムやお茶のプランテーションが作られた．森から流れだすきれいな水にはマラリア蚊が生息できないが，植生を失ったプランテーションの農地は自己浄化能力が失われ，水汚染が発生し，大量のマラリア蚊が繁殖するようになった．熱帯雨林には樹木や草だけでなく，多様な小動物や微生物が生息する豊かな生態系を形成しているが，森林伐採に伴って豊かな生態系は二酸化炭素の吸収力を失われていったと指摘した．また東南アジアの熱帯雨林は豊富な降雨量に恵まれ，平均樹高が50mを超える熱帯雨林がいたるところに存在し，豊かな生態系が維持された．そこには様々な少数民族が狩猟や採取，焼き畑をしながら森の再生能力や地力の回復能力を破壊しない範囲で暮らしていた．しかし，人口の急速な増加に伴って，熱帯雨林の破壊が進み，マレーシアのボルネオ島ではサラワクという熱帯雨林が大量に伐採され，世界一の木材輸出国となり，その輸出先の70％が日本向けであると指摘した．

石（1997）は，地球を1つの共有地として取り上げ，地球共有地の悲劇が地球の隅々に及んでいると指摘した．石はその悲劇の起因として2点を取り上げた．1つは，世界人口の増加とそれに伴う消費の増大である．1987年から1996年の10年間の傾向では，世界の穀物生産量は約14％，漁獲量は約10％増加し，世界経済の総生産量の約27％，輸出額では

77％増加した．石は1997年8月にマレーシアとインドネシアを跨るボルネオ島で起きた大規模な山火事をと取り上げ，その原因は焼き畑の季節に行われた森林開墾にあるとした．1980年代から世界的な健康志向が強まる中，動物油脂に替わるヤシ油は世界的な人気を集め，食用油脂の生産量では大豆に次ぐ急成長をした．ヤシ油は食用油脂のほか，菓子作りやインスタント食品，合成洗剤に替わる植物油石鹸，化粧品の原材料，工業潤滑油の原材料などに広く人気を集めたことからその多くが輸出された．農林水産省の統計では，2021年の国内油脂供給量に占めるパーム油が27％，ヤシ油が2％である．1989年から2019年の30年間にパーム油の輸入量は増え続ける傾向を示している（農林水産省）．農林水産省によれば，2024年6月時点の日本のカロリーベースの食料自給率は38％で，先進国の中で最も低い水準となる．穀物の自給率は28％で，世界185カ国の中で129位になる．これは日本国民の食料の60％以上を，穀物の70％以上を輸入に頼っていることを意味する．しかし，日本の食品ロスの事情は深刻な状況にある．2021年の総務省の統計では，日本の年間の食品ロス量は523万t，1人あたりに換算すると42kgになる．これを日本国内のお米の年間生産量176万t，小麦の年間生産量109万t，大豆の年間生産量261万tと比較すると国内の食品ロスの深刻さが一目瞭然である．このように我々の日常生活で欠かせない輸入商品や輸入食品の裏には，輸出国や地域の自然破壊や環境汚染が見え隠れする．工業製品においては，加工や製造過程における化学洗剤や有毒ガスなどが現地の土壌汚染や水質汚染，大気汚染を引き起こしており，コーヒーや大豆などの農作物の栽培においては，化学肥料や農薬の残留成分が輸出国や地域の土壌汚染として取り残される．

我々が毎日利用する携帯電話の中にはレアアースを原料とする部品が含まれているが，レアアースの採掘作業には深刻な生態環境破壊が伴う．経済産業省資源エネルギー庁の統計によれば，2019年の中国のレアアース生産量は世界全体の63％を占める．その採掘，選鉱，製錬，分離の各工程では，地表植生の破壊や水土流出，土壌汚染などの環境問題を引き

起こしている．レアアース鉱山の多くは多金属共生鉱または随伴鉱であることから，製錬や分離の過程で大量の有毒ガスや有害ガスが発生し，高濃度のアンモニア窒素廃水や放射性残渣等の廃棄物も発生させる．その中には重大事故や災害となって人々の健康や生態環境に深刻なダメージをもたらすことも発生する．レアアース鉱業を営む地元では生態環境の保全や修復のために経済的，技術的な側面で大きな努力が必要となる．

このように国際貿易を介して維持される我々の豊かな暮らしの裏には，輸出国や地域の深刻な環境問題が隠されている．しかしながら，大量生産—大量消費—大量廃棄の飽食時代に生きる我々は，日頃の暮らしの中から豊かさにひそめられた環境問題を発見し，考え直すきっかけが少ないのも事実である．

Ⅲ 政策学の輸出——東アジアの大学間交流と一緒に学ぶ環境問題

龍谷大学政策学部では2011年の設立当初から環境問題を含めた社会課題を地域連携や国際的な教育連携を通して実践的に学ぶ科目群を設置した．その一環として中国の大学や台湾の大学と連携し，教学フィールドの共有を通じた共同学習を実施してきた．

東アジア地域が一緒になって環境問題に取り組むことには2つの意味がある．1つは，戦後の東アジア地域は一貫して世界経済発展の中心的地位を維持し，世界経済をリードしてきた．急速な経済発展や豊かな暮らしの裏には，共通して複合的かつ多様な環境問題を抱えている．社会経済発展の軌跡が類似していることから，環境問題を招いた社会的経済的な構造も類似している．東アジア地域の環境問題を解決せずには地球環境問題の解決を語れない状況にきている．

もう1つは，経済開発の過程において中央集権的な権力構造によって地域の自然資源や社会資本が国によって独占的に支配された点である．日本，中国，台湾は森林資源の国有化比率が高く，重要な河川流域の開発利用権や土地開発の許認可権限が中央省庁に集中されている．地域特性や地域文化，歴史的な価値が十分に評価されることなく，一画的かつ硬直的な開発計画が策定され，地域開発が行われてきた．宮本（1967：2007）は社会資本論を論ずる中で，このような地域開発の特性を国家資本主義や国家独占主義と批判した．公共政策の批判を論ずる中では，本来ならば市場の失敗によってもたらされる公共性を政府が補完する形で公共財や公共サービスを提供し，社会全体の公平性を実現する役割が，政府の公共政策そのものが環境破壊の最大の元凶となると指摘した（宮本1999）．このような公共政策の失敗は日本，中国，台湾が共通して経験し，同じ構造の社会課題を抱えている．

このように東アジアの大学生が，それぞれの大学で学んだ専門知識や方法論を，国際交流を通して相手国のフィールドを通して検証し，共通点と相違点を発見することで，国際的な比較視点を育てると同時に，より多くの先進事例や課題解決方法論を身に付けることができると考える．

【参考文献】

石弘之（1997）『地球環境報告Ⅱ』岩波新書．

井田徹治（2010）『生物多様性とは何か』岩波新書．

宇沢弘文（1995）『地球温暖化を考える』岩波新書．

シュンペーター，ヨゼフ（1977）『経済発展の理論』（塩野谷祐一・中山伊知郎・東畑精一訳），岩波書店（岩波文庫）．

都留重人（1972）『公害の政治経済学』岩波書店．

宮本憲一（1967）『社会資本論』岩波書店．

―――（1998）『公共政策のすすめ』岩波書店．

―――（2007）『環境経済学』岩波書店．

諸富徹（2003）『環境』岩波書店．

＜ウェブサイト＞

農林水産省『第14号特別分析トピック：我が国と世界の油脂をめぐる動向』（https://www.maff.go.jp/j/zyukyu/jki/j_rep/monthly/attach/pdf/r4index-96.pdf，2024年10月31日閲覧）．

経済産業省資源エネルギー庁「日本の新たな国際資源戦略③レアメタルを戦略的に確保するために」（https://www.enecho.meti.go.jp/about/special/johoteikyo/kokusaisigensenryaku_03.html，2024年10月31日閲覧）．

第20章 健康を守る
──健康の保持・増進を支援する体制──

村田 健三郎

健康あるいは健康な状態とは，「こういうことでは」と思えるだろうが，「健康あるいは健康な状態」は誰が守るのか．また，「健康あるいは健康な状態」の保持・増進への取り組みは誰が支援するのだろうか．それは自分自身なのだろうか．
　本章では，「Ⅰ　健康について」，「Ⅱ　健康の保持・増進を目指す取り組み」，「Ⅲ　支援する体制に課題はないのか」，「Ⅳ　どのような取り組みが必要なのか」，について情報を提供する．

Ⅰ　健康について

(1) 健康の定義

1) 世界保健機関（WHO）

よく知られている WHO 憲章全文に示された健康の定義は以下である．

Health is a state of complete physical, mental and social well-being and not merely the absence of disease or infirmity.

健康とは，病気ではないとか，弱っていないということではなく，肉体的にも，精神的にも，そして社会的にも，すべてが満たされた状態であることを示している．

1986年オタワで開催された第1回ヘルスプロモーションに関する国際会議でオタワ憲章が採択され，次のようにまとめられている．

Health promotion is the process of enabling people to increase control over, and to improve, their health. To reach a state of complete physical, mental and social well-being, an individual or group must be able to identify and to realize aspirations, to satisfy needs, and to change or cope with the environment. Health is, therefore, seen as a resource for everyday life, not the objective of living. Health is a positive concept emphasizing social and personal resources, as well as physical capaci-

ties. Therefore, health promotion is not just the responsibility of the health sector, but goes beyond healthy life-styles to well-being.（WHO HP「Health Promotion」1）

健康は，生きる目的ではなく，毎日の生活資源である．健康は，身体的な能力であると同時に，社会的・個人的資源であることを強調する積極的な概念である．したがって，ヘルスプロモーションは，保健部門だけの責任にとどまらず，健康的なライフスタイルをこえて，well-being（人間全体として良好・快適な状態，安寧な状態もしくは健やかな生き方）にもかかわるのである（「民医連医療─No.588─2021年9月号第3回 WHO ヘルスプロモーションに関するオタワ憲章」(参照，島内 2021))，日本ヘルスプロモーション学会 HP)).

2) 健康の社会的決定要因からみた健康

厚生労働省健康局健康課の藤岡（2021）は，企業の健康経営を例にとり，「個人を健康にしたいという時，医学的，臨床的にアプローチするとなると一対一の関係になり，限定的なソリューションになってしまいがちです．ではなくて，個人の生活背景を含めて考える．企業に属していますね，企業は社会の一部ですね，と社会システム全体の循環を考えてやらないと，ソリューション，打ち手が限定的になったり，持続可能性がなくなってしまいます」と指摘している．また，健康の社会的決定要因の歴史を踏まえ，「個人の責任の健康というよりは，もう少し社会的背景を踏まえた概念と捉えていく」ことが大

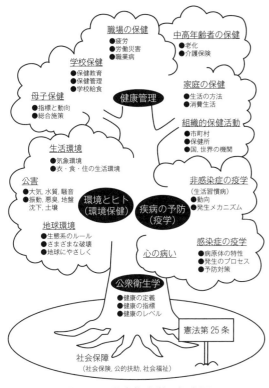

図20-1 公衆衛生学の概念図
(出所) 石川ほか (2017).

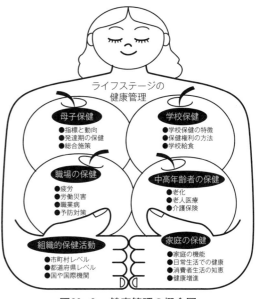

図20-2 健康管理の概念図
(出所) 石川ほか (2017).

事であるとしている．

(2) 健康管理（保健）について

公衆衛生学とは，「医学の一分野であり，健康な人を含めた集団を相手に，疾病の予防，健康の増進，そして生活の質向上を目指す学問と実践のまとまり」である（上地ほか2020）．

この位置付けに基づく公衆衛生学の概念，および研究実践している公衆衛生学が対象とする保健が図にまとめられている（石川ほか 2017）．

公衆衛生学は，大別して疾病，環境，健康管理を対象とする学問（図20-1）であり，公衆衛生学としてライフステージに応じた保健活動が必要で，その支えとして組織的保健や家庭保健に関する取り組みが必要である（図20-2）ことを示している．

この概念を踏まえ，「公衆衛生学は，個人の健康を考えるというよりも，その地域住民全体の健康状態を考える．そして，地域住民の死亡率が減少したり，長生きする人が多くなれば，この地域は以前に増して健康な集団になったと考える」と説明している．

ここまで，オタワ憲章，藤岡，公衆衛生学についてみてきた．

共通すると思われるのは，健康は個人の取り組みによってのみ実現するのではなく，健康は個人が生活する環境や社会環境に影響される，影響すると考えられる．

健康の保持・増進は，個人要因とともに社会環境要因を含めた取り組みが必要だろう．

II 健康の保持・増進を支援する取り組み

国民の健康の保持・増進活動は，どのような支援を行ってきたのだろうか．

表20-1 日本国憲法（昭和21 (1946) 年公布，昭和22 (1947) 年施行）

第二十五条　すべて国民は，健康で文化的な最低限度の生活を営む権利を有する．
2　国は，すべての生活部面について，社会福祉，社会保障及び公衆衛生の向上及び増進に努めなければならない．

表20-2　健康増進法（平成14（2002）年法律103号）

（目的）
第一条この法律は，我が国における急速な高齢化の進展及び
　疾病構造の変化に伴い，国民の健康の増進の重要性が著し
　く増大していることにかんがみ，国民の健康の増進の総合
　的な推進に関し基本的な事項を定めるとともに，国民の栄
　養の改善その他の国民の健康の増進を図るための措置を講
　じ，もって国民保健の向上を図ることを目的とする．
（国民の責務）
第二条国民は，健康な生活習慣の重要性に対する関心と理解
　を深め，生涯にわたって，自らの健康状態を自覚するとと
　もに，健康の増進に努めなければならない．
（国及び地方公共団体の責務）
第三条国及び地方公共団体は，教育活動及び広報活動を通じ
　た健康の増進に関する正しい知識の普及，健康の増進に関
　する情報の収集，整理，分析及び提供並びに研究の推進並
　びに健康の増進に係る人材の養成及び資質の向上を図ると
　ともに，健康増進事業実施者その他の関係者に対し，必要
　な技術的援助を与えることに努めなければならない．

表20-4　健康日本21の歴史

第1次国民健康づくり対策（1978年〜）：「自分の健康は自分
　で守る」
第2次国民健康づくり対策（1988年〜）：運動習慣に重点を置
　いた生活習慣の改善
第3次国民健康づくり対策（21世紀における国民健康づくり
　運動（健康日本21）（2000年〜）：壮年期志望の減少，健康
　寿命の延伸，生活の質向上
第4次国民健康づくり対策（健康日本21第二次）（2013年〜）：
　すべての国民が共に支え合い，健やかで心豊かに生活でき
　る活力ある社会の実現
健康日本21第三次（2024年〜）：全ての国民が健やかで心豊か
　に生活できる持続可能な社会の実現

（出所）厚生科学審議会地域保健健康増進栄養部会ほか（2023）より
　　　筆者作成．

（1）健康，保健に関わる法律

1）国，地方自治体及び国民が健康の保持・増進に努めることに関連する法律

　憲法で保障された「国民の健康，そのために国が必要な政策を実施する」ことから，「国・地方自治体は政策を実施するが，国民一人ひとりも健康増進活動に取り込む責務がある」となった．皆さんはどのような取り組みを進めれば良いと考えるだろうか．

2）健康管理に関わる法律

表20-3　健康管理に関わる法律

労働基準法（昭和22（1947）年法律第49号）
学校保健安全法（昭和33（1958）年法律第56号）
老人福祉法（昭和38（1963）年法律第133号）
母子保健法（昭和40（1965）年法律第141号]
労働安全衛生法（昭和47（1972）年法律第57号）

　制定されている法律は，生涯を通して私たち国民の健康に関係すること，健康を守る保健（特に一次予防に重点をおいた）活動に関係するものである．

　これらの法律に基づきどのようなことが行われているか，あるいは守られているのだろうか．

（2）国が策定した国民健康づくり運動

1）国民健康づくり運動の展開

　国の「健康」の保持・増進にかかる事業は，健康

増進法制定前から展開されてきた．

　国民健康運動対策で特徴的なことは，死因との関連が強い生活習慣病（疾病）の一次予防を重点にした運動から，それに加え健康寿命や生活の質というキーワードが用いられるようになったことである．

　「自分の健康は自分で守る」から「個人のみならず生活する環境・社会を営む環境の健康」へと運動の変化が読み取れる．

2）健康日本21（第三次）

　健康日本21（第二次）の評価，総括を踏まえ，2014年から始まる健康日本21（第三次）のビジョンは，「全ての国民が健やかで心豊かに生活できる持続可能な社会の実現」を目指し，誰一人取り残さない，より実効性をもつことが示された（図20-3）．

　このビジョンに基づき，① 健康寿命の延伸・健康格差の縮小を目標として，② 個人の行動と健康状態の改善，③ 社会環境の質の向上，④ ライフコースアプローチを踏まえた健康づくりの4つを設定している（図20-4）．

　健康は，「個人自らが守る」から「個人はもとより社会生活を営む人同士で守る」，そのため「ライフステージに応じた取り組みや支援する環境整備」が必要だとする考え方がわかる．

　少子高齢化社会の日本においては，多くの情報や体制が整っていると思われる大都市圏だけではなく，小都市圏や過疎化が進む地域においての情報不足や体制について検討することが「誰一人取り残さ

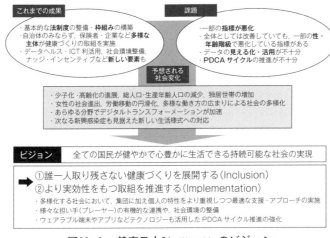

図20-3 健康日本21（第三次）のビジョン
（出所）厚生科学審議会地域保健健康増進栄養部会ほか（2023：14）．

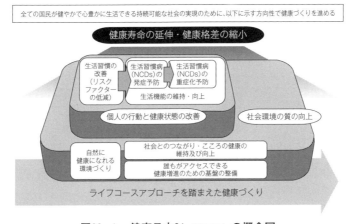

図20-4 健康日本21（第三次）の概念図
（出所）厚生科学審議会地域保健健康増進栄養部会ほか（2023：15）．

ない」「より実効性のある」取り組みにつながるのではないだろうか．

健康について考え始めた時だけではなく，今は考えていなくとも生活している環境の中で健康が守られているかも知れないし，だれかの健康を守ることにつながっているかも知れない．

3）ヘルスリテラシー

福田ら（2019）は，ヘルスリテラシーの定義に関する研究を示しながら（表20-5），ヘルスリテラシーとは，「健康や医療に関する情報を入手し，理解し，評価し，活用（情報を使うことでより健康に結びつくような，より良い意思決定を行うこと）する力」と定義し

表20-5 ヘルスリテラシーへの注目

この10年間，世界中でヘルスリテラシーへの注目が集まる理由には，リテラシーのもつ意味が拡大する中で，リテラシーが健康と密接に関連することが明らかになってきたことがある．発展途上国においても，健康問題としては生活習慣病の占めるウエイトが感染症を上回るようになり，世界中で高齢化が進行し，医療費の問題との関連を含めて，ヘルスリテラシーに注目が集まっている．

健康のために望ましい行動ができないのは，個人の責任だけではなく，個人をサポートできる環境をつくっていない社会の責任である．その社会をつくったのは誰か，社会を変えられるのは誰か，が今問われている．

（注）福田・江口（2019）には，学校における・職場における・地域における・医療機関におけるヘルスリテラシーに着目した取り組みが紹介されている．
（出所）福田・江口（2019：ヘルスリテラシー 健康教育の新しいキーワード）．

ている.

「必要な情報を入手，精査，理解，評価，活用する意思決定，その過程を経た上で行動するというプロセスを繰り返すことが健康の保持・増進につながる」ということは，オタワ憲章，藤岡，公衆衛生学，国内法などそれぞれの視点，健康日本21のビジョン，生活の質などを合わせて考えると，個人の健康づくり（保持・増進活動）だけではなく，他者とのつながりがある社会生活・社会環境の健康のためにも必要となる定義と言えるのではないだろうか.

Ⅲ　支援する体制に課題はないのか

Lalonde（1981）は，過去の健康に影響する要因の評価から，健康は ① Human Biology（遺伝的要因，成熟と老化のプロセス，骨格，神経，筋肉など体内の多くの複雑な内部システムなどを指す），② Environment（個人がほとんど，あるいはまったくコントロールできないことを指している（食品，医薬品，水道などが汚染されていない，大気汚染，水質汚染，騒音などによる健康被害が抑制されている，伝染病の蔓延が防止されている等々）），③ Lifestyle（健康に影響を与え，多かれ少なかれ本人がコントロールできる個人の意思決定の集合体），④ Health Care Organization（医療行為，看護，病院，老人ホーム，医薬品，公共および地域医療サービス，救急車，歯科治療，などの医療サービスが含まれる．この要素が，一般的に医療制度と定義されるものである）を領域として検討することが必要と指摘している.

① Human Biology と ③ Lifestyle については，ヘルスリテラシーの考えを参考に「必要な情報を入手，精査，理解，評価，活用する意思決定，その過程を経た上で行動するというプロセスを繰り返すことが健康の保持・増進につながる」ということを意識することによって対応できるかも知れない.

② Environment は，SDGs の目標13にも関連していることから，個人だけではなく世界的な対応が必要と考えられる.

④ Health Care Organization or Health Care System はどうか．日本の医療支援体制についてみていこう.

前田（2019）は，日本の医師数が人口1000人あたり2.4人，OECD 平均3.5人となっており，2030年前後には3人程度になると推計できると報告している.

医師を養成する医学部については，「将来の医師需給バランスを考慮すれば『医学部の定員（臨時定員増）の削減』をしていかなければならないが，医師の地域偏在が依然として存在する．このため医学部の『恒久定員』の中に『地域枠』などを積極的に設置していく必要がある」と指摘されている（GemMed「地域医療構想及び医師確保計画に関するワーキンググループ，2022年8月10に開催）．なおワーキンググループは，医師確保や地域偏在の解消に向けた検討を継続している.

自治医科大学 HP には，「自治医科大学は，医療に恵まれないへき地等における医療の確保及び向上と地域住民の福祉の増進を図るため，昭和47（1972）年に全国の都道府県が共同して設立した大学です」と紹介されている．自治医科大学卒の医師は，「医師の地域偏在」を減少させる可能性があると思われる.

2018年4月から医療提供体制として「かかりつけ医」制度が始まっている.

かかりつけ医が診療所勤務であり，専門診療を主としていることから，総合医としての資質向上が必要であろう．近藤（2018）は，かかりつけ医制度に

表20-6　かかりつけ医について

「かかりつけ医」の定義と機能

「かかりつけ医」とは，なんでも相談できる上，最新の医療情報を熟知して，必要なときには専門医，専門医療機関を紹介でき，身近で頼りになる地域医療，保健，福祉を担う総合的な能力を有する医師のこととされている．「かかりつけ医」の機能には，①日常行う診療において患者の生活背景を把握し，適切な診療及び保健指導を行い，自己の専門性を超えて診療や指導を行えない場合には，地域の医師，医療機関等と協力して解決策を提供する．②地域の医師，医療機関等と必要な情報を共有し，お互いに協力して休日や夜間も患者に対応できる体制を構築する．③地域住民との信頼関係を構築し，地域における医療を取り巻く社会的活動，行政活動に積極的に参加し保健・介護・福祉関係者との連携を行う．④地域の高齢者が少しでも長く地域で生活できるよう住宅医療を推進する．⑤患者や家族に対して，医療に関する適切かつわかりやすい情報の提供を行う.

（出所）日本医師会・四病院団体協議会（2013：4）より筆者作成.

関して，最新の情報とガイドラインがあると地域医療を担う医師にとって有益となると指摘している.

皆保険制度を導入している健康保険制度では，年齢による差異があるが，窓口で支払う医療費（負担額）を抑え適切な治療が受けられるようになっている．しかし，国や地方自治体の財政への影響，少子高齢化社会の現状を勘案しながら，後期高齢者の保険料負担の見直しなどが検討されている.

日本の医師数は OECD 各国に比較し1000名に1名と少ない状況にあるにも関わらず，医学部の定員を減らす（医師数を減らす）方向が示されている．医師の地域偏在があるとの指摘があるが，自治医科大学が養成する医師が設立理念を理解し地域医療に貢献すれば地域偏在が減少する可能性がある．ドラマ「Dr. コトー診療所」のような医師の必要性が高まっている．医師養成はこのままでいいのだろうか.

かかりつけ医制度は，地域医療の核となる役割があるが，特に高齢者が相談しやすい医療費制度となっているのだろうか.

医療提供体制の充実，改善は，特に地域医療にとって重要な課題と思われる.

【参考文献】

石川哲也・大谷誉・中村亮・成田美代・吉岡義正・吉川博（2017）『イラスト公衆衛生学〔第5版〕』東京教学社.

上地賢・安藤絵美子・雑賀智也（2020）『よくわかる公衆衛生学の基本と仕組み（第2版）』秀和システム.

近藤太郎（2018）「総説かかりつけ医によるガイドラインの活用について」『東女医大誌』88.

島内憲夫（2021）「第3回 WHO ヘルスプロモーションに関するオタワ憲章」『民医連医療』588.

福田洋・江口泰正（2019）『ヘルスリテラシー健康教育の新しいキーワード』大修館書店.

藤岡雅美（2021）「健康と健康づくりを再定義する：Health as the ability」『医療と社会』31（3）.

Lalonde, More（1981）"The Health Field Concept," *A New Parspective on The Health of Canadians : A Working Document*, Minister of Supply and Services Canada.

＜ウェブサイト＞

厚生科学審議会地域保健健康増進栄養部会・次期国民健康作り運動プラン（令和6年度開始）策定専門委員会・歯科口腔保健の推進に関する専門委員会「健康日本21（第三次）推進のための説明資料」（2023年5月）（https：//www.mhlw.go.jp/content/10904750/001158816.pdf，2024年10月31日閲覧）.

自治医科大学 HP「大学紹介」（https：//www.jichi.ac.jp/gaiyo/，2024年10月31日閲覧）.

第6回地域医療構想及び医師確保計画に関するワーキンググループ（2022年8月10日開催）（https：//gemmed.ghc-j.com/？p＝49449，2024年10月31日閲覧）.

WHO HP "Health Promotion,"（https：//www.who.int/teams/health-promotion/enhanced-wellbeing/first-global-conference，2024年10月31日閲覧）.

日本医師会・四病院団体協議会（2013）「医療提供体制のあり方，日本医師会・四病院団体協議会合同提言」（https：//www.ajha.or.jp/topics/4byou/pdf/131007_1.pdf，2024年10月31日閲覧）.

日本ヘルスプロモーション学会 HP（https：//plaza.umin.ac.jp/～jshp-gakkai/pg181.html，2024年10月31日閲覧）.

前田由美子（2019）「医療関連データの国際比較——OECD Health Statistics 2019」，日医総研リサーチエッセイ No.77（https：//www.jmari.med.or.jp/download/RE077.pdf，2024年10月31日閲覧）.

第V部

地域と革新

第21章 内発的な地域づくりに関わる

石倉　研

　地域衰退が叫ばれる中，これからの地域の姿をどうデザインしていくかが問われている．実際，全国各地で様々な地域づくりの取り組みが広がっており，大学においても地域と学生が関わる機会が増えている．地域の顔や現実が突きつけている課題はそれぞれ異なるため，地域に応じた処方箋を出すことが求められる．地域を豊かにしていく方法は多岐にわたるが，本章では，地域と大学の連携である域学連携事業を対象として，内発的な地域づくりについて紹介したい．

I　地域と関わりたい学生の増加

　龍谷大学政策学部に入学してきた学生と話をすると，「地域のために何かしたい」「地域を盛り上げたい」「住んでいる街を良くしたい」といった声をよく耳にする．「そのためにはどうしたらいいか」と尋ねると，イベントの実施，特産品の開発，観光客を呼ぶ，シャッター街を解消する，企業を誘致するなど様々な意見がでてくる．

　地域づくりに関わりたい，地域課題にたいして何か貢献したいという学生は増えているように感じるが，彼らが念頭に置いている地域はそれぞれ異なるし，地域課題へのアプローチは一様ではない．地域は，東京のような大都市から，田舎の小規模集落まで，多様性に富んでいる．人口，産業構造，生活様式，交通体系，財政，文化，歴史，政治など，地域の姿はそれぞれ異なり，地域の様々な要素に規定されて地域課題が生じている．いわゆる地域課題としては，人口減少，少子高齢化，商店街のシャッター街化，公共交通の減便・廃止，空き家問題，耕作放棄地の増加など様々なものを挙げることできるが，それらの具体的な原因や構造，課題の状況は地域によって異なっている．

　自然と解決されないからこそ，その課題に取り組む必要があり，政策が必要となる．地域それぞれの個性が異なる以上，ある地域で成功した制度や政策をそのまま他の地域で取り入れたとしてもうまくいくとは限らない．現場に入り込み，現実が突きつけている課題を受け止めたうえで，地域課題と向き合い，課題解決を考え，社会変革を目指すことは政策学に求められている1つの役割である．

　大学においても，学生が地域に入り込んで何かしらの活動を行うことは当たり前のこととなってきている．大学の役割は，教育，研究にとどまらない．学校教育法の2007年改正で「大学は，その目的を実現するための教育研究を行い，その成果を広く社会に提供することにより，社会の発展に寄与するものとする」（第83条）と明記され，大学の役割として社会貢献が位置づけられることになった．その一貫として，地域と大学の連携は広く行われている．「社会の病を治す医者」としての役割が，大学に求められているともいえる．

II　域学連携という取り組み

　地「域」と大「学」が連携することを，域学連携という．総務省が2012年度から「域学連携事業」を開始して以来広まった言葉である．総務省によれば，域学連携は「大学生と大学教員が地域の現場に入り，地域の住民やNPO等とともに，地域の課題解決又は地域づくりに継続的に取り組み，地域の活性化及び地域の人材育成に資する活動」を意味している．地域にとっては大学の有する知見や学生を用いた地域づくりに取り組むことができ，大学にとっては実践を通じた学習機会の創出や専門知の社会への実装などを行うことができる．

　政策学部では，京都府京丹後市などと域学連携を

第21章 内発的な地域づくりに関わる *131*

表21-1 学生の取り組みの一例

取り組み	概要・目的
洲本プロジェクトの You Tube チャンネル開設（2020年度）	各班の活動内容を情報発信・記録することを目的として，Vlog 形式で動画を You Tube に投稿
あわじ島ちくのアレンジレシピ集（2020，21年度）	放置竹林問題に対し，食べて解決をはかろうと作られた淡路産メンマ「あわじ島ちく」の活用方法の広報
アーカイブ雑誌『千草竹原2022』（2021年度）	域学連携事業当初から関わっている千草竹原集落に関わる人たちへのインタビュー記録
塔下フェノロジーカレンダー（2022年度）	ため池ソーラー設置以来関わりのある塔下地域の季節生活暦を整理したフェノロジーカレンダーの作成
手作り竹灯篭と星空鑑賞イベント（2022年度）	源流の郷である千草竹原集落の魅力発信・認知度向上に向け，非日常体験のできるイベントの開催
ディスカバー農山漁村（むら）の宝アワードへの応募（2023年度）	ため池管理作業「かいぼり」を実施する装置「かいぼり君*」を開発した株式会社成田の魅力発信・広報
第1回域学連携学会での発表（2023年度）	洲本域学連携研究所が企画した大学生の研究やプロジェクトの報告会で取り組みを発表
小学生向けの放置竹林問題教材作成と勉強会の実施（2024年度）	竹の活用や竹林整備に取り組むあわじ里山プロジェクトが使えるような教材を開発し，洲本市内の小学生を対象とした放置竹林の勉強会を実施
今後の班活動に向けた5ヶ年計画（2024年度）	連携先の方々のやりたいことや思いをまとめ，後輩たちが班活動を行うにあたっての基盤となる資料を作成

（出所）筆者作成.

行っているが，本節では筆者が関わっている兵庫県洲本市を事例として取り上げよう．淡路島の中央部に位置する洲本市は，人口約4万人，面積約182平方キロメートルの自治体である．玉ねぎや淡路ビーフ，サワラなど食の恵みに事欠かず，豊かな自然資源に恵まれている．島内に総合大学がないことから，高校卒業後の大学進学や就職に伴う若年層の人口流出が起きており，また農林業や観光業の衰退などの地域課題を抱えている．

洲本市は，総務省「域学連携」地域活力創出モデル実証事業の「中期滞在型」の採択を受けた2013年度から域学連携事業に取り組んでおり，政策学部では当初から洲本市との連携を行っている．洲本プロジェクトと呼ばれるそれは，現在 PBL（Project/Problem Based Learning）科目である「政策実践・探究演習（国内）」の1プロジェクトとして取り組まれている．

洲本プロジェクトでは，4月に連携先からのレクチャーや過去の域学連携事業の説明などの座学を踏まえた上で，5月に地域を知るためのフィールドワークに行く．学生は現地を一通り見て，地域の人と意見交換をした上で，自分自身が所属する班決め

を行う．例年3～4つの班に分かれ，1年間の班活動に取り組む．自分たちの企画を途中で投げ出すことなく，最後までやり通すことを求めており，毎年何かしらの成果が挙がっている．この間の取り組みとしては，地域の人が使える資料作成，アーカイブ記録のとりまとめ，イベントの実施，研究報告会への参加，賞への応募など様々である（**表21-1**）．

こうした洲本プロジェクトの活動の特徴を筆者なりに整理すると，以下の点を挙げることができる．1つ目に，地域サイドが楽しみながら学生を許容していることである．一般に学生と協働することは，必ずしもうまくいくとは限らないし，学生は地域づくりの経験に乏しいことから，想定通りに進まないこともあるが，洲本プロジェクトでは地域側が学生と一緒に何かをすることを面白がり，楽しんでくれながら各種取り組みがなされている．地域が学生の話に耳を傾け，学生のアイデアに地域が巻き込まれることをポジティブに受け入れている．

2つ目に，学生の活動は主体的になされるが，複数の主体が伴走型で支援していることである．学生の活動は，教員と行政だけでなく，地域おこし協力隊や地元企業，任意団体，移住者など地域の様々な

主体と関わりながら行われる．活動初期は，大学側は教員が，地域側は市役所が連携先との調整を行うが，次第に学生と地域の様々な主体が直接やりとりをしながら活動が進展する．それぞれは，行政と地域住民をつなぐ中間支援者であり，学生の活動を伴走しながら支援するサポーターであり，受け入れ地域のパートナーとなっている．

3つ目に，地道に身の丈にあった小さな成果を着実に積み重ねていることである．洲本プロジェクトの取り組みは，教員の専門性に左右されず，基本的には学生主体でなされる．座学で学んだことも活かしながら地域と関わるが，頭でっかちに理詰めで大風呂敷を広げたり，コンサル的に地域課題の処方箋を出したりするのではなく，地域との意見交換を重ねながら，自分たちが実現できる取り組みが具体化されている．学生の活動で地域が劇的に変わるわけではないが，活動の積み重ねによって地域が少しずつ変わってきている．

4つ目に，卒業後も洲本市に関わる学生がいることである．単位を習得し，授業期間が終わったら関係性が途切れるのではなく，関わった地域に卒業後も訪れたり，地域の方々と連絡を取ったりする学生が一定数いる．中には移住し，地域の事業を継承して生業を立てようとしている人も現れている．交流人口，関係人口，定住人口という言葉が近年定着しつつあるが，学生という立場を超えた関係性が構築されている．

それでは，域学連携事業を通じて地域にどのような変化がもたらされたのだろうか．櫻井ほか（2021）では，①関係人口の増加と多様性，②地域の閉鎖性を開く，③新しい価値創造，を指摘する．①は，大学と交流のなかった地域に，連携大学の学生や卒業生，プロジェクトの関係者，視察者・メディアといった様々な人々が訪れるようになっていることを意味する．②は，学生や地域外の人との交流を楽しみにするなど，地域住民の心持ちの変化や，地域でのワークショップを通じて住民同士の交流や地域の未来を考える機会ができている．③は，各種取り組みを通じて地域資源に新たな価値が付与され，ノウハウが行政や地域に蓄積されることで地域のポテン

シャルを活かす方向に働いている．

今後の域学連携をめぐっては，「洲本市域学連携事業10周年記念シンポジウム」（2023年11月29日開催）における白石克孝・龍谷大学政策学部教授の「洲本の域学連携が先端事例であり続けることが必要」という発言が示唆的である（『スモトノイキガク』参照）．経路依存的に惰性で続けるのではなく，イノベーションを起こしながら新たな価値を創出し，持続可能な地域をつくるために，域学連携のフロントランナーであり続けることが期待されている．

Ⅲ 地域開発と内発的発展

(1) 地域づくりとは

域学連携は地域づくりに携わる1つの手法だが，そもそも地域づくりとはどういう意味合いを持つ言葉なのだろうか．

『農山村は消滅しない』を記した農学者の小田切徳美は，「「内発性」「総合性・多様性」「革新性」という装いを持ち，地域の新しい価値の上乗せを目標としながら「主体」「場」「条件」の3つの柱を地域条件に応じて巧みに組み合わせる体系」が地域づくりだとしている（小田切2014：71）．

同書に基づいて補足すると，地域づくりには，地域住民自らの意思で（内発性），経済以外に福祉や環境を含み（総合性），地域の実情を踏まえた多様な発展パターンで（多様性），新しいシステムを再編する（革新性）ことが要素として含まれている．そして，①主体づくりとして，地域をつくることは自らの問題だという当事者意識を持ち，自らの暮らしの意味や価値を再構築し，誇りを再建すること（暮らしのものさしづくり），②場づくりとして，地域コミュニティ（集落，集落を超える範囲の地域自治組織）と生活諸条件（病院，生活交通，買い物など）を整備すること（暮らしの仕組みづくり），③持続条件づくりとして，地域資源保全型経済と小さな経済による，所得形成と地域内循環を形成すること（カネとその循環づくり），が地域づくりの3つの柱である．

現実の地域づくりが，すべてこの定義を満たすわけではないが，今後の地域のあり方を考える際の一

つの規範として，重要なポイントが含まれているのは間違いないだろう．

(2) 日本の地域開発

地域づくりは，今後の地域のデザインを描いていく試みであり，地域主導のボトムアップでなされることが望ましい．他方で歴史を振り返ると，国主導のトップダウンで様々な行政計画は策定され，政策が進められてきた．典型例が国土計画である．

戦後復興の中，1950年に制定された国土総合開発法は「国土の自然的条件を考慮して，経済，社会，文化等に関する施策の総合的見地から，国土を総合的に利用し，開発し，及び保全し，並びに産業立地の適正化を図り，あわせて社会福祉の向上に資すること」を目的とし，国土の総合的な開発推進が目指された．同法に基づく国土計画として，1962年に全国総合開発計画（全総）が策定され，新全総（1969年），三全総（1977年），四全総（1987年），五全総（1998年）と続いた．2005年には国土総合開発法が抜本的に改正され，国土形成計画法となり，国土形成計画（2008年），第二次国土形成計画（2015年），第三次国土形成計画（2023年）がそれぞれ策定されている．

こうした国主導のトップダウンで決められた計画により，画一的に地域を開発するやり方は，上述した地域づくりとは一線を画するものである．後述する外来型開発と呼ばれる開発手法となっている．

例えば，全総では拠点開発方式という手法が取られた．大規模な開発拠点の開発が，中規模・小規模開発拠点の開発を促し，それらを交通通信で有機的に結びつけ，相互に影響させると同時に，周辺の農山漁村にも開発効果が波及して，均衡の取れた地域発展が期待されるというものである．新産業都市建設促進法（1962年），工業整備特別地域整備促進法（1964年）を受けて，開発拠点として15の新産業都市，6の工業整備特別地域が指定された．

開発拠点は，素材供給型重化学工業のコンビナートを誘致するために，産業基盤への公共投資を行ったが，誘致に成功したのは水島，大分，鹿島などの太平洋ベルトに位置する地域に限られた．誘致に失敗した地域は，先行投資のつけがまわり，財政危機

に陥った．誘致に成功した地域においても，コンビナートの利潤が本社のある大都市に流出したり，地元企業との産業連関が弱かったため，地域経済への効果は薄く，地域の所得や雇用，租税に対する効果は小さかったといわれる（宮本 1998）．

さらには，コンビナートの廃水や排煙が公害問題を引き起こした．例えば，新産業都市の優等生と呼ばれた水島では，魚が油臭くなり，代表的な農産物のい草が枯れるなど地場産業に悪影響を与えただけでなく，喘息などの健康被害も生じた．1983年には地域住民らによる水島公害裁判が生じ，1996年に和解が成立している．

そもそも地域開発は，辞書的には「ある理念に従って，対象となる地域の開発を実際に進める行為．その理念の差異に応じて，地域経済の発展を目指す経済開発と，地域住民の生活水準の向上を目指す社会開発に大別される」（『有斐閣経済辞典第5版』）を意味する．

経済開発は，所得向上や雇用機会創出，生産拡大など，経済成長を志向するものである．GDP（国内総生産）の増加という経済の量的拡大だけではなく，産業構造などの質的変化も含まれる．社会開発は，教育，医療，環境，交通，防災など様々な政策課題への対応を踏まえて，生活水準や福祉の向上がはかられる．日本の場合，経済優先で地域開発が進められているが，社会的公正や環境保全といった視点も同程度に重視されるべきであろう．

(3) 外来型開発と内発的発展

地域外の資本や公共事業を誘致して地域開発を進めるやり方を，外来型開発という．資本に選ばれるように道路，港湾，産業団地といったインフラ整備，補助金や税制優遇などを用意することで企業誘致が行われる．誘致がうまくいかないこともあるし，誘致してきた企業による地域問題の1つとして公害問題がある．

外来型開発とは異なるオルタナティブな発展として，内発的発展がある．経済学者の宮本憲一は，「地域の企業・労働組合・協同組合・NPO・住民組織などの団体や個人が自発的な学習により計画をた

て，自主的な技術開発をもとにして，地域の環境を保全しつつ資源を合理的に利用し，その文化に根ざした経済発展をしながら，地方自治体の手で住民福祉を向上させていくような地域開発」を内発的発展としている（宮本 2007：316）．そして，内発的発展の原則として，① 地域開発が大企業や政府の事業としてでなく，地元の技術・産業・文化を土台にして，地域内の市場を主な対象として地域の住民が学習し計画し経営する，② 環境保全の枠の中で開発を考え，自然の保全や美しい街並みをつくるというアメニティを中心の目的とし，福祉や文化が向上するような，なによりも地元住民の人権の確立をもとめる総合目的をもっている，③ 産業開発を特定業種に限定せず複雑な産業部門にわたるようにして，付加価値があらゆる段階で地元に帰属するような地域産業連関をはかる，④ 住民参加の制度をつくり，自治体が住民の意思を体して，その計画にのるように資本や土地利用を規制しうる自治権をもつ，を挙げている（宮本 2007：318-322）．

(4) 域学連携と内発的発展

　域学連携は，内発的発展との関わりで位置づけることができる．ただし，域学連携で重要になってくるのは地域外の主体である．地域が主体となる内発的発展において，地域外の主体が重視されることは奇妙に見えるかもしれないが，宮本憲一自身も地域の自主的な決定と努力があれば，地域外の資本や技術，人材の受け入れを否定していない．経済学では，無人島で暮らすロビンソン・クルーソーの例えがよく出てくるが，他の地域と一切関わりを持たない地域は現実にはほぼないだろう．地域は開かれており，他の地域との交流の中で様々な活動が展開されている．なお，地域資源の活用に加え，外部主体とのネットワーク形成を通じて，地域発展戦略を描くネオ内発的発展論という理論がイギリスで提唱されていることを付記しておきたい．

　ただし，洲本の域学連携の場合，産業開発の視点は弱い．地域に新たな産業をもたらしたり，雇用を生じさせたりするような取り組みには至っておらず，地域の産業構造を変化させるところまでは行き

着いていない．むしろ，社会学者の鶴見和子のいう「伝統の再創造」の側面があるといえる．

　日本で内発的発展という言葉を最初に用いたのは，鶴見和子による1976年の論文「国際関係と近代化・発展論」とされる．その後，鶴見和子は次のように内発的発展を定義している．「内発的発展とは，目標において人類共通であり，目標達成への経路と，その目標を実現するであろう社会のモデルについては，多様性に富む社会変化の過程である．共通目標とは，地球上のすべての人々および集団が，衣・食・住・医療の基本的必要を充足し，それぞれの個人の人間としての可能性を十分に発現できる条件を創り出すことである．それは，現在の国内および国際間の格差を生み出す構造を，人々が協力して変革することを意味する．そこへ至る経路と，目標を実現する社会の姿と，人々の暮らしの流儀とは，それぞれの地域の人々および集団が，固有の自然生態系に適合し，文化遺産（伝統）に基づいて，外来の知識・技術・制度などを照合しつつ，自律的に創出する」（鶴見 1989：49-50）．

　さらに，内発的発展には，地域や集団が世代から世代にわたり継承してきた伝統を，誰がどのようにつくりかえるかの過程を分析する方法が重要であると指摘する．

　この「伝統の再創造」という視点は，洲本の域学連携においては，かいぼり（掻い掘り）に関わる取り組みを一例として指摘できる．淡路島は水資源に乏しく，淡路県民局によれば島全体で9616個，うち洲本市内には3131個の農業用ため池が存在しており，兵庫県のため池の数は全国1位となっている．ため池の維持管理のため，農閑期の冬に農業用ため池の水を抜き，堆積した泥を放出する作業のことをかいぼりという．農家が共同で行う伝統的な管理手法であり，ため池を健全な状態に保つ作業である．ため池の泥は山の栄養分を含むため，海に放出することで海苔の品質向上や不漁の改善にもつながる．「森は海の恋人」といわれるように里山海は連関しているが，かいぼりも山と海をつないでいる．

　しかし，農家の減少や高齢化が進み，多大な労力のかかるかいぼりは行われなくなってきた．泥が堆

積し，放置されたため池は，災害時に決壊する恐れがあり，防災上も適正な維持管理が求められる．洲本プロジェクトでは，2013年度から「かいぼり体験ツアー」を企画し，学生や地域住民・企業を対象としてかいぼりを実施している．胴長を着用し泥だらけになっての作業だが学生からは好評で，農家や漁師，淡路信用金庫といった地元企業と，都市部に住む学生の交流機会にもなっている．都市農村交流，地域内での関係性構築という新たな価値を付与する形で，伝統の再創造がなされている．

Ⅳ 豊かな地域の創造を目指して

最後に豊かな地域とはどういうものか，ということを考えてみてほしい．豊かさは，所得やGDPといった経済的な指標だけで測られるものではない．例えば，経済成長の著しい地域であったとしても，遅くまで働いている，通勤時間が長い，家が狭い，自然がない，文化を楽しむ時間がない，福祉や医療に乏しいといった暮らしであったとしたら，それは豊かといえるだろうか．また，経済的な指標の代表としてGDPがあるが，都道府県別にみると，東京都は114兆円，京都府は11兆円と10倍の開きがある（2021年，実質）．さらに1人当たりでは，東京都は813万円，京都府は415万円となる．これをもって，東京都と京都府の暮らしの豊かさが，2倍や10倍違うとはいえないだろう．

『きみのまちに未来はあるか？』という本では，

地域の「根っこ」を育てることによって暮らしを豊かにし，地域の未来をひらくことが，「地域と関わる」ことの意味だと説明する（除本・佐無田2020：viii）．ここでいう「根っこ」は，住民間のつながり（コミュニティ），土地・自然，まちなみ・景観，伝統・文化など，住民の暮らしが積み重ねられる中で形成されてきたものを指す．

地域づくりに学生が関わることは，ここでいう地域の「根っこ」を育てることになる．では，地域にとって真に豊かであるとはどういうことか．座学で知識を得ることに加え，現場の声を聞き，試行錯誤しながら皆さん自身でも考えてみてほしい．

【参考文献】

小田切徳美（2014）『農山村は消滅しない』岩波書店．

櫻井あかね・白石克孝・的場信敬・石倉研（2021）「大学地域連携の発展プロセスと課題解決へのアプローチ法——洲本市の域学連携事業を事例に」『龍谷政策学論集』10(2)．

さんそデザイン編集（2024）『スモトノイキガク！——洲本市域学連携事業10周年記念シンポジウム記録集』さんそデザイン．

鶴見和子（1989）「内発的発展論の系譜」，鶴見和子・川田侃編『内発的発展論』東京大学出版会．

宮本憲一（1998）『公共政策のすすめ』有斐閣．

———（2007）『環境経済学　新版』岩波書店．

除本理史・佐無田光（2020）『きみのまちに未来はあるか？——「根っこ」から地域をつくる』岩波書店．

第22章 地域の力で地元経済を支える

高畑 重勝

政治，経済，文化，人口などが東京に過度に集中するとともに，経済のグローバル化が進展することにより，地方の疲弊が課題となっている．さまざまな地方創生策が行われ，地域経済を再生する取組が進められているが，十分な効果が得られているとはいいがたい．
地方の経済を活性化し，豊かさを取り戻すにはどうすればいいのだろう．この章では，一人の市民として，自らが暮らす地元の経済にどのようにかかわるべきかについて考えていきたい．

I 地元経済の重要性

(1)「#エール飯」の取組

2020年から翌年にかけ，新型コロナ感染症の感染拡大による緊急事態宣言等により，さまざまな経済活動が抑制された．政府も大型の補正予算を組み，中小事業者を支える緊急支援対策をとった．一方，市民の側でも，地域の中小事業者とりわけ，感染拡大防止の観点から営業の自粛などが求められた飲食店について，その営業を支援しようとする動きが現れた．飲食店での食事が制限されるのであれば，持ち帰りにより飲食店の商品を購入し，飲食営業を地域の市民が支えようというものである．なじみの店が廃業しては困る，あの味を守れ，とSNSで飲食店情報を発信し，地域の消費者と飲食店を結び付けた「#エール飯」と呼ばれる取組である．

発案者は大分県別府市の外郭団体に勤務する職員であった．「#別府エール飯」は，飲食店の側，消費者の側の双方から持ち帰り料理の写真にハッシュタグをつけてSNSに投稿することで，双方をつなぎ，飲食消費を促していこうとするものである．2020年3月に，別府市で始まったこの取組は，またたくまに全国に広がり，「とちぎエール飯」「松江エール飯」など，各地で商工会や商店街，自治体が地名を付けた「#エール飯」を始めた．別府での開始後，1カ月余りの時点で，「#エール飯」でgoogle検索すると978万件がヒットした[1]，との報道もあり，全国の数多くの飲食店の営業継続に資するものとなっ

たと考えられる．

飲食店での消費が減少すると，これに支えられる農業をはじめとする原材料の生産や，飲食店従業員の雇用など，地域経済への影響は大きい．店内での飲食の自粛が求められる中，SNSを活用して市民の力で飲食営業を応援した経験は，地元の経済について改めて考える機会になったのではないだろうか．

(2) 地元経済という視点

この「#エール飯」の取組に見られるよう，私たちは，日本経済というただ一つの経済の中にいるわけではなく，多様な歴史と文化に育まれた地域の中で，それぞれの地域経済を営んでいる．けれども，地域経済の余剰は，その生産や消費の過程で，東京を中心とした中央に移され，地域経済は力を失い，地方の疲弊，衰退が進行している．そして，これらを放置することは，地方に息づく豊かな地域経済の生産や消費の可能性を狭め，ひいては日本全体の衰退につながるとともに，地域の人々の暮らしや文化の維持を困難にしかねない．

地方の疲弊を脱し，地域経済の再生や発展を図るには，「地元」の目線，その地域に暮らす人々の目線で，地域の経済循環を考えることが必要である．外部から与えられるのではなく，地元の中から，いわば内発的にその再生・発展の道筋を描くことが重要になる．

客観的に経済現象を取り上げるうえでは，本来は「地域経済」と呼ぶべきところを，本章では，あえて「地元経済」としている．それは，「地元」とい

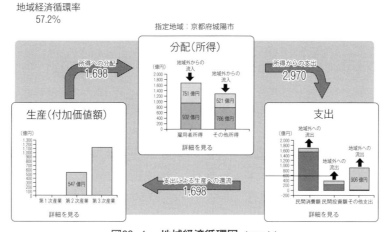

図22-1　地域経済循環図（2018年）
（出所）「地域経済分析システム―地域経済循環マップ―」（resas.go.jp/regioncycle/#/map/26/26207/2/2018/-，2024年8月9日閲覧）．

う言葉が，市民や事業者などの経済主体にとって，もっとも身近で，生活や生産・消費の基盤となる関係性の深い地域を思い起こさせるものであるからだ．ここでは，「地元経済」の範囲を概ね市町村域として考える．

(3) 地元経済の担い手

地元経済は誰が担い，何によって支えられているのだろうか．第一に挙げるべきは，地元企業であろう．企業の役割は，生産や販売を通じて付加価値を生み出すことであり，ここで生み出された付加価値は，その生産に従事した従業員を通じ，家計に分配される．

家計もまた地元経済の担い手である．家計は，財やサービスの購入を行う．地域外から購入する場合と，地域内で行う場合とがあるが，後者の場合は，その消費が更に地域内での新たな生産や販売につながり，経済循環へと結びつく．

また，政府や自治体などの機関もその予算を使って，必要な財やサービスを購入するとともに，規制や助成などの行政機能を生かし，新産業の育成などの産業政策を行い，地元経済を支える役割を持っている．さらには，地域の金融を担う金融機関も，経済循環の支え，地元経済の重要な担い手となっている．

こうしたさまざまな担い手の間で地域の経済活動が行われることにより，新たな需要が生まれ，その連鎖により付加価値が増大し，地域に豊かさをもたらすこととなる．

では，その地元経済の状況はどうなっているのか．概括的に把握する手掛かりになるものとして，次項に示す分析システムがある．

(4) 地元経済の分析

地元経済を分析する方法の1つに経済産業省と内閣官房が提供する「地域経済分析システム（RESAS：リーサス）がある．このシステムを利用すると，全国の市町村単位で，生産・分配・支出の三面から，地域経済循環を把握できる．

ここでは，京都府の城陽市を例に地域経済循環図（2018年）を見てみよう．

図22-1には，生産・分配・支出の三面とその循環が矢印で示されている．左下の「生産（付加価値額）」は域内の総生産高から原材料費などの中間投入を引いたもので，産業の3部門別（第1次～第3次産業）に表示されている．次に，「分配（所得）」を見ると，雇用者所得で，751億円，その他所得（企業所得，交付税，補助金，社会保障給付など）で521億円（各々グラフの薄く着色した部分）が地域外から流入しており，これらは，市外に勤務する勤労者が得た所得や年金などの流入や国からの補助金などによるものである（濃く着色した部分はそれぞれ地域内での所

得）．地域の所得がどのように使われたかについては，「支出」に示されている．民間消費額の一部で薄く着色されているのは，地域外への流出で，市民が市域外で買い物をしていることなどを示している．民間投資額も地域外にその一部が流出しており，地域内企業の移輸出入収支額を示すその他支出についてもその多くが流出となっている．

　図の左上に示された「地域経済循環率」は，生産（＝「所得への分配」に掲げられた額）を分配（＝「所得からの支出」に掲げられた額）で除して算出され，100％を超える場合は，その地域は稼ぐ力が大きく，また，これを下回る場合は，地域の稼ぐ力が弱いものとみることができる（ただし，この数値については，推計を重ねたものであり，地域内取引の実際の内容を反映するものではないとして「地域経済循環率」と呼ぶことについては，批判もある）．

　市町村ごとに示される地域経済循環図を見ると，企業城下町とされる都市や，観光により経済が潤っている都市など，それぞれの特徴が表れていて興味深い．

　ここでは地域経済循環図のみを示したが，RESAS内に格納されたさまざまなデータを合わせ見ることで，より詳細な分析が可能となっている．まずは，自分が生まれ育った町や，気になる都市について，地域経済循環図を見てみることが，地元経済を考える入り口になるだろう．

　産業構造や人口構成などの違いによって，地元経済の状況は大きく異なるが，多くの地域では所得の循環がうまく機能せず，生産，分配，支出のそれぞれの段階で，外部に所得が流出していることが課題であり，また，外部からの所得を増やし，これを循環させていく構造を作ることも課題であると考えられる．

　さまざまな課題を抱える地元経済の再生や活性化を図るには，どのような処方箋が描けるだろうか．主に地域内経済循環の観点から，重要な担い手である企業，家計，金融について，説明を加えたい．

Ⅱ 地元企業による価値の創造と循環

(1) 地元企業の産業連関

　企業は，地元経済の心臓部であり，もっとも重要な担い手であると言える．地元企業が，その生産を拡大するとともに，その生産の過程で地域内の企業に原材料などを発注することにより，産業連関が生まれ，付加価値の増大が得られる．受注した企業はまた地域内の企業へと発注を連鎖することや，製品を地域内でさらに加工，販売することを通じて，さらに付加価値が積み上がり，地域内を循環することとなる．加えて，地域外にこれらの製品を販売することによっても付加価値の増加が得られる．

　地元企業がその生産や販売において，地域内にこうした産業連関を形成することは，地元経済の強化とその活性化に欠かすことができない．

(2) 「地産地消」から「地消地産」へ

　地元の産品を地元の人が消費する「地産地消」という言葉になじみがある人は多いだろう．この地域内での消費という考え方を，逆に生産に視点を転換した言葉が「地消地産」である．「地域で消費しているものを地域でつくろう」．環境ジャーナリストの枝廣淳子は，元新潟県知事平山征夫から教わった言葉だとしている（枝廣 2018：70）．枝廣は，パン屋を例に，地域の需要に見合うパンを地域内で作ることにより，域内経済循環を生むことと併せ，所得の確保ができることから，パン屋という新規事業を通じた過疎地の定住促進にもつながるとしている．過疎地域の地域振興を考えるときに，産業を興し，生産を広げる足掛かりとして地元消費を重視することは理にかなうものであり，計画的に生産と消費を整合させることが必要になってくる．

　「地元で消費しているものを地元で作る」という考え方は，農産品や食品などにとどまらない．他の製造業においても，また，過疎化していない都市においても同様である．

　都市の経済についてジェイン・ジェイコブズは，「かつては輸入していた財を，自力で作る財で置換

することによって，都市がいかに成長し経済的に多
様化するか」「このありふれた当たり前の現実を見
ないために，多くの愚行や浪費が生じ，発展の機会
を失っている」（ジェイコブズ 2012：60）としている．

(3) 地域企業という位置づけ

日本の全企業数の99.7％を占めるのは，中小企業
である．かつては，中小企業は，補助金や低利融資
を通じて守られるべき存在として位置付けられてい
たが，1999年の中小企業基本法の改正を受けて，現
在では，「地域における経済の活性化を促進するな
どの重要な使命を有するものである」（同法第3条）
と位置づけられている．

日本の中小企業には，高い技術力を持つ企業や，
地域資源を高度に活用し，地域に密着した製品を生
み出す企業が数多くあり，地元経済の重要な担い手
となっている．すでに，多くの自治体が中小企業振
興条例を定め，その地域の産業における役割を明確
にしている．また，中小企業に限らず，地域に根差
して事業活動を行う企業を「地域企業」とし，共生
社会の担い手として位置付けている京都市のような
例もある．

こうした中小企業・地域企業の力を，最大限に生
かし，本節で示したような産業連関を強めるととも
に，地域内で必要なものを地域で作る，といった産
業振興の在り方が，地域の経済循環において望まし
い姿であると考えられる．

Ⅲ 家計や企業の消費を地域内にとどめる経済循環の取組

地元経済を活性化させるには，地域内で，お金を
循環させることにより，財やサービスの生産を促す
ことが重要になる．冒頭に示した「＃エール飯」の
事例は，地域内の消費そのものを促したものである
が，独自の通貨を発行して家計の消費を地域内にと
どめようとするデジタル地域通貨の取組が始まって
いる．地域通貨のモデルとなった1930年代の取組か
ら今日のデジタル地域通貨に至るまでを追ってみよ
う．

(1) ヴェルグルの奇跡

1930年代にオーストリアの人口5000人足らずの小
さな町ヴェルグルにおけるできごとである．1929年
にニューヨーク証券取引所での株価の大暴落に端を
発した世界恐慌は，失業を増大させ，物価水準が下
落し，通貨供給量の減少を引き起こした．深刻な経
済状況にあえぐオーストリアのヴェルグルでは，国
の通貨を補完する地域通貨を発行し，地元経済を回
す取組が行われた．

この地域通貨は，ドイツの商人であり思想家とさ
れるシルビオ・ゲゼルの発案による減価する貨幣が
モデルとなっている．ゲゼルは，時とともに劣化す
る穀物や果物と同様に，通貨も劣化すべきとして，
価値が減っていく通貨を考え，これの導入により，
貯め込まれることなく，より早く財やサービスの対
価として人々の間を循環すると主張した．ゲゼルの
こうした考えに共鳴していたヴェルグルの町長は，
労働証明書という地域通貨を発行する．町に土木工
事などの公共事業を起こし，給料の半分はこの労働
証明書で支払った．労働証明書は，1カ月あたり額
面の1％に当たるスタンプ（印紙）を貼らなければ，
額面を維持できず減価していくものとしたため，町
の中を素早く循環し，多くの付加価値を生み，商店
の復興，失業の一掃につながった．この取組は，そ
の後，経済学者らにより調査が行われ，「ヴェルグ
ルの奇跡」と呼ばれるようになった．

この減価する労働証明書（地域通貨）が，危機的
な地元経済を救う結果をもたらしたことから，その
後，このアイデアは形を変えてさまざまな地域通貨
の取組につながっている．

(2) 各地での地域通貨の取組

1980年代に，地元の木材加工業の衰退に伴う不況
から脱するため，カナダのバンクーバー島で始まっ
た LETS（Local Exchange Trading System）は，登録
した会員間で，地域通貨を使って財やサービスを交
換する制度であり，相互の取引内容は，事務局にあ
る台帳に記録される仕組みであった．この仕組み
は，他国にも広がり，イギリス，オーストラリア，
フランス，アメリカなどで取り組まれたが，その多

くが1980年代半ばには衰退していった.

このほかにも,ニューヨーク州イサカ市で,実際に紙幣を発行するイサカ・アワーズやカナダのトロント・ダラーなどの地域通貨が取り組まれた.また,日本国内でも,エコマネーが提唱され（加藤 2000）,このころから全国各地で多様な地域通貨の取組が広がり,一時は650種を超える地域通貨が存在したとされる.

この時期の地域通貨は,一時的に経済的な効果を生んだと考えられるが,その多くが短命に終わっている.終了の要因はさまざまだが,総じて,通貨を発行・運営する事務負担が過大であることと,取組の広がりが通貨発行量に制約されることにあると考えられる.台帳にやり取りを記載する方法,紙幣を発行する方法のいずれも,規模を拡大すれば,管理が容易ではなくなる.

このように日本国内でも2000年頃から隆盛を迎えその後衰退していった地域通貨だが,その意義は決して小さくはない.地域通貨には,その貨幣としての役割を通じた「地域経済の活性化」という目的と,これを使うことで人々の間に生まれるコミュニケーションを通じ「コミュニティの活性化」を図るという目的,の2つの側面があるとされる（西部 2021：198-199）.

「地域経済の活性化」については,通貨発行量に制約されるため,その経済的な効果は限定されてしまうが,「コミュニティの活性化」については,これまで縁のなかった人との相互関係が,法定通貨（円）ではない共感や温もりを得られる地域通貨によって取り結ばれ,高齢者や子どもの見守り活動,地域の清掃などの活動,自転車の修理,犬の散歩まで,さまざまな互酬的なやりとりが新たに生まれるきっかけとなっている.

意義と課題を残した2000年代初めの地域通貨であるが,スマートフォンの普及やデジタル技術の進展により,今日,改めてスマホアプリを活用したデジタル地域通貨が注目されている.

(3) デジタル地域通貨

デジタル地域通貨は,2017年12月に,岐阜県の地域金融機関である飛騨信用組合が始めた「さるぼぼコイン」が始まりと言われる.ユーザーは,事前にスマートフォンのアプリに日本円と引き換えに「さるぼぼコイン」をチャージし,商品等の購入の際に店舗にある二次元コードを読み取り,金額を入力するだけで,決済が完了する.ユーザーにとっても簡便で,店舗側にも高額な端末は不要であることなどから,開始から5年で,ユーザー数3万人,加盟店舗数2000店,総決済額100億円の規模に成長している（2023年5月現在）.デジタル化によって,通貨の発行や管理の負担は大幅に軽減されるとともに,地元金融機関が運営している点から,信頼性も高く,地元行政の参画により市税の納税にも利用できるなど利便性も高い.

こうしたデジタル地域通貨は,キャッシュレス化,行政のデジタル化の進展に伴い,急激に増加しており,その普及や利用の拡大が大いに期待される.

(4) 一人の消費者として

今日,IT技術の進展により,身近な買い物,預貯金やローン,投資など私たちの日常的な経済活動は,グローバルな世界経済と,いわば地続きに結び付いている.地域の特産品をEコマースにより,域外に販売するということも可能であるが,一方では,地域の富の多くが地域外へと漏出している現状がある.端的な例は,書籍販売だ.国内の書店数はこの二十数年の間に半減している.さまざまな要因が考えられるが,ネット通販がその減少に拍車をかけていることは想像に難くない.地元に何も残さない消費を続けることは,結局は私たちの地元経済を棄損し,地方の疲弊を一層進めることにつながりかねない.

域内での経済循環を意識した一人の消費者としての行動が,地元経済を支えるものであることを改めて考えていきたい.

Ⅳ 地域金融機関の役割

前節では,地域通貨について詳しく説明したが,当然のことながら,地元経済の担い手である企業・

家計は実際の経済活動の大部分を法定通貨に依っている．したがって，その資金の流通において銀行やとりわけ地域金融機関の役割は重要である．地域で集められた預金をもとにした資金が，どのように地域の産業や経済に循環するのか，地元経済を考える上で重要なポイントになろう．

銀行等には大きく3つの機能があるとされる．その1つは信用創造であり，銀行が，預金を元手にした貸出しを繰り返し行うことにより，銀行全体として，最初に受け入れた預金額の何倍もの預金通貨を生みだすことをいう．2つ目に，金融仲介，すなわち融資である．資金を必要とするところへの貸出しである．3つ目に，資金決済機能であり，公共料金の口座振替やクレジット代金の引き落としなどがその機能とされる．

加えて，近年は，地域金融機関を中心に，融資や決済サービスなどの従来の金融の枠を超えた，新たなビジネスモデルづくりへの参画や，地域コミュニティの活性化などに協力する金融機関が増えている．古民家再生による地域まちづくりへの投融資(東京都　朝日信用金庫)や，カバンの町豊岡のブランディングを伴走型で支援する取組(兵庫県　但馬信用金庫)などユニークな取組が展開されている(山口・江口 2020：36-47；58-69)．

こうした創造的な地域とのかかわりが，地元経済を活性化させ，経済の好循環を生み，地域コミュニティ活性化にも資することが今後も期待される．

 Ⅴ　改めて考える地域経済循環

ここまで，地域経済循環の観点から，地元経済の主要な担い手である企業，家計，金融について考えてきた．私たちの暮らしに直結する地元経済は，地元で働く多くの勤労者や地元の企業が生み出した価値からなるものであるが，これらの価値は，IT技術の進展や経済のグローバル化により，容易に流出する危機にさらされている．

本章ではエネルギー消費にともなう価値の流出について言及できなかったが，これを含め，地元に暮らすすべての消費者，生産者，投資家，政策担当者のそれぞれの小さな選択が，地元の価値の分配に関わっており，地元経済の行方にもつながっている．

まずは，私たちに身近な地元経済の状況をしっかり把握することから始め，地域の活性化や豊かな地域の未来，地元経済のこれからについて考えるきっかけにしていこう．

【注】

1) https://foodfun.jp/archives/6391，2024年8月9日閲覧

【参考文献】

枝廣淳子 (2018)『地元経済を創りなおす』岩波書店．
岡田知弘 (2020)『地域づくりの経済学入門：増補改訂版』自治体研究社．
加藤敏春 (2000)『エコマネーの世界が始まる』講談社．
河村厚徳ほか (2011)『エンデの遺言——根源からお金を問うこと』講談社．
ジェイコブズ，ジェイン (2012)『発展する地域　衰退する地域』(中村達也訳)，筑摩書房．
西部忠 (2021)『脱国家通貨の時代』秀和システム．
日本政策投資銀行・価値総合研究所 (2019)『地域経済循環分析の手法と実践』ダイヤモンド社．
山口省蔵・江口晋太朗 (2020)『実践から学ぶ地方創生と地域金融』学芸出版社．

第23章 山間地域の衰退問題の取組から考える

内田 恭彦

ソーシャル・イノベーションは社会課題のイノベーティヴ（革新的）な解決とされる．しかし少し考えると「ソーシャル」の意味が曖昧なことが分かる．今日のネットワーク社会の根幹を作り上げたマイクロソフトやインテルのイノベーションは社会を大きく革新したので社会課題のイノベーティブな解決とも考えられるが，一般的には，貧困問題，格差問題，地球温暖化問題などを指し，同一視すると違和感を覚える．また，ソーシャル・イノベーションとイノベーションに違いがあるのか否かも曖昧である．そこでソーシャル・イノベーションとは何かということを山間地域の衰退問題という社会課題とその解決に向けての芦生わさび生産組合（京都府南丹市美山町）の活動を取り上げ，検討する．

I 山間地域の衰退の原因

今日山間地域では人口流出により，人口減少や高齢化が進み，村落の維持が困難な限界集落が増えている．こうした山間地域の衰退は，国土保全，食糧安全保障などにも大きな影響を与えている．山間地域の主要産業はこれまで林業と農業などの一次産業が中心であった．そこで若者中心に人が都市に流出していった原因を検討するために戦後の行政投資，および産業政策を確認する．

(1) 行政投資

山間地域はなぜ衰退したのか？　最大の要因は政府の投資が戦後都市に長らく集中したことだ．内閣府の「選択する未来」委員会 (2016) では，「地域間格差が生じた大きな要因は，高度成長期に生じた地方部から都市部への人口移動であったと考えられる．戦後復興期に大都市圏への産業基盤整備が重点的に行われた結果，企業や行政機関，教育機関などが大都市圏に集中し，特に，地域間の成長・発展力に格差が生じ，若年層を中心として地方から都市に流入する．そうして生じた地域間格差と都市の過密化，地方の過疎化に対処するために，その後，地方部の産業基盤整備が進められることとなった」とする．1970年度初頭までに先行して投資された都市のインフラが充実し，それにより生産性の高い近代産業が発展し，労働力が必要となり，それにより地方から人が集まり，それが経済規模を拡大し，更なる投資を促し，都市と地方の成長・発展力に格差ができ，都市の過密化・地方の過疎化が生じたということである．そして地方の中でも山間地域は大都市との格差がより大きく開いてしまい，若い人を中心に都市に流出したことが衰退の主要な原因の1つなのである．

(2) 林業の衰退

行政投資額の少なかった地方の山間地域はインフラ整備などで都市と大きな格差が生じ，従来の林業及び農業がそのままとなった．まず林業であるが，林野庁 (2014：24-35) は平成25年度森林・林業白書において日本の森林整備を巡る歴史を記している．その内容を山間地域の衰退との関係でまとめると次のようになる．

第二次世界大戦後，主要都市の戦災からの復興のために木材が大量に必要となったことから，戦中・戦後を通じて大量の森林伐採が行われ，日本の森林は大きく荒廃し，供給が需要に追いつかず価格が高騰した．この状況から木材の増産と輸入への要求が高まり，広葉樹林伐採後の跡地に針葉樹が植えられて行くこととなった（拡大造林と呼ばれた）．そして1960年頃（昭和30年代）に都市と農山村の所得格差が顕在化したので，政府は拡大造林等を拡大し，森林生産力の増強を図ると共に，機械化の推進，路

網密度（公道・農道・林道等の一定区域内における密度）向上，優良種苗の確保等による生産性の向上を図り，さらに木材の輸入拡大を進めた．これにより安い輸入木材が国内で流通するようになり木材価格が下落して行くが，政府の補助もあり1970年頃（昭和40年代半ば）まで拡大造林が増えていった．しかし1971年から急激に面積が縮小していく．木材需要の頭打ちが原因である．さらに1985年以降の円高で輸入木材の国内価格が低下し，加えてバブル崩壊以降の長期景気低迷により国内林業は停滞していったのである．そうした中，国は国土保全と地球温暖化ガスの吸収など森林の多面的機能に関心を向け，森林維持に注力していった．こうした経緯から国内林業は小規模零細な森林所有者と植林や伐採を行う森林管理者に担われ，路網整備，機械化が立ち後れ，それにより生産性が低い状況にある．木材価格も低迷する中，森林所有者の林業に対する関心は低下しており，相続等に伴い経営をあきらめる者が増加するようになった．

上記は白書の要約である．しかし現在では10年以上の円安で，日本の木材価格は輸入物より安くなっている．だが品質および量の安定性の問題（注文してもキャンセルや，納品遅れが発生すること）から輸入木材を企業顧客が選択している．長い低迷期の下，日本の林業は設備投資や技術革新，業界全体の構造改革が出来ずに競争劣位となっているのだ．

（3）農業の低生産性

資本蓄積が少なく脆弱なインフラの山間地域では，林業以外の可能な産業として考えられるのが農業である．

第2次世界大戦終了前，都市中心に食料が不足していた．そこで政府は食糧管理法を1942年に制定し，国家統制の下での米などの配給制を導入した．これが戦後も引き継がれる．農林水産省農村振興局（2020）の「農村政策を中心とした戦後農政の流れ」の内容をまとめると，戦後から1970年までは農村の民主化（小作農をなくし多数の小規模自作農を創出すること，そうした零細経営の不利を解消するために農業協同組合を整備），食料難の解消に向けた食糧増産（収量

増を目的とした品種改良，肥料増産，機械設備の導入，農地の改良・開発・保全），農業従事者の所得向上，近代農業者の育成がなされた．品種改良についてであるが，例えば高度経済成長期頃までの米の品種改良の目標は自給のための「多収性」で，美味しさの追求については1970年代に入ってからのことなのである（Kato 2020）．また，農家が化学肥料・農薬・機械などを購入するのに必要なお金は，農家の兼業化（会社員になりながら農業も続けること）により捻出された（経済企画庁 1956）．零細農家が中心の日本の農業では，農業協同組合の効果も限定的で，また価格が抑制されていたこともあり，専業農家として成り立つことが困難な状況だったのである．農業協同組合の効果が限定的であった理由として，農業協同組合は本来的には農村の民主化と協同が目的で作られたものの，戦時統制団体としての農業会を引き継ぎ，主要食糧の国家統制を担う統制団体（経済役場）として急ごしらえされた（田代 2019）側面が強かったのである．

その後1970年代後半からは，米価抑制政策などから農家の半数以上が第2種兼業農家（農業所得を従とする兼業農家）となり，農業従事者が高齢化し，農業の脆弱化が進んだ．そうしたことから政府は中山間地域への補助金などの投入を行い，加えて輸入自由化への対応も行った．

まとめると，山間地域の衰退は戦後の都市化政策が作り出した負の側面だということである．行政投資は都市に集中し，林業は林業政策による近代化の遅れと輸入により低迷し，農業では都市の需要を低価格で満たすことには成功したものの，米価抑制や都市と地方の生産性の問題から地方から都市へ人口が流出し，山村地域が衰退していったのだ．

一方で日本全体として都市化政策のメリットを捨てるわけにはいかない．そうなるとこれからは都市を土台とした日本の社会システムを保持しつつも山間地域の第一次産業の生産性を圧倒的に高めるのが必要となる．それを山間地域に残った高齢者が，脆弱なインフラの下で行わなければならない状況にある．

ここに社会課題とは何かということが見えてく

る．それは社会を発展させるための政策や経済活動等により，その恩恵を受けられない，もしくはマイナスの影響を受ける人や地域が生じてしまうことである（都市化政策による山間地域の衰退問題等）．こうした社会課題の背景には，原因となる政策等のメリットを享受する大多数の人や地域が存在し，単純にそうした政策などを廃止すればよい，というものではない．ここに社会をイノベーティヴ（革新的）に解決すること，すなわちソーシャル・イノベーションが求められる理由が存在する．

Ⅱ 芦生わさび生産組合の挑戦

(1) 美山町芦生集落の現状

京都府南丹市美山町の芦生集落は滋賀県と福井県の県境にある山間農業地域にある世帯数23，人口44人の集落である（南丹市住民記録世帯集計表令和6年5月）．山間農業地域とは農林水産省の定義では，林野率80％以上かつ耕地率10％未満の市区町村及び旧市区町村のことである．この集落は社会的共同生活ができないレベルである限界集落（大野 2008）まではいかないが，人口減・少子高齢化に直面している．戦後は林業が発展し，それとともに集落も栄えたのだが，外国からの木材輸入に押され衰退していき，人口も減少に転じている．

同集落には農地に適した土地がほとんどないことから，1963年に美山町からの補助を得て，芦生なめこ生産組合（現在は有限会社芦生の里）が作られた．きのこを栽培し，森で採れる山菜を加工し販売したのである．これが成功し例えば蕗（ふき）は地元産では間に合わず，能登から仕入れて対応するようになった．そうして芦生集落の経済的基盤を提供するようになったのだが，その後大きく発展するには至らなかった．

そうした中，1965年に関西電力が同集落の奥にある，京都大学の芦生演習林（現：芦生研究林）内にダム建設計画を発表した．美山町は賛否をめぐり議論し，最終的に同計画に反対を表明し，2005年に計画は撤回されたのである．2021年9月および2022年12月に行った筆者の集落住民へのインタビュー調査で

明らかになったことは，芦生集落がダムの安全性の問題，そして提示されたリゾート推進計画内容に対して強く疑問を抱き，それが理由で反対したということである．これは外部からの投資による発展を町および集落が拒否したことになる．

美山町は内発的に発展していく道を選び，芦生集落では京都大学の研究林内の森のツアーガイドと宿泊などの事業を行うようになっていった．現在芦生は有限会社芦生の里，宿泊施設（芦生山の家）および京都大学芦生研究林が同集落の雇用を支えている（石原・赤石・坂野上 2023）のであるが，少子高齢化の流れを抑えきれてはいない．

(2) 芦生原生林

京都大学フィールド教育研究センター芦生研究林は，1921年に京都帝国大学（現在の京都大学）が芦生など9集落の共有林の一部を借りて，「芦生演習林」を作ったのが始まりである．その一部にはそれ以降殆ど手つかずの区域があり，原生な森の様相を残していることから，地元で「芦生原生林」と呼ばれている．また非常に多くの植物が存在することで有名である．

(3) わさび祭りと葉わさびの醤油漬け

この地域は歴史的に狩猟や採集などの山の恵みで生活を営んできており，そうした中から独自の文化が発達してきた．その1つが「わさび祭り」である．柳田國男が1937年に編集した『山村生活の研究』の「49. 祭前の慎み」（大藤 1937：400-401）でも取り上げられている．これは正月から4月10日（旧暦3月10日）まで芦生集落の人々がわさび断ちをし（食べないこと），芦生熊野権現神社で熊などの山の恵みと猟の安全を神様に祈願するもので，わさび祭りが終わると皆で葉わさびのしょうゆ漬けを食べるというものである．数百年前から続いており，古来の山岳信仰の姿を色濃く残しているものである．

この葉わさびのしょうゆ漬けが大変美味しい．同集落の方に伺うと，「いつできたのかは分からないけど，レシピがあってそれを代々引き継いでいる」とのことである．一方で「芦生の森一体では自生の

葉わさびがいくらでも採れたのだが，1990年頃から鹿に食べられ，今日では採れなくなった」ことから，わさび祭りの継続のために「芦生わさび生産組合」を結成した，ということである．

(4) 京・美山　芦生原生林　葉わさびの醤油漬けプロジェクト

芦生わさび生産組合は，育てた葉わさびでの事業化の検討を始めていた．これは同集落に若い人が移住してきてくれるための経済的基盤を築くためであった．そこで筆者と京都大学フィールド科学教育研究センターの石原芦生研究林長で，「森と里の再生学」に関する研究の一環として，わさび祭りで作る葉わさびの醤油漬けの商品化を提案した．その際に商品名を「京・美山　芦生原生林　葉わさびの醤油漬け」に，商品の特徴として①芦生原生林近くで栽培された葉わさびの使用，②わさび祭りで用いる葉わさびの醤油漬けの活用，③新春の新芽のみ使用，④美山町出身の京料理人による監修，とした．「京・美山　芦生原生林」という地域資源ブランドを冠し，先の4つの特徴を訴求することで，地域と商品の独自性を強調し，従来この地域で製造・販売されていた農産加工品よりも付加価値の高い商品にすることを企図した．

商品開発では，監修の京料理人に芦生のわさび祭りで使われるレシピを基に作り方を提案してもらい，芦生わさび生産組合の人々と共に改良を重ねた．また他地域で販売される葉わさびの醤油漬けを集め，価格・味・原材料・パッケージなどを調べたところ，3つの価格帯があることが分かった．最低価格帯は農家が道の駅などで販売し，200〜300円／100gで田舎を強調するものである．中価格帯は500〜700円／100gで地方の食品メーカーが製造・販売し，様々な原材料を使い独自の味付けをしていた．高価格帯は3本セットで5000円のものであった．冷凍するとわさび本来の辛さが残ることもわかった．

こうした知見から，「芦生原生林」のイメージにあうように人工添加物を使わず，伝統あるわさび祭りのレシピに基づき，芦生原生林近くの圃場で栽培

写真23-1　販促用チラシ

した質の良い葉わさびを用い，京都の食文化である出汁を加えアレンジし，美味しさを高めるために冷凍にし，地域性豊かで高品質な製品に作り上げた．

(5) 価格を巡る議論

価格については様々な意見が出てきた．筆者からは，冷凍用の入れ物や保冷剤費用や，若者移住者の経済基盤確立のために最低でも600円／個にしたいとの提案をしたのだが，500円でも売れないよ，という声が地元の人から上がった．これまでの経験から判断したのであろう．しかし今回は600円で強くお願いした．低価格で販売しても，地域の発展につながらない，と考えたからである．

(6) テスト販売と購入者アンケート調査

2020年9月19日から22日の4日間の予定で，241個をテスト販売することになった．場所は道の駅「南丹市美山ふれあい広場」の一角である．その結果驚くことに，2日目の午前中にはすべて売り切れてしまったのだ．

この販売実験では購入した人にアンケート調査をした．後日分析したところ興味深い結果が明らかになった．この商品のイメージはチラシ情報（**写真23-1参照**）などから「自然品質（葉わさびの品質が良さそうで自然の恵みや昔の日本の良さを感じさせる）」，「理想地域性（この地域の特徴的なもので，地元愛を感じさ

せ，自然と農村の持続的な共存に役立つ）」，「地域特産性（一般のお土産より美味しそうで，この地域でしか買えない，この地域のもの）」の３つが形成されていた．そして「自然品質」と「理想地域性」という商品イメージは，チラシ情報や回答者の原生林に対するイメージから形成されていたが，「地域特産性」はそれらとは関係がなかった．地方観光のお土産としてではなく，チラシ情報から自然品質や理想地域といった都市にはない商品イメージを形成した人々が主に購入していたのである．

(7) その後の展開

テスト販売以降芦生わさび生産組合には４つの動きが生じていた．第１は生産・売上の数量を伸ばしていることである．2020年度に約250個作りテスト販売で売り切ったのだが，本年度（2024年）には850個を作って販売努力している．第２は圃場を拡げていることである．学生やボランティアなどと共に整備し，拡張し，生産量を増やしていた．第３は新たな販路開拓が進んでいることである．オープンしたての美山町内の良品を販売する店，地元の宿，美山町観光 PR の一環として行う展示会，南丹市のふるさと納税の返礼品などである．新しい販路を獲得し，成功に向かっていることが伺える．第４は販売価格である．販路を拡げたのでマージン支払いが必要になったので800円としていた．

Ⅲ 都市空間に立ち現れるさまざまな魅力や課題

ソーシャル・イノベーションとは何かを検討するために，典型的な社会課題である山間地域の衰退問題を見てきた．そして山間地域の衰退は，戦後の荒廃から日本を立ち治らせ，私たちに多大なメリットをもたらす都市化政策の負の側面だということが明らかになった．ソーシャル・イノベーションが対象とする社会課題は，その社会を築いてきたことから生まれる負の側面だとすると，社会課題の「社会」の意味が明確になる．またソーシャル・イノベーションを「社会」課題のイノベーションとすると，

通常のイノベーションから限定されたものとなる．芦生わさび生産組合の事例からは，都市化の恩恵を享受できなかった人々による，都市化の影響を受けなかった自然や伝統の活用による課題解決が鍵である可能性が見えてきた．一般に都市化により上位の都市と下位の地方という概念構図が構築されてきたのだが，芦生地区の課題解決の解は，最も都市化されていない原生林や伝統などの提供であった．ここには単なる非都市的なものの提供ということだけではなく，その奥には先の概念構図の破壊と再構築がある．すなわち上位であった都市が下位であった地方に魅力を感じており，先の上位と下位が逆になっているのだ．こうした社会課題の内に存在する概念構図の破壊と再構築こそがソーシャル・イノベーションの本質と考えられるのである．

【参考文献】

石原正恵・赤石大輔・坂野上なお（2024）「美山町と芦生の概要」，石原正恵・赤石大輔・徳地直子編『「大学の森」が見た森と里の再生学──京都芦生・美山での挑戦』京都大学学術出版会.

内田恭彦（2024）「地域資源ブランドによる農産加工品の高付加価値化」，石原正恵・赤石大輔・徳地直子編『「大学の森」が見た森と里の再生学──京都芦生・美山での挑戦』京都大学学術出版会.

大野晃（2008）『限界集落と地域再生』京都新聞出版センター

大藤時彦（1937）「49. 祭前の慎み」，柳田國男編『山村生活の研究』民間傳承の會.

田代洋一（2019）「総合農協つぶしに抗し新たな共同体を作れ」『農業協同組合新聞』10月24日.

＜ウェブサイト＞

加古敏之（2006）「日本における食糧管理制度の展開と米流通」，危機に瀕する世界のコメその２─世界の学校給食とコメ消費：日・米・台湾・タイの現状と可能性 平成17年度 第11回世界のコメ・国際学術調査研究報告会・シンポジウム No.16255012 2006（http : // worldfood. apionet.or.jp/kako.pdf，2024年6月7日閲覧）.

Kato, Kyoko（2020）「稲の品種改良の歴史と今」（Public Relations Office Government of Japan HP, https://www.gov-online.go.jp/eng/publicity/book/hlj/html/202011/202011_03_jp.html, 2024年10月15日閲覧).

経済企画庁（1956）『昭和31年　年次経済報告』（https://www5.cao.go.jp/keizai3/keizaiwp/wp-je56/wp-je56-020402.html, 2024年6月7日閲覧).

選択する未来委員会（2016）「選択する未来――人口推計から見えてくる未来像――『選択する未来』委員会報告　解説・資料集」（https://www5.cao.go.jp/keizai-shimon/kaigi/special/future/sentaku/index_pdf.html, 2024年6月7日閲覧).

農林水産省農村振興局（2020）「農村政策を中心とした戦後農政の流れ」（https://www.maff.go.jp/j/study/nouson_kentokai/attach/pdf/farm-village_meetting-3.pdf, 2024年6月7日閲覧).

農林水産省HP（https://www.maff.go.jp/j/nousin/tyusan/siharai_seido/s_about/cyusan/index.html, 2024年5月22日閲覧).

林野庁（2014）『平成25年度森林・林業白書』（https://www.rinya.maff.go.jp/j/kikaku/hakusyo/25hakusyo/190411_6.html, 2024年6月7日閲覧).

第24章 まだ見ぬ自分が社会を変える
──ソーシャル・イノベーションの理論と実践──

大石 尚子

　人新世に生きる私たちには,これまでの成長至上主義からのパラダイム転換が求められている.キーワードとなるのは「ソーシャル・イノベーション」.その理論と実践を,世界の事例や筆者の取り組みを紹介しながら解説する.
　人間が生きる上で欠かすことのできない衣食住.マハトマ・ガンジーは,これを共同作業の中で自ら作り出すことを通じて,人間は民主主義の作法を学び,自立的な地域社会を形成することができると説いた.このことは,私たちに今のグローバル化に対峙するヒントを与えてくれている.

I　人新世時代に生きる

　この十数年で,明らかに自然災害の頻度もその規模も増している.最近は,鳥インフルエンザや豚熱といった家畜伝染病が拡大し,食料安全保障を脅かす.新型コロナウイルスのパンデミックは,これまで人間が人間社会を形成してきた術をすべて奪った.こうした現象は,自然が起こしているのではなく,物質至上主義的な私たちの経済活動,つまり,大量生産大量消費大量廃棄という,私たちの暮らし方に起因する.これが地球規模の環境負荷をかけ,気候変動を引き起こす.

　私たちは今,人間の活動が地球システムに影響を及ぼす時代,「人新世」に突入していると言われる.「人新世」とは,人類が生態系や気候に大きな影響を及ぼすようになった1950年前後以降を,かつての小惑星衝突に匹敵するほどの地質学的な変化を地球に刻みこむ新たな地質時代区分として提唱されているものである(石坂 2020:1).「人新世」にこめられているのは,地球は宇宙に統合され,安定したシステムを形成しているにもかかわらず,今は人間活動によって,それが不可逆的な影響を受けつつある,ということである.

　私たちが人新世に生きていることを裏付ける概念としては,プラネタリーバウンダリーが挙げられるだろう.プラネタリーバウンダリーとは,例えば,気候や生態系などが本来持つ回復力が限界点を超え

ると別の均衡状態へ不可逆的に移行するという,地球の機能を制御する様々なシステムが人類の望まない状態に急変しうる生物物理学的限界を示すものである.9種類の限界値を設定し,その限界度を,地球安定圏内(安全),不安定な領域(リスクの増大),不安定な領域を超えている(高リスク)と3つの領域に分けているが,中でも,すでに高リスク圏に達しているのが,気候変動,生物多様性損失率,土地利用の変化と窒素及びリンによる汚染である.これらは,すべて農薬・化学肥料の大量投与,高大な森林伐採,高大な農地で単一作物を生産するモノカルチャー農業といった,利益・効率追求型の工業的大規模農業の増大が原因となる.

　工業的大規模農業は,環境に負荷をかけ自然資源の枯渇と環境破壊を招いた.大規模化は生産スピードを上げ,効率化して安価な商品をつくるためである.そして産品の寿命を短くすることによって消費サイクルを早くして利潤を上げようと企業は努力する.できるだけ安価なものを消費者が望むから,効率化してコストダウンするためにこうした大量生産大量消費大量廃棄の生産システムは維持されたままになる.地球の危機は,私たちの暮らし方が引き起こしたものに他ならない.

　これまで人類が経験してこなかったような時代に私たちは生きている.それを解決し,持続可能な社会を実現するためには,これまでなかったような手法やシステムを創り出す必要がある.そこで今求められているのが「ソーシャル・イノベーション」で

ある.

Ⅱ 求められるソーシャル・イノベーション

(1) ソーシャル・イノベーションとは

ソーシャル・イノベーション（社会革新，以下SI）とは，イノベーションから派生した概念とされる．Innovationのnovaはラテン語で「新しい」という意味である．Inは「内へ」であるから，Innovateは，「何かを内側から新しくする」という意味になる．イノベーションの概念は，20世紀初頭に活躍した経済学者ヨゼフ・シュンペーターが提唱した．シュンペーターは，イノベーションを「社会に新たなサービスを提供し社会的発展を促進すること」と定義し，新たな価値を創造する起業家精神の重要性を指摘した．

イノベーションという概念が生まれた20世紀初頭は，世界が資本主義社会へと発展していく一方，アメリカは資本主義の行き詰まり，世界恐慌という危機に直面しようとしていた．恐慌をいかに乗り越えるか，社会的変革が求められていた．シュンペーターは資本主義のダイナミズムとして，新たな生産方法の開発，組織改革，市場開拓等により需要が巻き起こされることによって経済発展を導くとし，その担い手である企業家の重要性を説いた．

アメリカでは，1960年代後半以降，公民権運動や反戦運動，そして消費者問題・環境問題に対する市民運動が活発化する．その中で，そうした社会的問題について，大企業へ社会的責任を追及する動きが広まり，同時に自らもその解決に取り組むユニークなビジネスが生まれた．谷本は，ここをアメリカにおけるソーシャルビジネスの起点とし，SIと関連づけて論じている（谷本 2009：33）．

(2) ソーシャル・イノベーションの定義

SIは経済学や社会学，経営学を中心としたさまざまな学問分野で定義されているが，国際的に認められた一義的な定義は存在しない．民間や行政といったセクターや段階や規模によってもその捉え方は多様である．ただ共通する要素としては，語源に起因する「新しさ」や「独創性」，ソーシャルという言葉に由来する「社会的課題解決」，「社会的価値創造」が挙げられる．日本で先駆的にSI教育を実践した今里滋は，SIは社会的価値の創造にとどまらず，それがいかに社会に恩恵をもたらすかが重要であるとし，次のように定義づけている．「独創的で革新的な概念や手法によって，社会的課題を解決し，および・もしくは，社会的価値を創造することで，社会の幸福度や機能性を増進する人間活動ないしその成果」．以下に示す，欧州連合が採用している世界で最もスタンダードな定義（Baglioni 2020）においても，SIの社会的インパクトを重視している．

> （ソーシャル・イノベーションとは）新しい解決法——製品，サービス，モデル，市場，プロセス…——であり，それは（既存の解決策よりもより効果的に）社会ニーズを満たすと同時に，新たな，あるいはより良い能力や関係性を生み，資産や資源のより良い使い方につながるものである．言い換えれば，ソーシャル・イノベーションとは，社会に良いだけではなく，社会の行動能力を高めるものである（Murrary et al. 2010）．

ウェストリーは，「個人がシステムと出会うところから，ソーシャル・イノベーションは始まる」（ウェストリー 2008）と述べている．ある個人が，隣人の見過ごされてしまうような困りごとに気づき，自分事として解決しようとするところにSIの起点があるということである．その気づきが社会的ニーズを的確に捉えている場合，目的は個人的なものから，社会的なものへと展開されていく．ローカルにとどまるのではなく，新たな社会的価値として世間に認知されるものとなっていく．これがSI醸成のプロセスである．つまり，SIの起点には，困っている人を助けようとする人間の良心があるということだ．今里は，ハーバート・スペンサーの社会的進化論を引用し，「人間の幸福度（Human Happiness）を高めるために有機体として社会は進化する」とし，「良心に則って善を追求する人間の本性」にSIの源流を求めている（今里 2010）．

（3）ガンジー自立の思想とソーシャル・イノベーション

前節で述べたように，今の人間社会は危機的状態にある．超消費社会における巨大サプライチェーンの生産システムは，環境破壊だけでなく，人間社会をも破壊する．利益はごく一部の個人投資家や消費者のふところに入り，結果，貧困に追いやられるのは生産者と大衆である．大多数の消費者は，不況で生活も苦しいのでできるだけ安いものを購入しようとする，皮肉にも，その選択によって，自らの首をしめることになる．こうした格差と貧困の状況は，人間の歴史の中で繰り返されている．

産業革命以降，独占資本主義が台頭していく中で，犠牲となったのは列国に支配された農村である．その支配は強固で，誰もがその支配システムを変革することは不可能と思われた．しかし，その不可能を実現した人物がいる．インドを独立に導いたマハトマ・ガンジーである．産業革命が起こったイギリスでは，原材料の供給源としてインドを植民地化し，自国の綿産業開発のために，インドから綿を収奪するだけでなく，そこに生きる人々の生きる術としての仕事までも奪っていった．ガンジーは，貧困にあえぐ農村の惨状を目の当たりにした．そして，貧困にあえぐ農民が支配から脱するためには，まず生きるために欠かせない衣食住を自ら作り出す仕事を取り戻し，精神的経済的に自立する必要があると考えた．イギリスに奪われた綿産業を農民の手に取り戻すため，農民たちに糸紡ぎを復活させ，皆が生きていくために必要な衣食住の知識と技術を身につけさせ，そうした自立自給を実践するコミュニティを形成していった．ガンジーが願ったのは，国家としてインドの独立というよりも，農村に生きる人々が，幸せに暮らすことのできる社会を実現することであった．

ガンジーは，インドがイギリスによって植民地化されたことを次のように説明している．

イギリス人がインドを占領したのではない．私たちがインドを彼らに差し出し，引き止めている．彼らの銀貨に目がくらんで，彼らに手を貸し，彼らの品物を買ったのは誰であったか．まぎれもなく我々である．金持ちになろうとして，両手を広げて彼らを迎えいれたのだ（ガンジー 1999：21）．

この言葉は昔の話として片づけられるだろうか．

超消費社会となった今，生活に必要なものを自らの手で作り出すという行為は，人の生活の中から消えてしまった．特に，産業革命がおこるきっかけと言われる衣の生産については，想像すらできないであろう．人間生存の根源的要素である衣・食・住．これを自ら作り出す術を備えている人間がどれほどいるだろうか．ガンジーが，糸車を平等・平和・自立の象徴としたのは，糸紡ぎが，特別な技能や力を必要とせず，身体の弱い者でも土地を所有しない者でも，誰もができる生産行為であり，生命維持に不可欠な衣を自らの手で作り出すことを可能にする道具だからである．「機械による大量生産ではなく，自分の手で，自分たちが生きていく上で必要な食糧や衣類を生産し，使用すること」によって，自立することが可能になる．さらに，人々は限界を知り，競争ではなく協力するようになり，「スワラージ」（自治）が実現すると説いたのである（ガンジー 1999）．

生産する力を奪われた人間は支配されるしかない．生きる為に必要不可欠な衣食住を，自らの手で生みだす術を持つこと，すなわち自給自足の力を培うことで，人は支配から逃れ，自立して生きることを可能にすると説いた．誰もが思い付かなかった考え方と実践は，インド全土に広げ，ついには誰もが不可能と考えていたイギリスからの独立を成し遂げたことは，人と自然，人と人との結びつきを捉え直す，根源的なソーシャル・イノベーションであったと言える．

Ⅲ　ソーシャル・イノベーションの実践

（1）ファストからスローへ——伝統食の保護から世界平和を目指すスローフード運動

先に述べたように，自然災害やパンデミックでグローバル・サプライチェーンの脆弱性が露呈し食料

安全保障が揺らいでいる．一握りの多国籍企業のグローバル・フード・サプライチェーンの支配によって，世界の90%以上を占める小規模農家の大部分はそうした農地を失い，貧困状況に追いやられている．ガンジーが地域の自立を目指そうとした状況と重なり合う．大量生産大量消費大量廃棄のシステムを変革し，食と農と自然がつながる持続可能なフードシステムの実現が求められる．そのためには，消費者が，食事や食材を通じて，誰しもが農業や農村との繋がりを持ち，分断された人と農の関係性を再構築していくことが欠かせない．

このグローバル課題に対峙すべく，イタリアの小さなまちで立ち上がった市民サークルがあった．アルチ・ゴーラ，後のスローフード協会である．

もともと，鉄鋼業が盛んで組合組織の強かったイタリア・ピエモンテの山間部にある小さなまちブラに，地元の伝統的食材やワインなどを楽しむ「アルチ・ゴーラ」という美食の会があった．1986年，グローバル経済がヨーロッパ地方にも押し寄せ，イタリアの農業もその影響を受けていた最中，ローマの中心地スペイン広場にファストフードが出店することとなり，イタリア全土で反対運動が勃発した．アルチ・ゴーラの会長であったカルロ・ペトリーニとその仲間は，その抗議のためにスペイン広場でトマトソーススパゲティの炊き出しを行い，「スローフード宣言」を行ったのである．伝統食と生産者を守っていくことを目的として「スローフード協会」を設立した．

ペトリーニがイタリアの食の危機を感じたのは，贔屓にする地元レストランで郷土料理を食べた時だった．ペペロナータ（パプリカ料理）を注文したところ，パプリカが本来の味がしないことに気づいた．イタリアは南北に長く，海に囲まれ，沿岸地域から内陸地は山脈が走る．多様な気候，地形によって育まれる食材は多種多様で豊かな食文化を誇る．パプリカは，ピエモンテを代表する産品であった．しかし，その当時，イタリアの農業の衰退は著しく，海外から安価なパプリカが大量に輸入されていた．イタリアの誇りである地域食が消えてしまう．そんな危機感を抱いた．

アメリカのファストフードに対抗して生まれたこの運動は，伝統食の無駄を省いた合理的生産や利潤追求による大量生産・大量消費，スピードと効率性を求める「ファスト」な現代の人間の生活様式を見直し，食の歴史，地域性，文化性，そしてそうした食を支える生産者を支援することによって，生物多様性と食の主権を保護するものであった．小さな村で生まれたローカルなサークル活動は，国際NPOへと進化し，今では，欧州連合や国連のプロジェクトに参画し，第三世界の食の主権や生物多様性保護と世界平和を目指す活動に発展している．

代表的な活動は，2年に一度開催される食の祭典「Salone del Gusto（「味のサロン」という意）」．世界中の地域食を守る生産者と消費者がつながる場である．食の国際会議「Terra Madre（「母なる大地」という意）」も同時開催され，研究者，生産者，ジャーナリスト，公務員，活動家，学生など150カ国以上から集まって世界のあらゆる食の問題について議論する．

生物多様性の保護の取り組みに，「味の箱舟」「プレシディオ」がある．世界の絶滅危険種や希少な種を認定することで，伝統的生産方法や加工技術の保存，そして生産者の支援活動を行っている．また，人材育成については，食科学大学，大学院を設け，食の加工の実地研修から，食にまつわる社会科学的研究も行い，学生も，社会人や生産者，料理人と多様で，多方面に食の専門家を輩出している．

スローフード協会の活動は，商品よりもむしろ，その背後にある担い手やつくり手，環境，歴史，文化に注目する．「Salone del Gusto」や「Terra Madre」は，全世界の生産者が集う集会であり，品物の博覧会ではない．それは，消費者と生産者，生産者と生産者を繋ぐ，「顔の見える」関係性の構築であり，小さな共同体の世界規模のネットワーク形成を目指すものなのであるといえる．つまり，スローフード運動とは，グローバル市場という荒波にのみ込まれてしまう危険にいつもさらされている希少な食べ物，そしてその背後にある人の暮らしや文化を，ノアの方舟にすくい上げ，社会の多様性を持続しようとする，グローバル・フードシステムへの挑戦なの

である.

(2) 自らソーシャル・イノベーターを目指して
── スローな衣づくりの実践

「ファスト」な生産システムの問題は,食だけではなく衣の生産システムにおいても同じである.ガンジーは,自給を通じた自立自治の地域社会を実現するには,まず教育が変わらなければならないと言う.本から得る知識よりも,まずは労働を通して知性を磨くべきだとした.ガンジーは「知性を磨く最短の道は,科学的なやり方で職人技を体得していくこと.なぜ,このような手の動き,道具の使い方が必要かを,各段階でおそわることが,知性を磨いていくのだ」という(片山2006).また,「人を幸福にする鍵は労働にある」とした.つまり,自らの手と体を動かし,生きる上で必要なものを知性と工夫で作り出す建設的な仕事に従事することこそ人間の喜びであるという.

筆者は幼年期より都会生活者であった.しかし,阪神大震災で水,電気,ガス,消防,病院などライフラインが機能しない経験したことがきっかけとなり,ものが当たり前のように手に入る都市生活への危機感,そして社会に対する不信感と将来への不安感を持つこととなった.ウェストリー流に言えば,この経験が筆者と社会システムの出会いであり,筆者を何かしら掻き立てたのだろう.生活が一変したのは,会社を辞めて染織の道に進んでからだ.「ものづくりは土から」という理念のもと,織りや染めの仕事だけでなく,隣接する農地で布の原料となる綿や染料となる藍,そして自分たちが食べる野菜も栽培した.常時都会からやってきた若者が住み込みで働き寝食を共にする中で,筆者を含めて生きる力強さを備えてゆく過程を目の当たりにしてきた.生活に欠かせないものをゼロからつくるという経験や,自然と自分の生活のつながりを日々実感しながら働くことが,いかに人間が成長する上で必要であるかを痛感した.

こうした経験から,2008年から,スローフード運動の理念を援用しつつ,「スロー・クローズ」という嚮導概念を提唱し,大学院の講義,農村コミュニティや教育機関,あるいは企業の環境保全のCSR事業として,「種からの布づくり」活動を展開し,その過程でどのような社会的な効果をもたらすのか,実証的研究を進めてきている.幼稚園から大学院までの学生,教育支援NPOスタッフ,編み物サークル,農業塾受講生,建設会社の社員,老人ホームの入居者やそのスタッフ,カウンセリングで箱庭療法を受けにきた人々,東日本大震災直後の避難所で被災した方々,各種イベント来場者など,都市部から農村まで,多様な人々に綿から糸にする糸紡ぎワークショップを実施してきた.綿を種から蒔いて収穫までを体験し,収穫した綿を昔ながらの道具で種くりから糸紡ぎ,そして自然の素材で草木染めし,機織り機で織る,といった1年間プログラムも実施してきた.写真は,小学生親子が自分で紡いで染めた緯糸でミニマフラーを織る様子である.最後の最後まで緯糸を織り込もうと,織機から離れなかった.安定と安心をもたらす精神的な効果,集中力や創造力を掻き立てる教育効果,環境教育としての有用性,ソーシャルビジネスとしての可能性など,一定の社会的有意性を示すことができた.現段階でまだまだSIとは呼べないが,今も継続している,筆者の一生かけた社会実験である.

現代において糸を紡ぐとはどういう意味があるだろうか.まず,現代の人々にとって,衣類は買うものである.当たり前だと思うであろう.しかし,糸を紡ぎ,衣を自分の手でつくることを知ると,当た

写真24-1　ミニマフラーを織る様子
(出所)2008年8月28日　筆者撮影.

り前に目の前にあることが実はそうではないことに気付く．例えば衣類は土からできている，であるとか，繊維から布にするまでに非常に手間がかかること，それなのに，街中ではタオルが100円ショップなどで安く売られていることの不自然さ，昔は皆衣類も自給していたこと，衣類も自分たちで作れるのだということ，体を使ってものを一からつくる楽しさ，糸から布をつくるには大勢の人の手が必要で，協力が必要であること，人の手で作る量の限界，などである．

今は，お金を出せば何でも手に入る．しかしそのことが却ってお金への執着を招き，失うことへの不安と恐怖心に駆られて，将来に希望が持てず，無責任になってしまう状態に陥っている．糸を紡ぎ，布を作ることによって人間にとっての仕事の原点に立ち返ることができるのではないだろうか．もちろん，衣だけではない．食べ物，住まいも同じである．人間が生きていく上で欠かせないもの，衣食住が，いったいどこで，誰の手によってどのように作られるのか，自ら当事者になってみると，様々な社会のカラクリが見えてくる．そして，その気づきは，「良心に則って善を追求する人間の本性」を駆り立て，SIへ誘うこととなるに違いない．

【参考文献】
石坂匡身ほか（2020）『人新世の地球環境と農業』農文協.

今里滋ほか（2014）『地域の自立は本当に可能か』学芸出版社.

ウェストリー，フランシスほか（2008）『誰が社会を変えるのか——ソーシャル・イノベーションはここから始まる』（東出顕子訳），英治出版.

大石尚子（2009）「スロー・クローズによるソーシャル・イノベーションの意義と可能性——ガンジー思想を手がかりとして」『同志社政策科学研究』11(2).

ガンジー，マハトマ（1999）『自立の思想』（片山佳代子訳），地湧社.

谷本寛治（2009）「ソーシャルビジネスとソーシャル・イノベーション」『一橋ビジネスレビュー』.

ドラッカー，ピーター（2007）『イノベーションと企業家精神』（上田惇生訳），ダイヤモンド社.

マルガン，ジェフ（2022）『ソーシャル・イノベーション——「社会を変える」力を見つけるためには』（青尾謙訳），ミネルヴァ書房.

Baglioni, Simone（2019）*Social Innovation and Social Policy*, Policy Press.

Gandhi, Mohandas Karamchand（1993）*An Autobiography-The Story of My Experiments with Truth*, Beacon Press.

Murray, Robin, Caulier-Grice, Julia and Mulgan, Geoff（2010）*The Open Book of Social Innovation*, Young Foundation.

第25章 生物賑わう未来を創る

谷垣 岳人

　1970年から2020年の50年間で世界中の生き物が73％も減少したと言われている．地球上から絶滅して姿を消した種類も多い．しかもこの絶滅スピードは，白亜紀末に恐竜が絶滅した時よりもさらに急速に進んでいる．では何が生物多様性を減少させているのか．生物多様性の減少は，私たちの暮らしの質に影響するのだろうか．さらに生物多様性の豊かさは取り戻せるのだろうか．
　本章では，生物多様性が減少し続けている危機的現状とその原因を紹介し，生物多様性を守る国際，国内の仕組み，そして政策学部の「政策実践・探究演習」で取り組んできた，水田の生物を守りながらお米を生産する「ゲンゴロウ郷の米」の実践活動について紹介したい．

　春に水が入るとカエルが鳴き命沸き立つ田んぼ，水草が揺れメダカが泳ぐ水路，初夏の夕暮れに水面を飛び交うホタル．永きにわたり毎年繰り返される農作業とともに時を刻んできた生物たちがいる．人の営みと生物たちとの相互作用で形作られてきた里山の景観は，どこか懐かしい感覚を呼び起こす．しかし，当たり前にいた里山の生物たちが近年次々と姿を消している．「昔はたくさんおったで，ゲンゴロウもタガメもメダカもそこら中に」．「そういえば最近見ていないなぁ，でもまだどこかにおるんじゃないか」．先祖代々永きにわたり米を作ってきた農家は語る．しかし，探しても探してもどこにもいない．みんなどこに行ってしまったのか．なぜこんなに減ってしまったのか．田んぼだけではない．日本の森からはニホンオオカミが，川からはニホンカワウソが消えた．

　日本だけでなく，世界中で生物多様性が激減している．いったい何が起きているのだろうか．

I　生物多様性とは

　地球上に生命が誕生して以降，生物は海から陸へと生息域を拡大し，様々な環境に適応した種が次々と進化してきた．現在，地球上の生物は約175万種が確認されている．まだ人類に発見されていない未知の種類を合わせると地球上には約3000万種もの生物が生息していると推定されている．生物多様性と

は，この地球上の生物の豊かさを表す言葉だが，単に生物の種類が多いことを意味するだけではない．生物多様性条約では，生物多様性を「生態系の多様性」「種の多様性」「遺伝子の多様性」という3つの階層レベルでの多様性と定義する．生態系の多様性とは，熱帯の浅い海ではサンゴ礁の生態系，熱帯の多雨な陸上では熱帯雨林の生態系のように物理的環境に応じて作られる生態系の違いである．それぞれの生態系において，生物どうしが食べる・食べられる，共生する，寄生するなど相互作用しながら生きている．種の多様性とは，生物の種類の多様性である．クマでも，ツキノワグマ，ヒグマ，ジャイアントパンダ，ホッキョクグマのようにそれぞれの地域の環境に適応した多様な種類がいる．遺伝子の多様性とは，同じ種の中の遺伝的な多様性である．人類にも肌や髪の毛の色や顔の形に遺伝的な違いがあるように，生物は種内に遺伝的な多様性を持つ．遺伝子に突然変異が起き，遺伝的な多様性が生まれることで，氷河期のような気候変動や新規の病原菌の出現のような外部環境の変動に対して，より抵抗力を持つ個体が生き延びることができる．遺伝子の多様性は生物進化の原動力でもある．

II　生物多様性の恵み

　生物多様性は人類の生存基盤である．人類は，植物が光合成で生産する酸素（O_2）を吸い，日々様々

な動植物を食べて生きている．さらに植物は二酸化炭素を吸収し気候を安定させ，酸素から形成されたオゾン（O_3）は，DNAを損傷させる有害な紫外線を吸収するフィルター（オゾン層）となり，生物を守っている．

さらに生物多様性の恵みは私たちの生活の質（QOL）も向上させる．タイ，ヒラメ，ブリ，ズワイガニ，アワビ，サザエ，ハマグリ，マガキなど，多彩な海の幸を味わい尽くす旅館の夕食は旅の醍醐味でもある．日常的にも回転寿司で豊かな海の幸を満喫できる．もし海の生物がどんどん減っていき，カッパ巻きと養殖のタイしか回ってこなくなったら，回転寿司には行きたいと思えない．

このような人類の生活と経済活動において不可欠な役割を果たす生物多様性（自然）の恵みのことを生態系サービスと呼ぶ．生態系サービスは多様な食材だけなく，森林が緑のダムとして水害を防ぐなど私たちの安心・安全な生活も支えている．国連の提唱の下，地球規模の生態系サービスの質について調査した「ミレニアム生態系評価」では，生態系サービスを「供給」「調節」「文化」「支持基盤」サービスの4つに分類している．供給サービスとは，「生態系が生産するモノ」である．食糧，木材，薪などの燃料，綿や絹のような繊維，漢方薬のような医薬品，遺伝子資源などが含まれる．例えば，日本酒には，数えきれないほどの種類の地酒があり，その味や香りは様々である．この地酒の特徴を生みだしているのは，水と気候，そして米や酵母の多様な品種である．山田錦や五百万石などの品種は酒米として有名だが他にも多く品種がある．香り芳醇な吟醸酒を醸すのに適した酵母の種類があり，酵母の多様性も日本酒の多様性にとって重要な要素である．また，医薬品開発にも生物多様性は欠かせない．新型の病原菌に対する新薬の開発にも生物由来の薬効成分の探索が続けられている．調節サービスとは，生態系の働きにより得られる利益である．森林は，二酸化炭素を吸収し気候変動を緩和し，土壌中に蓄えた雨水をゆっくりと流す緑のダムや，土砂の流出を抑制し洪水を防止する役割を持つ．例えば，晴天が続く盛夏に鴨川の水が涸れないのは，上流域に森が

広がっているためである．龍谷大学瀬田学舎の南部に位置する田上山は，過去の過度な森林伐採により「はげ山」となり，降雨のたびに土砂が流出して河床を埋め，下流の集落では洪水が頻発した．洪水を抑えるのも森林なのである．

文化サービスとは，生態系から得られる非物質的な利益である．豊かな自然は，登山，キャンプ，スキューバダイビング，エコツーリズムなどのレクリエーションや観光資源になる．また多様な魚類や樹木を識別するために魚偏や木偏の多様な漢字が生み出され，家紋の多くは動植物がモチーフとなるなど，生物多様性は地域独自の文化も生み出している．最後に，この3つのサービスを支える支持基盤サービスがある．例えば，植物の成長に欠かせない土壌とは，落葉などの腐植質と石や砂との混合物である．この土壌1gには1億個体以上の微生物が含まれる．農業生産を支える豊かな土壌とは生物多様性そのものなのである．ちなみに月には岩石や砂はあるが土壌はない．

Ⅲ 激減する生物多様性

2019年，生物多様性及び生態系サービスに関する政府間科学政策プラットフォーム（IPBES）は，「生物多様性と生態系サービスに関する地球規模アセスメント報告書」を公表した．50カ国の専門家が1万5000件の文献を精査した結果に基づき，過去50年間に経済開発が自然にもたらした影響について包括的に分析するとともに，今後数十年間に起こりうるシナリオを提示した．この報告書によると，私たちの暮らしを支えている生物多様性は現在急速に減少しており，100万種が今から数十年内に絶滅しかねない，人類史上いまだかつてない危機的状況に直面している．世界自然保護基金（WWF）は，1970年から2020年の50年間で世界中の生き物が73%も減少したと報告している．また16世紀以降少なくとも680種の脊椎動物がすでに絶滅した．しかし，このような生物の減少や絶滅自体は，地球の歴史において繰り返し起きてきた．有名な事例は，第5次大量絶滅と呼ばれる白亜紀末に隕石の衝突によって引き起こ

された恐竜の絶滅である．ところが，現在私たちが直面している第6次大量絶滅は，この恐竜時代を終わらせた第5次大量絶滅よりも急速に進行している．さらに過去の大量絶滅は，火山の噴火や隕石の衝突などの人類の活動とは無関係の自然現象が原因であったのに対し，第6次大量絶滅は人類の活動が原因である．

　ではどのような人間活動が生物多様性を脅かしているのだろうか．例えば，アブラヤシのプランテーションのような農地開拓による熱帯雨林の伐採，陸域拡大のため干潟などの海岸湿地の埋め立て，気候変動によるサンゴ礁の減少などにより，生物の生息地自体が根こそぎ失われている．また，クロマグロや漢方薬に利用されるサイの角のような経済的価値の高い生物の過剰で非持続的な利用，農薬の過剰利用による水田などの農地の生物の減少，ブラックバスのような外来種の侵入による在来種の減少など，いずれも人類の活動により各地の生物たちが減少している．国際自然保護連合（IUCN）が公表した絶滅のおそれのある野生生物のリスト「レッドリスト」の2023年版によると「絶滅の危機が高い」とされる世界の野生生物の種数は4万4016種に上る．現在すでに世界の生物多様性は減少しているが，今後も続く人口増加のために，このスピードはさらに加速すると予想されている．

　1800年頃には10億人だった世界人口は，産業革命による経済・医療などの発展により急速に増加し続けている．2022年には80億人を超えており，2037年には90億人，2080年代には104億人でピークを迎えると国連は予想している．つまりあと20億人分以上の胃袋を満たすために農地はさらに拡大し，漁業資源の捕獲圧もさらに高まると考えられる．数世代後には，熱帯雨林に生息するゴリラやオラウータンは，かつて地球にいた幻の生物となり，日々の暮らしでは，品数の少ない回転寿司になる可能性があるということである．そしてわれわれは孫に問われるかもしれない「湯飲み茶碗に書かれた魚偏の鮪も鮃も鰤も鯨もなぜもういなくなったの？」と．そして，わたしたちは「昔はたくさんいたのだが」と答えるほかないのである．

　では，生物多様性の減少を食い止め，その豊かな自然の恵みを享受し続けること，つまり持続可能な利用は可能なのだろうか．以下に生物多様性を保全する国際および日本国内の取組みを紹介する．

Ⅳ　生物多様性を守る仕組み

　世界的に生物多様性の減少が顕著になってきた1970年代頃から生物多様性を保全するために，国際条約が制定されてきた．例えば「特に水鳥の生息地として国際的に重要な湿地に関する条約（通称ラムサール条約，1971年制定）や「絶滅のおそれのある野生動植物の種の国際取引に関する条約（通称ワシントン条約，1973年制定）や「移動性野生動物種の保全に関する条約（通称ボン条約，1979年制定）が次々と制定された．しかし，ラムサール条約の範疇は主に水鳥と生息地保全のみ，ワシントン条約は絶滅危惧種の国際取引の取り締まりのために生息地保全は範疇外，ボン条約も国際的に移動しない野生動物の生息地保全は範疇外など，それぞれの条約では地球上の生物多様性の一部分しか保全できない欠陥があった．そこで，地球上のすべての生物多様性を包括的に保全するために制定されたのが生物多様性条約（1992年制定）である．生物多様性条約には「生物多様性の保全」「生物多様性の持続可能な利用」「遺伝資源の利用から生ずる利益の公正かつ衡平な配分」の3つの柱がある．これは生物多様性を守り，生物多様性の恵みを利用し，その利益を配分するというサイクルを回すことを意味し，企業のPDCAサイクルに似ている．生物多様性条約の締約国会議（COP）は，このPDCAサイクルがうまく回っているかを確認し合う場でもある．

　生物多様性条約の締約国は，生物多様性の保全と持続可能な利用に関する国の基本的な計画「生物多様性国家戦略」を策定する．各国は生物多様性国家戦略において，国内の生物多様性減少の原因を明らかにし，それに対処する国内法を制定している．例えば，日本の生物多様性国家戦略には，生物多様性を脅かす4つの危機が取り上げられている．①「人間活動や開発による危機」，②「自然に対する働き

かけの縮小による危機」，③「人間により持ち込まれたものによる危機」，④「地球環境の変化による危機」である．①「人間活動や開発による危機」とは，例えば渡り鳥の休息地や餌場である海辺の干潟を埋め立てて工場や住宅地にすることや，植物の多様性の高い広葉樹林を伐採して，スギやヒノキだけのような単一樹種の植林地を作ることである．②「自然に対する働きかけの縮小による危機」とは，化石燃料の使用に伴う薪炭の利用停止により植生遷移が進み，人の伐採や利用により維持されてきた草地や林床も明るい二次林が消失することで，攪乱地に適応してきた草本植物の多様性が減少することである．人と自然との直接的な関わりが少なくなり，自然に対する畏敬の念など精神的文化的なつながりも失われていった．③「人間により持ち込まれたものによる危機」とは，外来種問題である．ハブを退治する目的で沖縄本島や奄美大島に導入されたマングースは，飛べない鳥であるヤンバルクイナや耳の小さい原始的なウサギであるアマミノクロウサギを捕食し個体数を激減させた．④「地球環境の変化による危機」とは，例えば地球温暖化によるサンゴ礁の白化である．日本のサンゴ礁は，琉球列島周辺に広がっている．海水温が上昇することで，サンゴが死滅し，サンゴ礁に生息していた生き物たちが激減している．

これらの日本の生物多様性の減少を食い止めるために国内法が次々と制定された．例えば，絶滅危惧種を保全するために「種の保存法」が制定された．この法律に基づき，国や地方自治体はレッドデータと呼ばれる絶滅危惧種リストを作成している．特に絶滅の可能性が高い種については，回復計画を立てて重点的に保護している．また外来種に対しては「外来生物法」が制定された．これに基づきブラックバスや沖縄のマングースの駆除事業が行われている．また自然保護区である国立公園を設置して，多様な生物の生息環境を保護してきた．

しかし，このような国内法を整備しても生物の減少は続いている．その理由は，自然保護区外の里山のような身近な自然に生息する生物が減少しているためである．

Ⅴ　水田の生物を守る農業の実践

最後に政策学部で行ってきた生物多様性保全型農業の実践を通じた社会変革について紹介したい．政策学部では，PBL科目「政策実践・探究演習」を開講している．この科目は，地域住民や地方自治体と連携しながら現実社会にある課題の解決や社会変革を起こすことを目指す実践的な科目である．この科目の1つのプロジェクトが京都府京丹後市大宮町三重・森本地区にて，生物多様性に配慮した米の生産を通して農村に社会変革を起こすことを目指す京丹後プロジェクト（以下京丹後PJ）である．この地域では少子高齢化に伴う農業の担い手不足などの課題があった．そこで，地域課題の解決に取り組む住民組織の三重・森本里力再生協議会と連携しながら，人だけではなく多様な生き物も暮らせる「懐かしい未来を創る」を合い言葉に地域を活性化する京丹後PJを2015年から開始した．2015年度は，地域資源となる生物を探すために受講生20名と一緒に水田や水路や竹野川の水生生物の調査を始めた．たも網を使って，水田や水路や竹野川で水生生物をガサガサと探す．たも網を引き上げると田んぼではコオイムシやコガムシなどの昆虫やタニシが入っており，受講生たちから歓声があがる．本来田んぼとは，生き物豊かな農地なのである．日本に稲作が伝来して以来，自然湿地は次々と田んぼへと開墾されていった．水の少ない地域では，ため池や水路などの灌漑設備を作り，実りの大地を増やしていった．一方，自然湿地に暮らしていたタガメやゲンゴロウやメダカなどの水生生物は，失われた自然湿地の代替湿地として田んぼを利用するようになった．このような新田開発が結果的に水生生物の生息地を拡大することになった．このため，田んぼには6305種類もの動植物が確認されている（琵琶湖博物館2020）．

京丹後PJでは，2016年度も田んぼや水路の水生生物調査を進めていくと見つかる種数も増えていき，大学生には生き物豊かな田んぼに見えたようである．しかし，田んぼや水路での生き物探しをライフワークとしてきたわたしには，田んぼに当たり前

に生息するはずのアカトンボのヤゴやゲンゴロウ類がほとんど見つからず，何か「沈黙の春」を見たような胸騒がした（注：「沈黙の春」とは，殺虫剤などの農薬が生態系に深刻な影響を与えることを初めて指摘したレイチェルカーソンの著書である．農薬の影響で生き物たちが死に絶え，鳥のさえずりも聞こえない春を象徴している）．そこで，農家に使用農薬のリストを見せてもらったところ，ネオニコチノイド系農薬が使われていた．ネオニコチノイド系農薬は，農作物や果樹の受粉を担うミツバチを減少させるため，その因果関係が科学的に証明される前にEUでは予防原則に基づき使用が禁止されていた．一方，日本では稲作に用いるネオニコチノイド系農薬が，アカトンボ類を激減させるという研究報告も出てきていたが使用は続いていた．さらに調査範囲を広げて水田の生き物調査を行ったが，やはり生き物は少ない．そこで，前年度からコウノトリがよく飛来していた水田で調査をした．この水田には餌生物が多いのだろうという予測があったためである．すると予測通りそこでは絶滅危惧種のゲンゴロウ類やアカトンボのヤゴやオタマジャクシがたくさん見つかった．こんなところに生き延びていたのか，と思った安堵感は未だに忘れられない．実はその田んぼは，水を抜く時期にも水たまりができるほど水はけが悪く，そこに多くの水生生物が生き延びていたのである．さらにこの田んぼは，家畜の餌にする飼料米を作付けしていたので，ネオニコチノイド系農薬を使用していなかったのである．これらの偶然が重なり，田んぼに水のない時期に水生生物の避難所となる水場を作り，ネオニコチノイド系農薬を使わないことで地域の生き物が復活する可能性を知ったのである．

Ⅵ　いのち賑わう水田を作る

その後，農家と大学生が話し合いを繰り返し，2017年からゲンゴロウ類を守る稲作を実践し，生物多様性米「ゲンゴロウ郷の米」としてブランド化することにした．具体的には，田んぼに水のない時期に水生生物が避難できる退避溝「ひよせ」を作り，ネオニコチノイド系農薬を使用せずにコシヒカリを作付

けし，お米が高く売れることで，生物多様性保全と経済循環の両輪がうまく回り，農業の担い手不足という地域課題を解決することを目指した．三重・森本里力再生協議会の下には，ゲンゴロウ郷の米の取組を進めていく農法委員会も組織された．このように，農家の取組の動きが速かった理由の1つは，中干しの時期にまだ脚の出そろっていないオタマジャクシが干上がって死んでしまうことに農家も心を痛めていたという伏線がある．また「ひよせ」の設置によりオタマジャクシがカエルになり，稲の害虫を食べてくれるという期待もあった．

2023年からは稲作について学ぶ5年生が，ゲンゴロウ郷の米を作っている田んぼで大学生と一緒に生き物調査にするようになった．またゲンゴロウ郷の米は京丹後市のふるさと納税の返礼品にも認定され，地域の農家はゲンゴロウ郷の米をPRするために消費者向けイベントを主体的に企画するようなった．このように小学校との連携を通じてゲンゴロウ郷の米の取組への理解が地域の中で徐々に広がっている．

そして，2024年からは，京丹後市の全小中学校22校で有機米を給食で出すことが決まった．有機米とは農薬や化学肥料を使わずに栽培したお米である．このお米は人にとって安心安全なだけでなく，水田の生物多様性を増やすことが期待できる．小中学生から各家庭に有機米の取組が認知されることや，その子どもたちが大人になることで市民全体に広がり，生物多様性に配慮した農作物が当たり前に生産されるという社会変革へ少しずつ近づいている．

戦後の日本では高度経済成長期を経て，一貫して生物多様性が減少し続けてきた．とりわけ，農薬の使用などの農業の近代化に伴い，水田からは多くの生物が姿を消した．しかし，ゲンゴロウ郷の米の取組のような，地域の生物調査を行い，見つかった生物を地域のシンボルとして保全して利活用するモデルは，トキやコウノトリのようなある種の生物保全におけるスーパースターがいない日本のどの地域でも実行可能な内発的発展モデルにもなりうる可能性がある．

【参考文献】

鷲谷いづみ（2006）『地域と環境が蘇る水田再生』家の
　　光協会.

矢原徹一・鷲谷いづみ（2023）『保全生態学入門　改訂
　　版──遺伝子からランドスケープまで』文一総合
　　出版.

＜ウェブサイト＞

琵琶湖博物館（2020）「田んぼの生きもの全種データベー
　　ス」（https：／／www.biwahaku.jp／study／
　　tambo/，2024年10月31日閲覧）.

第VI部

認識と視座

第26章 社会とつながり，政策の主体になる

清水 万由子

政策学は，私たちが生きる社会の公共的な課題を解決し，新たな価値を創出するためにある．伝統的な学問に学びつつも，学問の枠に閉じこもるのではなく，公共的な課題を実際の社会の中から発見していく必要がある．本章で紹介する質的調査の経験を通して，調査者自身の問題意識でもって課題を発見し，調査対象となる他者との関係を築き，社会と自分とのつながりを感じることで，よりよい社会をつくる政策の主体性を育むことが期待される．

I なぜ政策学に質的調査が必要か

政策は，私たちの社会が抱えている課題を解決し，めざしたい社会の姿へ向かっていくための手段である．政策学は，政策をつくるために必要な道具としての知識や技術である．さしあたり，そのように考えておこう．政策学部には，多岐にわたる学問分野の人びとが集い，実存する社会の課題解決と新たな価値創出を目指して知恵を出し合っているのである．

さて，その時に問題になるのは，解決すべき「課題」とは何か，である．もう少し言えば，誰が「課題」を知っているか，である．ある学問分野の専門家には見える「課題」が，別の専門家には見えないということは，よくある．政府や政治家たちでさえ認識していない公共的な課題が，私たちの社会には多く存在する（ここで言う「公共」は政府のことではなく，すべての人にとって重要である，という意味である）．みんなにとって重要な課題だとなれば，政府や政治家たちも対処せざるを得ないが，誰もそれを「課題だ」と言わなければ，見過ごされてしまう．ある専門家や，政府・政治家が扱っているのは，わたしたちの社会に存在する課題のごく一部でしかない．問題の所在を明らかにし，どのような意味で公共的な課題であるのか，そしてどのような状態をめざすべきかを，専門家や政治家だけでなく1人ひとりの個人や団体が互いの考えを交わし合うことで，政策の対象となる「課題」がようやく見えてくる．

政府や政治家がつくる「政策」からこぼれ落ちるものを丁寧に拾い上げ，この社会において解決されるべき「課題」を知るために，社会調査は重要な役割を果たす．本章ではその1つの方法として，質的調査の特徴を紹介したい．なお，具体的な調査方法については，章末の参考文献を参照してほしい．

II 調査者の主体性

社会調査には，質的調査（qualitative research）と量的調査（quantitative research）がある．量的調査が扱うのは数値で表現された量的データであるのに対して，質的調査が扱うのは数量的データ以外のすべてのデータ＝質的データである（谷・山本 2010）．質的調査の方法には，インタビュー，生活史調査(ライフヒストリー)，エスノグラフィ，参与観察，アクション・リサーチ，特定の事例や地域に関する総合的なフィールドワークなどがある．質的データは，数値化できないデータを扱うため非常に幅広く，研究者がつくるものと，すでにつくられたものに分類できる（表26-1）．

両者は対置されることが多いが，その違いは調査対象を数量でとらえるかどうかの違いにとどまらない．ある現象を見る時の立場の違いと深く関わっている．1つの立場は，「実証主義」と呼ばれるもので，ある現象について，共通の認識＝客観的な認識を持つことができると考える立場である．「事実は一つ」という考え方と言い換えてもよい．指標を設けて数量的に客観的事実を表そうとすることもある

第26章　社会とつながり，政策の主体になる　　*163*

表26-1　質的調査が扱うデータの例

研究者がつくるもの	文書（図表を含む）	調査票（質問）と回答 フィールドノート・メモ 録音を文字に起こしたもの
	音声記録	録音
	映像記録	写真，動画
すでにつくられたもの	文書（図表を含む）	古文書，議事録，日記，手紙，生活記録，報告書，作品（小説・詩・論文等），新聞，雑誌，パンフレット，ビラ（広告）など
	音声資料	レコード，テープ，CD，ラジオ
	映像資料	写真，映画，テレビ番組
	モノ資料	日用品，道具などのモノ
	空間資料	遺構，保存建築物など

（出所）盛山（2004）をもとに，筆者作成.

ため，どちらかと言えば量的調査になじみやすい.
こうした前提にたつことで，広範囲の多数におよぶ
調査対象について，共通の指標によって全体の特徴
や傾向を大づかみに捉えることが可能になる.「鳥
の目」で俯瞰的に社会を見るのである.

　もう1つの立場は，「解釈主義」と呼ばれるもの
で，同じ現象を前にしても一人ひとりの認識は異な
りうると考える.「事実はそれを見る人の数だけあ
る」と言い換えることができる. 事実を見る人の主
観的解釈は，数量的には表現しきれない意味内容を
含むため，言葉や図表，その他様々な方法で記述す
る. つまり質的調査を用いることが多い. 限られた
調査対象について，ディテールが持つ意味を深く掘
り下げ，調査対象の存在をまるごと理解しようとす
るので，「虫の目」でもって丹念に対象を描くこと
ができる. 2つの立場は，どちらかが正しくてどち
らかが間違っているというものではない. 誰もが共
通に持ちうる客観的認識を片手に持ちながら，もう
一方では客観的認識をあえて疑い，多様な認識の可
能性を探るという姿勢が，公共的な課題を発見する
際には必要なのだ.

　量的調査と質的調査は対立的なものではなく，量
的調査が実証主義で，質的調査が解釈主義とはっき
り分けられるわけでもない. 最近では質的調査と量
的調査を組み合わせる研究が増えており，人の主観
的認識を量的に把握しようとする方法も様々に試み
られている.

　しかし，質的調査だからこそできることがある.

それは，調査者が対象に直接触れて，その対象がも
つ意味や内面世界を調査者自身が解釈し，記述（表
現）することである. まだ明確な形を持って語られ
ていない問題，つまり何が問題なのかが言語化され
ていないような現実が持つ意味を，調査者自身の目
や耳，手足，そして頭と心をフル稼働させることで，
発見できるのである.

　政治の場で取り上げられる「政策」の対象になっ
ている課題は，すでに社会の構成員がある程度共通
の認識――それが唯一絶対のものではないにしても
――を持っている. そこからこぼれ落ちているよう
な，多くの人がまだ知らない問題を公共的な課題に
していくためには，調査者が自分の問題意識にもと
づく質的調査を積み重ねてすくい上げ，社会に投げ
かけることが必要である. 質的調査には，調査者の
主体性が求められる.

Ⅲ　現実の多面性

　質的調査に限らず社会調査の手続きには，おおむ
ね決まったものがある. ①自分が疑問を感じ，知
りたいことを考える（問題意識を持つ），②公表され
ている研究成果では何がどこまでわかっているのか
を調べる（先行研究のレビュー），③その調査によっ
て明らかにすべきことを言語化する（リサーチ・ク
エスチョンの文章化），④期待される調査成果として
の仮説を設定する，⑤ふさわしい調査対象と方法
を選定する，⑥調査を実施しデータを収集する，

⑦ 収集データを整理・分析・解釈する，⑧ 調査全体を報告書や論文，作品にまとめて公表する．どのような立場で何を対象とする調査であろうと，あらゆる社会調査に共通のものである．

しかし，実際にはそれほどまっすぐに進まないことが多い．特に質的調査においては，1つのデータだけで調査目的を達成できることは少ない．同じ人に複数回インタビューを行うことや，複数の人にインタビューを行うことは，質的調査にはほとんど必須であるし，新聞記事，行政資料，歴史資料などの資料にあたって，インタビューだけではわからない部分を確認することや，「裏をとる」ことも，当然必要になる．現場の観察によって，インタビュー内容や資料の内容が意味するところを体感的に確認することも重要だ．時間をかけて様々なデータを集めて付き合わせ，筋道のとおる説明（解釈）を求めて悩むことになる．

質的調査で多種多様な複数のデータを用いるのは，現実は多面的に解釈できるという前提に立つからだ．先に述べたように，見る人によって現実の見え方が異なることがある．よく考えれば，1人の人間が矛盾する言動をとることや，時間の経過とともに考えが変化することは，ごく当たり前に起こることである．一口に「地域」と言っても，地域住民の考えが皆同じなどということはない．

しかし，そうした矛盾や変化を不合理なものとみなすのではなく，なぜそのような矛盾や変化が生まれたのかを探っていくことが重要である．背景にある政治，経済，制度，文化的な違いなどの影響も考慮すると，自分がそれまで見ていた現実から一段深まった「現実」が見えてくる．現実を多面的に理解しようとする姿勢は，複雑な現実を一刀両断して，誰かを悪者にして済ませることや，少数者の主張を表面的にとらえてその真意を理解せず切り捨てるといったことを，慎重に避けることにもつながる．

社会学者の佐藤郁哉は，社会調査における「漸次（ぜんじ）構造化アプローチ」という考え方を提唱している．本節の冒頭で示した社会調査の手続きの中でも，リサーチ・クエスチョンと仮説の設定（②③），データ収集（⑥），データ分析（⑦）は，同時

並行的に少しずつ進んでいく，というものだ．実際，特に調査の初期段階では，テーマや仮説を設定し，いざ調査を行ってデータを集めてみたが，リサーチ・クエスチョンや仮説と現実が一致しないと気づくことがある．それは調査の失敗ではなく，調査者が複雑な現実に分け入っていることの証であると捉えて，リサーチ・クエスチョンと仮説を考え直し，新しい視点でデータの収集と分析を行う．すると，より研ぎ澄まされた意識と高い解像度で，現実を見ることができるだろう．

私たちが生きている社会のことを理解することは，簡単ではない．しかし社会を知ろうとして質的調査を行うことは，社会と自分の問題意識との多面的な「つながり」を確認することにもなる．そのことにおもしろさとやりがいを感じるようになれば，政策学部が育成する地域公共人材（土山 2008）への一歩はすでに始まっていると言えるだろう．

Ⅳ　他者との間に生まれる関係

質的調査の特徴の3つめは，調査者と調査対象との関係にかかわるものである．インタビュー調査や参与観察，フィールドワークなどの質的調査の場合は，生身の人間である調査対象者との直接的，身体的な関わりを1つの特徴とする．たとえ文書やモノなどの資料であっても，それをつくった人や保管してきた人など，必ず人間が関与している．彼らの考えを資料から読み取り，関係者へのインタビューを行うことで，資料が持つ意味を明らかにすることができる．資料が自分の手元にたどり着くまでの経緯を読み解くことも，これまでデータ分析と呼んできた行為の中には含まれる．質的調査を含む社会調査は，調査者が自分の問題意識にそって主体的に調査を行うものであるが，調査者と調査対象者は互いに影響を与え合っていて，調査者自身の認識が進化していくものであることは，前節でも述べた．

上述の佐藤郁哉は，「調査という言葉には，〈調べる側−調べられる側〉という不均等な関係が含意されている」（佐藤 2015：下 300）と述べ，社会調査という行為は支配／被支配，友好／敵対，協力／非協

力，関心／無関心等，さまざまな関係性を含むものであり，きわめてデリケートなものだとしている．調査対象者にとって調査者はよそ者であり，調査という行為自体になじみがないこともある．そもそも，彼らにとって調査される必然性はない．興味を抱いている場合もあるかもしれないが，何をしにくるのだろうかと不安になることもあるだろう．いずれにしても生活や仕事の時間を割いてもらって，「調査」に他者を巻き込むことの意味をよく考えておく必要がある．かつて筆者がフィールドワークを見様見真似で始めようとした際，『調査されるという迷惑』という本をまず読みなさい，と当時の指導教員がアドバイスをしてくれた．日本中を訪ね歩いて独自の民俗調査を行った民俗学者の宮本常一による「調査地被害——される側のさまざまな迷惑」という小論に加えて，その問題意識を受け継いだ安渓遊地が自身の経験をもとに，調査する側がいかに傲慢で一方的な言動をとりがちであるかを描いている．

　一方で，質的調査における「調査する側—調査される側」関係には，調査者が調査対象者からデータを収奪する一方的な関係からはみ出すものもある．例えば参与観察とアクション・リサーチという方法がある．参与観察は，「調査される側」の集団に「調査する側」が入り込んで，集団のメンバーとして継続的に（時には数年かけて）生活や活動を共にすることで，「調査される側」が調査されていることをあまり意識せず，また彼ら自身が自覚しておらず言語化できないようなことも，「調査する側」が観察できるという調査上の長所がある．そのような「調査する側—調査される側」関係が，長く時間を共にすることで親しみと情が湧き，互いを大切な存在と感じる関係へと変化していくことは，場合によっては自然なことであろう．集団のメンバーとしての意識も生まれてくると，もうよそ者としての調査者ではなくなる．アクション・リサーチは，参与観察と同じように調査対象に深く関与するが，観察よりも一歩踏み込んで，調査対象の集団と共同して，具体的な問題解決を目的として行動し，そのプロセスと成果を調査対象と調査者が共有して行う調査法である．より明確な意思と役割分担に基づいて集団行動

に参加するため，調査者と調査対象者は目的を共有する協働関係にあるといってよい．

　質的調査は，調査する「わたし」と調査される人との間のコミュニケーションによって成り立つものであり，そこには人間同士の関係が生まれる．その関係によって調査のあり方もまた変化していく．

Ⅴ　社会とつながる「聞き書き」

　質的調査における「調査する側—調査される側」関係が変容する可能性を示す例として，聞き書きの取り組みを紹介したい．聞き書きとは，「一対一の対話を通じて，「話し手」の人生や価値観を引き出し，記録する作業」（代田・吉野 2012）である．聞き手が話し手の人生における経験や知識，価値観などを詳しく聞き，それをすべて文字に起こして，話し手が自分の人生を問わず語りする「作品」に編集する．聞き手が存在して初めて，話し手の人生が言葉になるという意味で，聞き書き作品は聞き手と話し手の信頼関係にもとづく共同作業でつくられるものである．聞き書きに近いものとして，生活史（ライフヒストリー）調査があるが，生活史調査は，基本的には質的社会調査の手法の１つであり，例えば岸（2022）のような学術的な調査成果を得ることが目的である．しかし岸（2021；2023），沖縄タイムス社（2023）などは，より聞き書きに近いものかもしれない．「聞き書き」と呼ぶ場合は，調査として行われる場合であっても，「調査する側—調査される側関係」を超えた信頼関係を築き，その先に聞き手と話し手双方の意識や行動が変容することに主眼がある．

　筆者は，受講生が聞き書き作品を読み，作品制作に取り組む授業（環境社会学）を行っている（清水 2022）．受講生は家族・親族，部活動のコーチ，アルバイト先の先輩など，身の回りにいる人生の先輩に，インタビューを申し込む．ひととおり質問を考えて臨むが，話は想定どおりに展開しない．時に大きく脱線してハラハラしたり，言葉に詰まって冷や汗をかいたりしながら，話し手の生きざまに驚き，共感し，自分と比較してみたりもする．高齢の方に

話を聞けた場合には，教科書に出てくるような歴史上の出来事がリアリティをもって想像できる．インタビュー後は録音データを最初から聞き直して一言一句漏らさず文字に起こす．大変な作業だが，繰り返し音声を聞き直し文字を打ち込むことで，話し手の言葉を身体にしみこませる重要な作業だ．その文字起こし原稿を今度は，読み手の視点で読みやすく編集して作品にする．苦労して文字起こしした原稿を，削ったり入れ替えたりするのは惜しい．ただ，話し手とともに紡いだ世界に没入した後に，読み手の存在を意識した聞き手が編集する＝その世界を自分で表現するからこそ，話し手と聞き手の共同「作品」になる．

聞き書き作品の制作過程には，リサーチ・クエスチョンも仮説もない．「聞いた話を書き起こして並べ替えるだけ」で，分析も考察も必要ない．だから質的調査とは言えない．しかし，聞き書きは質的調査と同様の可能性を秘めている．特に高校生や大学生など，若い世代が聞き書きに取り組むことの意義は大きい．多くの受講生は，身近な存在である話し手の人生について自分が何も知らなかったことを振り返り，「絆が強まった」という感想を抱く．そして，たった一人の人生から，社会の変化や，生きることの意味にまで思いをめぐらす．聞き書き作品を制作することによって，自分と社会のつながりを見出すことができるのである．この社会とつながっている感覚が，よりよい社会をつくる政策主体となるには決定的に重要である．

Ⅵ 政策の主体になるために

政策を政府・政治家や専門家だけに任せていては，よりよい社会をつくることはできない．個人や小さな集団であっても，わたしたちが取り組むべき公共的課題とは何か，どうあるべきかを考え，行動することが重要だ．「幅広く学んで自分のテーマを見つけたい」「社会をよくしたい」という漠然とした思いはあっても，何が大事な問題かなんてわからない．そもそも社会のことを知らない．そう心の中で思う人は，質的調査に取り組んで，自分の身体と頭を使って公共的な課題を見つけ出すことに挑戦してほしい．そのことが，政策の担い手としての地域公共人材に近づく大切な一歩になる．

かりに調査者—調査対象者という一方的な関係で始めた調査であっても，お互いが自己変容し，双方向的な関係へと変わっていく可能性がある．他者との関係性の中で，見えなかった現実が見えるようになり，社会の一員としての自覚が生まれる．政策学を学ぶ人びとが，自分なりの社会像を手に入れ，学術研究の枠を超えて，よりよい社会をつくる政策の主体となるために，質的調査の経験は役に立つだろう．

【参考文献】

石川淳志・佐藤健二・山田一成（1998）『見えないものを見る力——社会調査という認識』八千代出版．

沖縄タイムス社編（2023）『沖縄の生活史』みすず書房．

岸政彦編（2021）『東京の生活史』筑摩書房．

————（2022）『生活史論集』ナカニシヤ出版．

————（2023）『大阪の生活史』筑摩書房．

岸政彦・石岡丈昇・丸山里美（2016）『質的社会調査の方法——他者の合理性の理解社会学』有斐閣．

佐藤郁哉（2015）『社会調査の考え方　上・下』東京大学出版会．

清水万由子（2022）「「聞き書き」を用いたアクティブ・ラーニングの学習成果」『龍谷政策学論集』12(1)．

代田七瀬・吉野奈保子（2012）「聞くこと・記録すること——「聞き書き」という手法」SATOYAMA イニシアティブ国際パートナーシップ事務局・国連大学高等研究所．

谷富夫・山本努編（2010）『よくわかる　質的社会調査プロセス編』ミネルヴァ書房．

土山希美枝（2008）「地域公共人材への視座」土山希美枝・大矢野修編『地域公共政策を担う人材育成——その現状と模索』日本評論社．

宮内泰介（2017）『歩く，見る，聞く——人びとの自然再生』岩波書店．

宮本常一・安渓遊地（2008）『調査されるという迷惑——フィールドに出る前に読む本』みずのわ出版．

盛山和夫（2004）『社会調査入門』有斐閣．

コラム 「地域環境保全における学習の重要性」

　1963年に静岡県が発表した石油化学コンビナート建設計画に対する三島・沼津・清水の石油化学コンビナート建設反対運動は，公害を事前に阻止した稀有な住民運動とされている．この住民運動は，学習会を重視していた．住民はすでに石油化学コンビナートによる公害被害が発生していた四日市に何度も視察に行っては視察報告会を開き，四日市から公害被害者や専門家を招いては講演会を行なっている．石油化学コンビナートが建設されたら何が起こるのかを，当時の先例から学んだ．住民の学習会は，住民参加型調査による情報生産にまで至った．三島市にある国立遺伝学研究所の松村清二が団長となり組織された「松村調査団」には，地元の沼津工業高校教諭と三島測候所長らが参加した．沼津工業高校の生徒が各家庭であげる鯉のぼりや吹き流しを見て風向・風力を観察した例が，よく知られている．

　三島・沼津・清水で突然に開発計画がふってわいた時，それぞれの日常生活を送っていた住民を，確信を持って「反公害」を訴え続ける主体に変えていったのは，学習会だった．学習会は，漠然とした不安・恐怖を感じていた住民が，根拠と確信にもとづく主張を形成していく場となった．また，学習会は単に知識を蓄える場にとどまらない意味を持った．学習会は，様々な立場の住民が生の声を交わし合い，学び合う場でもあった．西岡氏は「学習会には演壇がないことが幸いし，聞き手が話し手になりやすく，住民の才能が発揮され伝わりやすい．地域での自己の価値を知り，仲間との共同行動の必要性を自覚するときである」（『戦後日本住民運動資料集成8：三島・沼津・清水町石油コンビナート建設反対運動資料　別冊　解題・資料』すいれん舎，2013年：28頁）とも述べている．

　また，石油化学コンビナートによる公害は大気中のSO_2（二酸化硫黄）や地下水への影響が懸念されたが，人々の心の中にある一番の反対の理由は，すぐ近くにあるものだった．つまり，お年寄りたちが誇りに思ってきた御用邸（大正天皇の静養のために1893年に造られた沼津御用邸）が移転せざるをえないこと，富士山を望む千本浜や，御用邸に連なる島郷の海水浴場がなくなってしまうことへの反対感情だったという．住民が学習会を通して獲得した主体性は，科学的知識や論理的主張のみに依拠するのではない，住民アイデンティティの核心にある地域環境（アメニティ）の価値も含みこんだものだった．

　付記：清水万由子「住民の学習をつうじた公害経験の継承」『住民と自治』2022年12月号を改稿．

第27章 言語で世界観をひろげる

碓井 智子

　身近な存在である言語，普段何気なく使用している言葉が，私たちの人間形成にまで影響を与えていることはあまり知られていない．ここでは，言語を学ぶことの意義と言語学習によって拡がる世界観について考える．私たちにとって母国語である第一言語を人はどのように習得していくのか．そして第二言語を習得するために必要なものは何か．最後に，言語学習によって何が得られるのかについて考え，私たちにとって言語がどのような意味をもつ存在なのかについて考えたい．

Ⅰ　言葉の意味と意味の解釈

　皆さんはこの言葉の意味がわかるだろうか．馴染みのない文字が使用され，文法構造もわからない言語は，私たちにとって意味を持たない単なる記号に過ぎない．

1.　สวัสดี ครับ

　言葉の意味を解釈できないという点においては，文字より絵に近い存在かもしれない．海外に行き馴染みのない言語表記に出会うと，私たちはそれを言語として認識せず何らかの記号ととらえる．ある言語を解釈，理解するということは，まず「ある記号に意味を持たせる」という行為からはじまる．1はインドヨーロッパ語族，タイ・カダイ語族，カム・タイ語派に属する中央タイ語である．タイ語は，末尾につける語を男性と女性で使い分けている．2は日本語の「です」「ます」にあたる語であり，2aは男性が語末につける語なのに対して，2bは女性が使用する語である．このような言語における約束事（文法）を知ると，先にみた1の発話は男性の発話であることがわかる．

2a.　ครับ ／ b.　ค่ะ

　タイ語における約束事を知ると，これまで意味を持たなかった記号が意味を持ちはじめる．子供が母国語である第一言語を習得する過程はこれに似ている．子供は日々何を意味するのか解らない言語環境の中に身を置き，途方もない数の言語事例の中から共通項を抽出し，その共通項の中からさらに規則性（文法）を見出そうとする．自ら作った規則に基づく文を実際に使用し，その中で生じる誤用を大人たちに指摘され修正する．この行為を何百回，何千回と繰り返し，子供は言語を習得していく．この世に生を受けて5年ほどで子供たちは文法構造の大枠を学び，母国語を自由に使いこなせるようになる．ある日突然，難解な哲学書が読めたり，高度な議論ができることはなく，周りの大人たちがよく使用する語を学び，語順のような基礎的な文法構造から習得が始まる．このようにある言語を習得するという行為は，途方もない時間と労力を要する．

Ⅱ　第一言語習得と第二言語習得

　第一言語は，学習対象である言語に日々触れながら，生活の中で習得することができる．日常生活の中で自然と言語にまつわる知識を身につけていくことができるため，言語学習者である子供にとって日々言語を学習しているという意識は低い．言語音らしき音を子供が発し始めるのは，喃語を話し始める4カ月から6カ月頃である．個人差はあるが，多くの子供は8カ月を過ぎたあたりから言葉らしき音を発し始め，12カ月頃までには，たいていの子供は意味を持つ言葉を発するようになる．15カ月頃まではさほど語彙数は増えず，周りの大人が話す言語をよく聞き，言語と環境を結び付けていく期間が続く．言葉は恣意的であるため，ある言語が何を指

し，どのような行為を指し示しているのかは言語習得過程の子供には解らない．そのため音声を伴う記号と，その記号が使用される場面の共起を繰り返し経験する中で，子供たちは言語の持つ意味を，それが使用される場に紐づけしながら習得していく．その後，類推能力が身につくと，言葉の意味を拡張させながら習得していき，そのころを境に爆発的に語彙数が増えていく．18カ月頃には，1日に新語を1～2語，4歳になると1日に12語前後の新語を，小学校入学時頃には，1日に約20語程の新語を習得していく．これは驚異的な速さである．これを可能としているのは，学習対象である言語に四六時中触れることが出来る環境に因るところが大きいであろう．

すべての子供がどのような環境下でも第一言語を習得することは可能なのだろうか．言語を習得するため必要な外的要因はいくつかある．例えば「オオカミに育てられた少女」の一例を見てみると，言語習得における外的要因の必要性が理解できる．1920年代，インドでオオカミに育てられた少女が発見された．アマラとカマラである．発見時，推定8歳であったカマラは一切言語を発話することができなかった．カマラが病死する18歳までの間，言語教育を受けたが，片言の言葉しか学習できなかったといわれている．この話の真偽について疑問を呈する研究者もいるが，幼少期に適切な言語的刺激が与えられない環境下で育つと，第一言語であっても習得することは難しくなるという報告はその他にもいくつかある．日々特定の言語音に触れることができず，言語的刺激がないままに言語習得の臨界期を迎えてしまうと，その後，言語を習得することは非常に難しくなる．このことからも言語を習得する上で，環境が大きな要因となること，また第一言語習得においては学習時期も重要であることがわかる．

(1) 日本の言語教育について

第二言語の習得に関してはどうだろうか．第二言語を習得する際にも，第一言語習得と同様に，学習対象である言語に常に触れる環境が必要となる．また第二言語習得には，すでに習得した第一言語も大きな影響を与える．

戦後，日本の言語教育，中でも英語教育は，中学校から教科科目として位置づけられ，読み書き中心の教育が行われてきた．昨今，グローバル化が進み，日本の文化や産業を世界に発信する必要に応じて，2020年度より「読む・聴く・書く・話す」の4技能を重視した教育が小学校から展開されている．5年生から，英語は成績評価科目として位置づけられているため，多くの小学校では，小学校入学時から英語に親しむ時間が設けられており，英語を母語とする教師（ALT）が授業を担当している．文法を中心に学ぶこれまでの英語教育ではなく，英語の使用(外国語の音声やリズムに慣れ親しむ)に沢山触れる教育に重きをおいた授業に移行したのである．言語学習には臨界期があることを考えると，第二言語学習の時期が早まることは学習者にとって有益である．従来の文法事項を知識として詰め込む教育を受けてきた多くの日本人は，一方的なインプット型の教育を受けてきた．一方で学んだ英語を使用する機会，つまりアウトプットの場が十分与えられてこなかった．その為，コミュニケーションにおいて話し手が話している内容はある程度理解できるが，自身の考えを相手に伝えることができない学習者を多く生み出してしまった．言語習得には適度なアウトプットの場が必要であることを考えると，最近のアウトプットの場を重視した日本の言語教育は非常に評価できる．

同じアジア諸国の第二言語教育をみてみると，韓国では日本より20年ほど早く1997年から英語を小学校の必修科目としている．その後，海外の大学に留学する学生数は年々増加し，2019年は日本の約3倍の数にいたっている．韓国の人口が日本の半分ほどであることを考えると，留学者数が非常に多いことがわかる．英語力が非常に高いことで有名なシンガポールでは，1970年代から小学校において英語の授業が行われており，1，2年生で週17時間，3年生で週15時間，4年生で週13時間，英語を学習する．6年生時の英語の授業時間数は約12～16時間と，今の日本と比較しても学習時間が非常に長い．他民族国家であり，二言語政策をとるシンガポールを日本と単純に比較することは難しいが，華人系，マレー

系，インド系等，それぞれの民族の文化的な背景や
アイデンティティを尊重するため，英語と同時にそ
れぞれの母語も小学校で学んでいる．中国や台湾も
2001年から小学校での英語教育を始めている．諸外
国と比較すると，日本における小学校での英語教育
は始まったばかりであり，この成果が出るのは15年
から20年後であるため，今後に期待したい．

　言語は他者とのコミュニケーションのために使用
されるという側面を持つ一方，個人のアイデンティ
ティにも大きくかかわるため，シンガポールのよう
な多民族国家では，言語を権利としてとらえる人々
もいる．日本語を母語とする日本人が大半を占める
日本には馴染みがないかもしれないが，国内に複数
の言語が共存している国々においては，「権利とし
ての言語（Language as a Right）」の重要性を教育に
据えている．宗教の選択に個人的な権利があるよう
に，言語の選択においても，個人的な権利が認めら
れるべきであると考えるのである．歴史を遡ると，
多様な言語政策が世界各国で講じられてきた．特に
戦争下において，国土の侵略と共に言語教育を進
め，長期的に個人のアイデンティティに影響を与え
る言語政策はよく知られている．昨今では，言葉の
使用はジェンダーの問題にも深くかかわっているこ
とが明らかになっている．言語の持つ様々な特性を
考えると，1つの国家と言語の多様性の共存という
問題は，グローバル化が急速に進む日本において，
早急に考えなければならない問題である．このよう
に言語はアイデンティティを形成する側面も持つこ
とを，日本でも言語教育の中で学習者に教授してい
く必要がある．

(2) 第二言語習得について

　これまで数多くの研究者が，第二言語習得に関す
る理論を展開してきた．どの理論にも共通するの
は，学習言語に触れる環境をつくり，インプットと
アウトプットを繰り返し行うことの必要性である．
バイリンガル教育に関する議論は1970年代から盛ん
に行われるようになった．中でも「イマージョン教
育」は，第二言語を短期間で習得する方法として知
られている．イマージョン教育とは，学習対象であ
る言語に文字通りイマージョン（浸る）する言語学
習方法である．母国語を使用せず，第二言語を用い
て学習，生活する時間をとり，言語を実生活で使用
していく中で習得を目指す．まさに第一言語習得に
似た環境を人工的に作り出し，その中で言語を自然
と身につけていく方法である．有名なところでは，
最も歴史が長いといわれている「ベルリッツ教授
法／ベルリッツ・メソッド」がある．言語を教える
際，学習言語のみを使用し，母語を全く使用しない
教授法は，当初は画期的であり，大変評価された語
学教授法の1つである．

　日本に住みながら第二言語を学習するためには，
言語学習に対する学習者の主体的な取り組みと，習
得した知識を使用するアウトプットの場が必要であ
る．第一言語習得と同様に，アウトプットの場で生
じる言語使用の誤りと，誤りの訂正を繰り返してい
くことが言語学習には必要であるからだ．日本で第
一言語習得と同じように学習言語にイマージョンし
ながら，アウトプットの場が十分得られる場を見つ
けるのは困難であろう．適度なインプットとアウト
プットの場を得られる1つの方法として，ここでは
「海外留学」を紹介したい．留学と聞くと敷居が高
く，少し手が届かない事のように感じてしまう人が
多いようであるが，留学には短期から長期まであ
り，またその目的も多様である．語学学校で言語を
学ぶ語学留学や，企業へのインターンシップ制度を
利用しながら，他国のビジネスのスタイルを学ぶた
めの留学，趣味（音楽やデザイン等）を極めることを
目的とする留学のように，言語習得だけが目的では
なく，他国の文化や歴史を学ぶことを目的とするも
のも多くあり，その形態は幅広い．

Ⅲ　イマージョン教育と留学

　留学することで享受できるものに何があるだろう
か．その1つは語学力の向上であろう．例えば，英
語を自由に使いこなせる言語運用能力は，社会に出
て働く中で高く評価される．しかし，留学で得られ
るものはそれだけではない．最近は，留学すること
でしか得られない経験を，その後どのように活かし

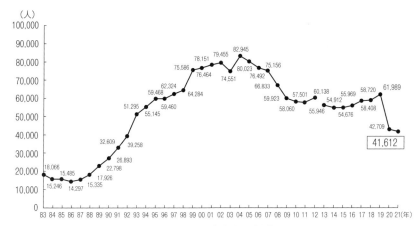

図27-1　留学者数の推移

（出所）文部科学省「『外国人留学生在籍状況調査』及び『日本人の海外留学者数』等について」(https://www.mext.go.jp/content/20240524-mext_kotokoku 02-000027891.pdf，2024年11月1日閲覧)．

ているのか，又留学後，自身の価値観や人間形成にどのような影響が生じたかを評価する社会に変化しつつある．

(1) 日本人学生の留学状況

　令和3年度（2022年）学校基本統計（学校基本調査の結果）文部科学省によると，大学在学者の総数は約262万5000人であり，その中で大学等が把握している日本人学生の海外留学者数は1万999人である．これは大学在学者全体の0.42％と著しく低い．コロナ前の2019年度は6万1989人，2020年度は4万2709人（対前年比1万9280人（31.1％）減）であることを考えるとコロナによって海外留学する学生の数が激減していることがわかる．留学者数が最も多かった2004年度，約8万3000人から考えるとその数は半減している．

　日本の経済力が以前よりも弱くなり，それにより急激な円安が進んでいることを考えると，今後2004年度の水準に戻ることは難しいだろう．しかし2023年に開かれた政府の教育未来創造会議は，2033年までに日本人学生の海外留学を50万人にするとの目標を掲げている．その為に，奨学金を含めた経済支援の充実，さらには国内での英語教育を拡充するため指導力強化を目的とした教員の留学も進めている．教育の国際化，グローバル人材の育成が求められる今，海外留学という経験が日本の特に若年層に求められているのである．

(2) コミュニケーションの難しさと留学で広がる視野

　多くの人が言語学習のために留学すると考えているが，語学力を身につけることは，ゴールではなくスタートに過ぎない．言語運用能力を身につけると，言語を介してその国の文化や歴史に触れることができる．その国の人の思考や，ものの見方に直接触れることができるようになる．他国の文化や歴史に触れる，それにより自身の物事の捉え方に変化が生じ，多様なものの見方ができるようになる．これこそが留学することで得られる価値あるものであり，人生において大きな糧となるのである．

　AIが身近なものとなり，コロナが世界を席巻した今，改めてコミュニケーションの重要性が問われている．コミュニケーションとは難しいもので，相手の話す内容の理解だけではなく，周りの状況を瞬時に認識，評価し，その中から効率よく必要なものを選択し，言語化していかなければならない．数多の選択肢の中から最適値を見つけ，自身に求められた回答を的確に相手に伝えるやりとりがコミュニケーションである．このような言語を介した高度な認知行為ができるのはおそらく人間だけであろう．コミュニケーションに得手不得手があるのは至極当然のことであり，相手のことを慮りながら自身の伝

えたいことを上手く伝えていくことは難しい.

例えば，ある現実世界において，平均的な体重を超過している人を描写する表現は数多くある.「あの人は太っている」ということもできるし「あの人はぽっちゃりしている」「あの人はふくよかである」と言いあらわすことも可能である. 現実世界は1つであるが，それをどのように解釈して言語化するのにはいくつかの選択肢があり，話者がどれを選んだかによって相手に伝わる意味は異なってくる. さらには，話者の人柄，ものの捉え方までも言語を通して知ることができる. 子供たちが時に残酷な物言いをするのは，子供だからではなく，社会的知識や経験が十分ではない故である. 同じことは第二外国語の学習者にも言える.

このように，母国語でさえもコミュニケーションをとることは難しい. しかし，私たちが今求められているのは，第二言語である言語で円滑にコミュニケーションをはかることである. 言語表記も文法構造も異なる言語を学習し，多くの認知能力が求められるコミュニケーションを成立させなければならない困難さは容易に想像できるだろう.

言語を適切に使用するためには，文法や語彙の知識が必要となるが，それでだけでは不十分であり，社会的，文化的な言語外的知識も必要となってくる. 例えば，文法構造を習得し，社会的な知識を持ち合わせた人であれば，次の文をどのように解釈するだろうか.

    3 a. *John* is in the phone book.
      b. *The insect* is in the phone book.

3 aと3 bの違いは，一見主語が違うという一点だけである. しかしその言語的解釈は，3 a「ジョンは電話帳に載っている」に対して，3 bは「電話帳の中に虫がいる」である. 3の文の解釈に主語の違いを超えた意味解釈の相違が生じるのは，電話帳にまつわる社会的知識の存在が関連している. 電話帳にまつわる社会的知識の中には，電話帳のリストに人間は載っていても，昆虫は載っていないという項目があり，それを私たちは知識として持ち，社会全体で共有している. この言語外的知識があるから

こそ，3の文には主語が異なる以上の意味の違いが生じるのである. これを認知意味論では「百科事典的知識」と呼び，言語学習に必要なものと位置づけている. 言語を学習するということは，言葉にまつわる規則や語彙を学ぶだけでなく，百科事典的知識やその言語の文化的，社会的背景まで学ぶことを意味している.

例えば，英語を例にとって考えてみる. 英語の文法や語彙はさまざまな文法書や教科書により習得できるかもしれない. 文化的，社会的知識もまた，多くの文献を読むことで間接的に知ることはできるだろう. しかし，先にみたように実際の言語使用に触れ，そこから規則を抽出，生成し，それを使用する. 言語使用の誤用を指摘され，修正を繰り返しながら体得してくプロセスが言語学習には必要であり，それに加えて社会・文化的知識の習得も求められる. この言語学習に必要な学習プロセスと言語外的知識を，短期間に得ることができる方法として，やはり「留学」は有益であるといえる.「何のために留学するのか」と留学の必要性について問われる機会は多いが，言語学習に必要とされるプロセスを理解すれば，留学という経験は言語学習に非常に有意義であることがわかる.

Ⅳ　言葉を学ぶことの意義

日本は多様な国家を目指しているが，英語が日常生活に必要かと問われるとそうではない. 英語を読み書きできなくても日々生活することはできるし，困ることはないだろう. 日本語の知識があり，日本語を使用することができれば，日本においては他者とのコミュニケーションは可能である. しかし，英語を理解できることで，今まで見てきた当たり前の世界が大きく変化することがある. 例えば，言語に馴染みのない国に行き，街中でその国の言語で書かれた看板をみてみる. 駅のホームの名前でもよい. おそらく何が書かれているのか全くわからないだろう. しかし，言語を学ぶと途端に今まで意味を持たなかった記号が意味を持ち始め，私たちに働きかけてくる.

私は今でも café au lait（カフェオレ）の意味を知った時の事を鮮明に覚えている．言葉の意味を考えず，長年曖昧に使っていた記号が珈琲と牛乳（coffee with milk）だったことを知った日，ある種の爽快感を覚えた．「カフェ・オ・レ」が「カフェ（coffee）」と「オ（前置詞と定冠詞の縮約）」と「レ（milk）」に分解できることを知らずに長年を過ごしてきたが，「珈琲」に「牛乳」をいれたものだと改めてその意味を知った時，ものの見方が変わった．同じように意味が曖昧なままに使用されている語が周りに溢れていることに気が付き，言葉に興味を持つようになった．何かに興味を持つきっかけは様々であるが，言語もその一役を担っている．言葉がわかるということは，これまで考えもしなかった身近なものに意味づけをし，自身の世界にそれを取り込む行為である．意味を知る行為は，世界が色づいていくような感覚に似ている．この世界が色付いていく経験は，第一言語を習得過程の幼少期にしか味わえない貴重な経験である．それを再び経験することができる楽しさが第二言語学習にはある．

言葉を学ぶことの意義とはなんだろうか，多くの人と話したい，自分の気持ちを相手に伝えたい．海外で活躍したい，人によりその動機はさまざまであるが，身の周りの記号が意味を持ちはじめる時，私たちの世界観は大きく変わり広がり始める．英語が読めなくても，英語が話せなくても，確かに問題なく生きていくことはできる．しかし，色の薄い世界で生きていくこと，意味のわからない記号をそのま

まにして生きていくことは，本来得られるはずであった貴重な何かを埋もれさせてしまっているのではないだろうか．理解できなかった，意味を持たなかった絵のような存在であった記号が，ある日，言葉にかわりその意味を解釈できるようになる．意味にあふれた彩のある世界の中で生きていくことは，人生をより豊かな充実したものにしてくれるはずである．第二言語学習を通して，皆さんの世界観をさらに広げてもらいたい．

【参考文献】

今井むつみ・秋田喜美(2023)『言語の本質』中公新書.

碓井智子・田村幸誠・安原和也（2021）『認知日本語学講座第1巻．認知言語学の基礎』くろしお出版.

オーツ，ジョン・グレイソン，アンドルー編（2010）『子供の認知と言語はどう発達するのか』（井狩幸男監訳），松柏社.

鈴木孝明・白畑和彦（2012）『言葉の習得　母語獲得と第二言語習得』くろしお出版.

ベーカー，コリン（2006）『バイリンガル教育と第二言語習得』（岡秀夫訳・編），大修館出版.

松本曜編（2003）『認知意味論』シリーズ認知言語学入門第3巻，大修館書店.

〈ウェブサイト〉

文部科学省「『外国人留学生在籍状況調査』及び『日本人の海外留学者数』等について」（https://www.mext.go.jp/content/20240524-mext_kotokoku 02-000027891.pdf，2024年11月1日閲覧）.

第28章 批判的思考力を身につける

吉本 圭佑

　批判的思考力（クリティカル・シンキング）は，情報を分析し，論理的に解釈し，その情報の価値を評価したり，真偽を判断するために必要なスキルである．情報社会において批判的思考力の必要性はますます認識されてきてはいるが，どうすれば身につくのか分からないという人も多い．本章では批判的思考力を高めるための手段として批判的言説分析の手法を紹介し，新聞記事や国会答弁を分析しながら，批判的に情報を解釈する術を学ぶ．

I 批判的思考力（クリティカル・シンキング）はなぜ必要か

　普段の生活の中で流れてくる何気ない情報に知らず知らずの内に影響を受けてしまったと感じることはあるだろうか．SNSで流れてくる食べ物の画像が美味しそうで実際に自分でも食べてみたくなったり，インフルエンサーが紹介しているものが欲しくなったり，巷に溢れている魅惑的な情報に我々の思考は少なからぬ影響を受けている．ポジティブな内容の情報ならまだよいが，誰でも情報を発信できる現代社会では，ネガティブな内容の情報も同じぐらい溢れている．

　ネガティブな情報は，明らかな悪口として現れることは少ない．悪口を公の場で書いたり言ったりすると当然問題になるため，情報を発信する側は注意を払って，悪口であると批判されないような言い方・書き方をする．敏感な読み手・聞き手は，それでも間接的なネガティブ情報であると気づくことができるかもしれないが，もし全く前提知識がないままそのような情報に晒されると，正しい判断ができず，真実であると間に受けてしまうかもしれない．その結果，特定の社会集団についてネガティブな固定観念（ステレオタイプ）を持ったり，偏見につながったりする．こうした間接的なネガティブ情報は何もインターネット上に限ったことではなく，新聞やテレビ等のメディアや政治家の国会答弁などにも見出すことができる．

　無意識の内にネガティブな情報に飲み込まれてしまわないようにするためにも，批判的思考力を身につけ，何が真実かを見極める力を養うことが大事である．「批判的（クリティカル）」であるということは，一方的に否定するという「批判」の意味合いとは異なり，様々な視点から物事を検証し，総合的に判断するという意味である．批判的思考力が高まると，能動的に文章を分析しながら読んだり，発言を聞くことができ，論理的にその内容について判断を下すことができる．また，他の人の意見を鵜呑みにすることなく，一旦俯瞰して考える習慣がつき，自らの意見を発信できるようにもなる．したがって，批判的思考力は，政策学を学ぶ際に役立つだけではなく，様々な学びや日常生活でも役に立つジェネリック・スキルである．

II 批判的言説分析

　本章では，批判的思考力を身につけるための手段として，批判的言説分析（Critical Discourse Analysis：CDA）の手法を紹介し，実際にいくつかの新聞記事や国会答弁を分析してみる．授業で新聞等を精読する際に本章の分析方法を参考にしてほしい．

　批判的言説分析における「言説」は，フランスの哲学者ミシェル・フーコーに由来する概念である．言説は，言われたことや書かれたことなど，言語によって表現された意味内容の総体であるが，社会と切り離して言語使用を考えることはできないため，無意識のうちに制度や権力と不可分に結びついてい

るとされる．言説については様々な定義があるが，以下に Burr（1995）の定義をあげる．

言説は，意味や比喩，表象，イメージ，ストーリー，発言などの集合体で，それらが合わさって，ある出来事の特定のバージョンを作りだす．同じ物や出来事，人についてであっても，さまざまな言説があり得る．なぜなら，それぞれの言説が世の中について異なるストーリーを語り，世の中に対して異なるやり方でストーリーを提示するからである（Burr 1995：49；筆者訳）．

批判的言説分析では，政治家などの権力者や，新聞やテレビ，ネットニュースといった社会的影響力のあるメディアが，言説を使ってどのように情報を伝えているかに着目する．なぜなら，こうした社会的権力は，言説を巧みに利用して，自らのイデオロギーに沿うように情報を伝えているからである．同じ出来事であっても異なる伝え方があるということを知らずにいると，そうしたイデオロギーが導く方向へ無意識のうちに誘導され，社会的不平等が再生産されることにつながってしまうかもしれない．以下の節では，言説を批判的に分析するためのポイントとなる項目を順に見ていく．

Ⅲ 分析のポイント

(1) 主体の表象

書き手のスタンスは，主体（動作をする人）がどのように表現されているかに現れる．多くの場合，主体は他動詞の主語（主語＋目的語＋他動詞）として現れるか，受動態の「によって」が導く句として現れる．しかし，文法的に主体を明示しなくてもよい場合があり，書き手はそうした文法手段を利用してあえて主体を隠し，意図を曖昧にしたまま主張することがある（Halliday and Matthiessen 2013）．以下は，沖縄の普天間基地の辺野古への移設をめぐる代執行訴訟についての2本の記事である．伝え方がどう異なるか，下線部の主体を中心に見てみよう．

① 訴訟で浮き彫りになったのは，地方と国が対立した時に，国が一方的に国策を押し付ける危うさだ．地方自治法が代執行の要件を厳しく定めているのは，国と自治体が「対等・協力」の関係で，地方自治が憲法で保障されていることを踏まえたからだ．自治体の権限を国が奪うという最終的な介入手段には，謙抑的でなければならない．（朝日新聞　2023年12月21日社説．下線部は筆者）

② 米軍基地問題を巡り，国と沖縄県が対立を続けているのは生産的ではない．沖縄の将来を見据えて虚心に**話し合い**，地域の振興策を着実に実施していく必要がある．…住宅や学校に囲まれた普天間は「世界一危険な米軍基地」と**言われている**．その危険性を除去するために国が代執行の手続きに踏み切り，辺野古への移設計画を進めるのはやむを得ない．（読売新聞　2023年11月2日社説．下線部・太字は筆者）

①の記事は他動詞文を多用している．特に，「国」が主体として2回現れており，国が地方に国策を押し付けることと，自治体の権限を奪うことに対する非難が述べられている．すなわち，①の記事は国のやり方を非難し，相対的に沖縄県の立場に立った記事であるということができる．②の記事で明示されている主体は「国と沖縄県」で，双方が並列の「と」で繋がれていることから，双方の責任について問うていることがわかる．2文目では，主体を明示していないが，「話し合う」という相互動詞が使われているため，1文目の内容を引き継いで，「国と沖縄県」が主語であると考えられる．主体をあえて明示しないことによって，直接的に沖縄県を名指しすることを避けながらも，責任の半分は沖縄県にもあるということを暗に示唆していると考えられる．また，太字の「言われている」と受動態になっているが，「によって」句がないため，誰によってそう言われているのかがわからない．ここでは，主体をあえて描かないことで，主張の根拠を曖昧にしている．

主体を隠すやり方としては，受動態の「によって」

表28-1　正当化の方策

種類	方策	例
権威	権力者	社長・先生など組織の中の権力者が言っているから
	専門家	当該分野の専門家が言っているから
	ロールモデル	セレブリティやインフルエンサーがしているから
	法律・規則	法律や規則でそうなっているから
	伝統	伝統や慣習でそうなっているから
	同調	みんながやっているから
倫理		倫理的に正しいから
合理化	手段	目的を達成するための手段として適切だから
	効果	効果が期待できるから
	理屈	自然の摂理でそうなっているから 経験上そうなっているから 数の上でそうなっているから 一般常識でそうなっているから 前例がそうなっているから

（出所）Van Leeuwen（2007）をもとに筆者作成.

句を削除したり，「話し合う」という動詞を「話し合い」と名詞化することで主語をなくしたり，国会のことを「永田町」といった近接する概念で置き換える換喩（メトニミー）等が使われる．

(2) 正当化

　話し手・書き手は，自らの主張に説得力を持たせるために，正当化の方策を用いる．van Leeuwen（2007）によれば，代表的な正当化の方策は**表28-1**のようなパターンに類別される．

　どの正当化の方策がより説得力を持つかは，文化によって異なる．日本では同調の正当化が使われることが多いが，英語圏ではあまり使われない（van Leeuwen 2007）．国会答弁の中でどのような正当化がなされているか見てみよう．以下は，同性婚に関する議論の一部である．

　　③ 海外メディアでは，日本はG7で唯一同性婚を認めていないなど，性的少数者への理解，対応に遅れがあることが指摘されています．G7各国は，自由や民主主義，人権などの基本的価値を共有していることがその基盤となっておりますが，G7の議長国として，今後，LGBTQなどの性的少数者への理解増進，さらに，差別

禁止や同性婚などへの対応，法整備などについてどうお考えか．G7には，性的マイノリティー当事者である要人や関係者スタッフも多く来日いたします．各国に対しどのように説明していくお考えか，お聞かせいただきたいと思います．（日下正喜（公明党）．2023年2月20日衆議院予算委員会）

　③では，海外メディアと，世界的に影響力を持つG7（Group of Seven）を権力者として引き合いに出し，正当化が行われている．また，G7の基本的価値として人権が共有されていることから，倫理に訴えかけることによる正当化も行われている．また，G7の他の構成国が同性婚を認めているからという同調の正当化も含まれている．このように複数の正当化の方策を組み合わせることで，より説得力のある主張になる．同性婚に反対の議員も④のように正当化の方策を用いている．

　　④ 我が国におきましては，法律上，同性婚が認められておりませんし，また，選択的夫婦別氏制度も導入されておりません．これらの問題につきましては，いずれも家族のあり方に関わる大変重要な問題でございまして，国民の皆様の意識をしっかりと踏まえた形での，より幅広

い検討が必要になるものというふうに考えております．（上川陽子（自民党），2018年6月8日衆議院法務委員会）

④では，法律で認められていないからという，法律・規則の正当化を用いている．双方の正当化は果たして説得力を持っているであろうか．また，それぞれに反論するとすればどのような方策を用いればよいだろうか．

正当化の方策にパターンがあることをあらかじめ知っておくと，主張を無批判に受け入れるのではなく，議論の相手が用いるであろう正当化を事前に予測して，さらにその一歩先まで踏み込んだ議論を準備し，展開することが可能である．

```
前提：Aさんはオーストリア生まれだ．
         推論1：オーストリアはEUの構成国だ．
              2：オーストリアの市民権を持っている
                人はEUの市民権も持っている．
              3：オーストリアは出生地主義であり，
                オーストリア生まれの人はオースト
                リアの市民権を持っている．

結論：AさんはEUの市民権を持っている．
```

図28-1　前提・推論・結論の関係

（出所）Toulmin（1958）．

（3）トポス

正当化との関連で重要な概念がトポスである．トポスは，古代ギリシアのアリストテレスが提唱した概念で，前提と結論を論理的につなぐ推論の典型のことである．例として，図28-1の前提から結論を導き出す際には，1から3の推論が働いている．

トポスは明示的に表されることもあれば，表されないこともある．明示的に表されていない場合は，「もしXならばY」といった条件節や，「XだからY」といった理由節に言い換えることができれば，推論が働いている証拠である（Reisigl & Wodak 2016：35）．

トポスの中で，批判的言説分析と関係が深いものを表28-2に挙げる．

Brexit（英国のEUからの離脱）に関する以下の記事において，どのようなトポスが使われているか考えてみよう．

⑤ 何の取引もなしに英国がEUから離脱した場合，2週間以内に市民の暴動が起きるだろうと英国のAmazonの社長は述べた．（The Times. 2018年7月23日の記事，筆者訳）

⑤では，危険と脅威のトポスが使われており，

表28-2　トポスの具体例

トポス	推論
有用，メリット	もしXをすることがメリットをもたらすならやるべきだ
無用，デメリット	もしXをすることがデメリットをもたらすなら止めたほうがよい
定義，解釈	もしある行為，物事，人がXと名付けられているのなら，それはXという性質を持つ．
危険と脅威	もしある政策が危険や脅威をもたらすのであれば，やめたほうがよい．もしある政策が危険と脅威をもたらすのであれば，それに対する対応策を考えるべきである．
正義	もし人類皆平等なのであればそのように扱われるべきである
責任	もしある人々がXという問題に責任があるのなら，その人々がXを解決すべきである．
負担，重荷	もしある人，組織，国がXによって負担をおっているのなら，その負担をなくすよう行動すべきだ．
財政	もしある目的を遂行するために費用がかかりすぎるのなら，費用を削減すべきだ．
現実	現実はこうなのだから，政策もそれに即したものであるべきだ．
数	もし過半数が賛成しているのであれば，承認すべきだ．
法律と権利	もし法律がある行為を禁止しているのであれば，それをすべきではない．
歴史	もし歴史的にある行動が特定の結果をもたらすことが明らかなのであれば，同じことを繰り返すべきではない．
文化	ある文化にはXという特徴があるので，Xという問題が起こる．
悪用	もし特定の人々への援助が悪用されたのであれば，その援助は打ち切られるべきである．

（出所）Wodak（2001：74-75）をもとに筆者作成．

178 第Ⅵ部 認識と視座

表28-3 代表的なファラシー

ファラシー	推論の誤り
過剰一般化	一部分にしか当てはまらないことを母集団全体に当てはまるとする.
人格攻撃	主張の内容と関係のないところを攻撃し, 主張に信憑性がないとする.
後件肯定	結論から逆に前提を導き出そうとする. 例) 彼女は日本で育ったから日本語が話せる. → 彼女は日本語が話せるから日本で育ったに違いない.（後者は必ずしも正しいとは限らない）
論点先取	結論が含まれている前提から結論を導こうとする. 例) 彼は正直ものだ. だから彼が言っていることは本当だ.
選択的注目	自らの主張に都合のよいデータだけに着目して結論を導き出そうとする.
反証可能性の不在	検証しようがないことに基づいて主張を行う（主張が偽であったとしてもその真偽を検証することができない）

（出所）筆者作成.

取引なしでのBrexitに対する反対を表明している.

　⑥ EUを出れば, 我々はこのような費用を負担しなくて済む. EUに支払わずに済むお金を貯めて, この国の問題に使うことができる.（X（旧Twitter）上のつぶやき @Zebbie 67. 2018年12月28日. 筆者訳）

　⑥では, 負担, 重荷のトポスと財政のトポスが使われており, 他の用途に使用可能な費用をEUに払い続けなければならなくなることから, Brexitに対する賛成を表明している.

(4) ファラシー（誤謬）

　前提と結論をつなぐ推論が論理的に誤っている場合は, トポスではなくファラシー（fallacy）と呼ぶ. ファラシーは一見トポスと見分けがつきにくく, 論理的に妥当かどうかを注意して考えないと, 正しい主張のように思えてしまう. ソーシャルメディアなどではファラシーがよく使われている. **表28-3**のファラシーに当てはまるものがないか考えてみてほしい.

　以下は同性婚に関する国会答弁の一部である. どのようなファラシーが含まれているか考えてみよう.

　⑦ もっとも, 同性婚制度の問題は, 我が国の家族のあり方の根幹に関わる問題であり, 国民的なコンセンサスを得た上でなければ進めることができないと考えています. そのため, 国民

各層の意見, 国会における議論の状況に加え, 同性婚に関する訴訟の動向, 地方自治体におけるパートナーシップ制度の導入や運用の状況等を注視してまいる所存であります.（齋藤健（自民党）. 2023年2月14日衆議院本会議）

　⑦の「国民的コンセンサス」という表現は, 国民投票が実施されない限り, 何をもって国民的コンセンサスに到達したか判断を下すことができないという点で反証可能性の不在のファラシーである.

Ⅳ 選択されなかった表現形式からわかること

　批判的に言説を分析するということは, 実際に表に現れた言葉を額面通りに受け取って鵜呑みにするのではなく, 表に現れなかった言葉に思いを巡らすことである. 複数の表現の選択肢がある場合, 書き手・話し手は意識的あるいは無意識的にその中から1つの表現を選び取っている. 選ばれた表現と選ばれなかった表現を比較することで, 書き手・話し手の背後にある価値観や本当の意図が浮き彫りになる. 文章を読んだり, ニュースを見たりするとき, 本章で紹介した一つひとつのポイントに意識を巡らせ, 分析的な視点で考察することにより, これまでよりも多角的な視点で考えることができるようになるだろう.

【参考文献】

フーコー, ミシェル（2012）『知の考古学』（慎改康之

訳），河出書房新社.

Burr, Vivien（1995）*An Introduction to Social Constructionism*, Routledge.

Halliday, M. A. K. and Matthiessen, Christian（2013）*Halliday's Introduction to Functional Grammar*, Routledge.

Reisigl, Martin and Wodak, Ruth（2016）"The discourse-historical approach（DHA）" in Wodak, Ruth and Meyer, Michael eds., *Methods of Critical Discourse Studies*（3rd Edition）., Sage.

Toulmin, Stephen E.（1958）*The Uses of Argument*, Cambridge University Press.

van Leeuwen, Theo（2007）"Legitimation in discourse and communication," *Discourse & Communication*, 1.

Wodak, Ruth（2001）"The discourse-historical approach," in Wodak, Ruth and Meyer, Michael eds., *Methods of Critical Discourse Analysis*（1 st Edition）, Sage.

第**29**章　国際マーケティング・リサーチを学ぶ

地頭所 里紗

> 　みなさんが政策学部で学ぶうえで，地域との関わりは必要不可欠なものである．地域の方々とコミュ
> ニケーションを取り，学んだり，問題を発見したり，解決方法を探したりするとき，きっとみなさん
> は自分達と異なる文化や価値観に直面することになるだろう．
> 　政策学部でみなさんが国際マーケティング・リサーチの考え方に触れ，いかにして自分達と異なる
> 文化や価値観と向き合うべきかを考えることは，きっと継続可能な地域での学びに役立つと信じてい
> る．

I　文化について

　みなさんが政策学部で学ぶうえで，地域との関わりは必要不可欠なものである．地域の方々とコミュニケーションをとるとき，きっとみなさんは自分達と違う価値観に直面することになるだろう．みなさんの「もっとこうすればいいのに」「なぜ○○しないのだろう？」という素朴な気づきはある一面においては正しいのかもしれない．でもきっと，その背後には知らない，地域の歴史や，文化や価値観があるはずだ．ではそもそも，文化とは一体何だろう．文化人類学者のラルフ・リントンは，文化を以下のように定義づけている．

> 「文化とは学習された行動の集合体であり，その構成要素がある社会のメンバーによって，共有され，伝承された結果である」（リントン 1945：32）．

　つまり，文化の正体は，あるグループに属する人たちが共通して持っている考え方や善悪などの価値判断の基準，挨拶の仕方などの行動パターンなどをひっくるめたものなのである．特に注目してほしいのは，"学習"と"共有"そして"継承"の部分だ．つまり文化とは，特定のグループの中で学習を通じて構成員に共有され，世代間で継承されるものであり，自分一人や，一代限りのものではなく，ましてや生まれた時から自然に身についているなどという

ことはありえないものである．

II　「違い」と向き合う

(1) 自己準拠的判断基準 (Self-Reference Criterion) と自民族中心主義 (ethnocentrism)

　文化を超えてコミュニケーションをとり，関係性を構築しようとする場合，気をつけなければならないのが自己準拠的判断基準 (Self-Reference Criterion) と自民族中心主義 (ethnocentrism) である．

　自己準拠的判断基準とは，「ビジネス上の状況認識にあたって，自分自身の文化的経験や価値観に無意識に頼ってしまう傾向」（小田部・ヘルセン 2010：9）のことだ．ビジネスに関わらず，普段無意識に多くの人たちは自分が生まれ育った文化の中で日常生活を送っている．そのため何か問題に直面したとき，自分がそれまで培って来た価値観に基づいて判断をしてしまいがちである．言葉を変えると，「自分にとって当たり前のことが，他の人にとっては当たり前ではない」という，言葉にすればあたりまえのことを私たちはついつい忘れてしまう．

　この，「自分の当たり前」に頼る意思決定は，時として国境を超えたビジネスでの大きな失敗を引き起こす．文化的な差異を見逃してしまったり，他者に対する感受性の欠如につながってしまったりするのである．

　自己準拠的判断基準による失敗例として有名なのが1973年に日本で発売されたP&Gの洗剤，「全温

度チアー」である．全ての温度での洗濯を応援するという名前の通り，どんな温度の水（お湯）でも洗濯ができることを売りにした商品である．この「全温度チアー」はP&Gの本社があるアメリカの洗濯文化を背景にした製品であった．当時のアメリカでは汚れをきれいに落とすために熱いお湯で洗濯することが一般的であり，痛みやすい衣類だけは冷たい水で洗濯をしていた．そのため，衣類によって消費者が洗濯用洗剤を使い分けていた．この使い分けの不便さ，面倒さを解消する目的でP&Gは冷水でもお湯でも洗濯ができる画期的な洗剤を開発した．実際この洗剤はアメリカ国内では人気があり，P&Gはこの圧倒的な技術力を武器に日本の市場に参入してきたが，結果はあまり芳しいものではなかった（鈴木・北林2022）．今でもあまり変わらないかもしれないが，当時の日本ではアメリカのように洗濯に熱湯を使う習慣がなかった．基本的には洗濯は冷水，温水を使うにしてもお風呂の残り湯程度の温度である．そのため，アメリカでもてはやされた「どんな温度の水（お湯）でも洗濯ができる」という製品の特性は日本の消費者にはそもそも不要なものであり，だからこそ彼らの心には響かなかった．自分達の価値観に基づいて良いものであると思っていたものが，別の人たちにとってはそうではなかったのである．

　自己準拠的判断基準が無意識に自分自身の文化的な経験や価値観に頼ってしまう傾向であるならば，その根底には自文化が他の文化に比べて優れているという思い込みがあるのかもしれない．しかしながら，自分達こそが正しいという思い込みほど，他者との協働で邪魔になるものはない．この思い込みはエスノセントリズムと呼ばれている．

　社会学者のサムナーはこのエスノセントリズムを，「自分たちが所属する集団こそがあらゆる物事における中心であると考え，その他のすべてのことを，自分たちの集団に照らし合わせて判断したり，評価したりする物の見方」（Sumner 1906：15）と定義している．

　エスノセントリズムは自民族中心主義，自文化中心主義と翻訳されることもある．ごく簡単に説明すると，自分の生まれ育った文化やそこで培われた行動様式こそが正しいものであり，相手が自分たちの価値基準に似ていれば正しい，似ていなければ劣っている・間違っているという判断をしてしまう傾向のことである．具体例を挙げるとすれば，私たちは普段食事をする際にお箸やフォーク，ナイフといったカトラリーを使用しており，それを当たり前だと考えている．その当たり前を前提として，私たちがもし，手を使って食事をする人を見かけた時に，「手づかみで食事をするなんてよくない，お箸を使った方が良い！」とその文化を否定してしまったり，低く評価してしまったりしているのなら，それはエスノセントリズムに囚われていることに他ならない．

　サムナーは，人々には，どんな文化集団であっても，自分たちが属する以外の文化を低く評価したり，否定的な判断をしたりする傾向があると指摘している（Sumner 1906）．つまり私たちは常に自らの文化的な価値観に基づいて物事を判断しているのである．特に，エスノセントリズムは集団の本能といわれることもあり，完全に失くすことは非常に難しい．でも，だからこそ，私たちは異文化に触れる時，エスノセントリズムを常に自覚，自戒し続けることが必要である．

(2) 国際マーケティング研究とエスノセントリズム

　私が専門とする国際マーケティングは，国境を超えた企業の活動や消費者の行動を主な研究対象にしている．そして，アメリカの大企業の国際化にともなって発展してきた学問でもある．そのため，アメリカでの組織のあり方やそこで働く人々の考え方が前提となっていることがしばしばある．その結果，私たち研究者も気をつけていないとアメリカで確立された理論や説明された現象が全世界に適応できると勘違いしてしまうことがある．前提として，国際マーケティングの研究では，消費者のダイバーシティ・シーキング（多様性を好む傾向）のように，直接目に見えない抽象的な対象を扱っている．この目に見えない対象を「こういうもの」と定義して目に見える，つまり数値として測定できるようにするた

めの質問項目のかたまりを尺度という.

例えばアメリカで作られた尺度をそのまま翻訳して複数国に展開して国際比較をしようとする場合を考えてみよう. そもそも, 比較をするためにはものさしが必要である. km と kg のように単位が違えば当然比較はできないので, 同じ質問項目を翻訳して使うのは一見したら理に適った手段に見えるかもしれない. しかしながらここに自民族中心主義の罠がある. 翻訳した尺度（質問項目）で測ることができる対象が元の尺度で想定されているものと同じである保証はどこにもないからである. ある国（A国）では当たり前に存在するものが, 別の国（B国）ではA国とは違った役割を担っていたり, そもそも存在しなかったりすることは決して珍しくない. この状況を等価性がないという.

もう少し具体的に考えてみよう. 同じ「自転車」であっても, A国では通勤の手段であったり, B国ではレジャーの道具だったりする. このとき, もしも何も考えずに「あなたは自転車にどんなイメージを持っていますか」と質問したら, とある人は通勤の手段としての自転車をイメージして答えるし, 別の人はレジャーの道具としての自転車をイメージして答えたりする. では, 果たしてこの解答を比較して何がわかるだろうか. おそらくその比較には全く意味がないだろう. 国際マーケティング・リサーチには, この比較可能性と等価性の問題が常につきまとう. そして比較する国が増えれば増えるほどその複雑さは増していく. 文化も違う, 言語も違う, 考え方も違う. その違いを乗り越えて, いかに世界各国の市場の共通項を正確に見出すか, もしくは国や文化によっていかなる違いがあるのかを厳密に検証することは私たち研究者にとっても, 実務家にとっても自分達の「あたりまえ」に向き合う作業にほかならない.

研究においても, ビジネスにおいても, 自分達の無意識の思い込みや前提をいかに排除するかは非常に重要な課題である.

Ⅲ　継続的な地域での学びに向けて

(1) 異文化のなかで学ぶ

日常生活の中でも自分達の当たり前は他者にとっての当たり前ではない. 「自分達（の文化・やり方）が優れていて, そうでないものはおかしい」という考え方は一般的にあまり良いものではないとされている. 加えて, 私たちが異文化の中で学び, 研究しようとするとき, 自分達が前提としている価値観や文化によりいっそう注意をはらう必要がある. 「異文化」というと外国を思い浮かべる人が多いかもしれないが, 私たちが学びの中で関わる地域にも異文化は存在する.

みなさんが地域の方々とコミュニケーションを取り, 学んだり, 問題を発見したり, 課題の解決方法を探したりするとき, きっと自分達と違うやり方や考え方に直面することになるだろう. 一見, 合理的でないように見えること, 間違っているように見えることもあるかもしれない. でもきっと, その背後にはみなさんが知らない, その地域の歴史や, 文化や価値観がある. その「異文化」をどうか排除することなく, 向き合って欲しい.

また, 地域の方々にとってもみなさんの存在もある意味で「異文化」である. いうまでもなく, 地域の方々にとって, みなさんを受け入れることには大なり小なり負担が伴う. さらに言えば, おそらく利益よりも負担の方が大きい. その負担を引き受けて, みなさんの学びに協力してくださる方々にできるだけ不要な迷惑をかけないこと, みなさんの当たり前を一方的に押し付けないことが継続可能な地域での学びのための重要なポイントである.

具体的にいうと, 第1にみなさんが地域にお邪魔することきに気をつけなければならないのはみなさん自身や地域の方々の安全である. みなさん自身が怪我をしたり, 誰かに怪我をさせたりすることのないよう, 常に気を配る必要がある. 特に, 集中力が低下すると怪我やトラブルにつながりやすくなるため, 事前にしっかりと眠り, バランスよく食べて心身の調子を整えよう. また夏場の熱中症など, ある

程度対策ができるものは最大限の対策を行うことが肝心である．それでもやむを得ず体調を崩した場合は，無理をせずに自力で動けるうちに周りの人に相談して対処することが重要である．怪我人がでたり，大きな事故が起きたりすると，みなさん自身の学びが不可能になるだけでなく皆さんの後輩たちの学びにも大きな影響が出る可能性がある．

第2に，地域の方々との信頼関係を損なう行為をできるだけ避けることである．特に，事前にやってはいけないと言われたことは何があってもやらないこと，地域の方々が大切にしているものをぞんざいに扱わないことを肝に銘じて欲しい．地域で学ぶうえで，そこで暮らす方々との信頼関係の維持と構築は必要不可欠である．あなたがしたい（言いたい）こと，すべき（言うべき）だと思うことと，地域の方々が思うことのあいだにはズレがあることも考えられる．繰り返しになるが，みなさんが当たり前だと思うことが地域の方々にとっても当たり前とは限らない．一見，不合理で意味不明に見えることでもその背景には地域で長い時間をかけて育まれてきた文脈や意味があるかもしれない．過去の経緯をなにも知らない大学生に自分達の今までのやり方を否定されたり，いかなる理由があれ，してほしくないと事前に伝えていたことをされたり，約束を破られたりした場合，地域の方々はどう思われるだろうか．以後も私たちの学びに協力したいと思ってくださるだろうか．

地域の方々はみなさんの学びを応援してくださっているが，だからこそ無制限に甘えて良い存在ではない．立場が入れ替わったときに自分がされて嫌だと感じることは絶対にしてはいけない．もっと言えば，自分なら気にしないであろうことでも相手の立場，年代，文脈まで想像してみて欲しい．私たちは地域で学ぶとき，「お客さま」ではなく「参加者」である．そして私たちの学びは協力してくださる関係者の皆様のおかげで可能になっている．だからこそ，その場を提供してくださる地域の方々に最大限の敬意と感謝を持つ姿勢が必要である．

判断がつきづらい事象やトラブルに直面した場合，すみやかに責任者に相談することが信頼をなくさないポイントである．

加えて，海外での調査においては最新の治安情報や情勢を確認するとともに，地域によっては過度な肌の露出を避ける，夜間に行動しない，宗教的なタブーに抵触しないようにするなど服装や言動などにより一層の注意を払う必要がある．そのためにも現地の文化や風習について，事前にできる限り学んでおく必要がある．また，フィールドワークに限らず，短期の旅行であっても海外渡航の際には外務省の海外安全情報無料配信サービスたびレジへの登録を強くおすすめしたい．

(2)「当たり前」のバランス感覚

ここまで読み進めて，自身の「当たり前」と相手の「当たり前」のバランスをどう取るのが良いかと考える方がいらっしゃるかもしれない．でも個人的にはまずは受け入れてどっぷり異文化に浸ることをおすすめしたい．ステレオタイプを捨てて，どんなに些細なことでも全ての情報を記録するつもりで，しっかり見て，聞いて，書いて，考える．そうしているうちに，今まで視界には入っていても「見えていなかったこと」，つまり存在しているのに見落としていた事実を発見することになる．全ての文化は対等であり，そこに優劣はない．自身の価値基準や考え方と異なるからといって，それを理由にせっかくの発見を切り捨てないで欲しい．もちろん，これはあくまで異文化にお邪魔する私たちの姿勢の問題である．決して無批判に全てを受け入れろというわけではない．では，どのようなときに自身の価値観を優先したり，相手の価値観とのバランスを取ったりする必要が出てくるのであろうか．率直に言うと，それはみなさんの安全が脅かされた場合である．この場合の安全には身体的なものも，精神的なものも含まれる．繰り返しになるが，自身や周りの人たちの心身の安全よりも優先すべきものなどなにひとつない．何らかの形でそれが脅かされたときには異文化として受容したり相手を尊重したりしている場合ではない．直ちに担当の教員なり信頼できる周囲の大人なりに助けを求めなければならない．

Ⅳ　フィールドに入る前に

　みなさんが政策学部で学ぶうえで，地域や学外の方とかかわるのは必須である．その経験のなかで，「もっとこうすればいいのに」「絶対これは間違っている」「なぜ○○しないんだろう？」と不思議に思ったり，憤りさえ感じたりすることがあるかもしれない．もちろん，外から見たからこそ気がつくこともある．その気づきは大切なものかもしれない．でも，少し立ち止まって，その一見おかしな現象が「なぜそうあるのか」を考えてみたい．特に，私たちは言葉が通じると，「自分達が当たり前だと思っていることを相手も当たり前だと思っているに違いない」などと無意識に思ってしまいがちである．しかしながら，地域にはその土地で長い時間をかけて育まれてきた固有の歴史や文化が存在する．どうかその地域の文化や歴史に敬意を払うことを忘れないでほしい．

「もっとこうすればいいのに」「なぜ○○しないのだろう？」というみなさんの気づきはもちろん正しいのかもしれない．でもそれを地域の方々にぶつける前に少し立ち止まって，思いを巡らせて欲しい．その思考が，きっとこれまでのみなさんが気にもとめなかったような新しい発見や問題解決の糸口に繋がっている．

【参考文献】

小田部正明・ヘルセン，クリスチアン（2010）『国際マーケティング』（栗木契監訳），碩学舎．

鈴木康嗣・北林孝顕（2022）「多国籍企業に対抗する地元企業の先行者優位性：自国市場を巡る P&G と花王の攻防」神戸大学ディスカッションペーパー，2022-11.

Linton, Ralph（1945）*The Cultural Background of Personality*, Appleton Century Crofts.

Sumner, William Graham（1906）*Sumner Folkways : A Study of Mores, Manners, Customs and Morals*, Ginn（今回 kindle 版を引用）.

コラム 「データを読む」とは

「データ分析」という言葉を聞くと苦手意識を感じる方もいるかもしれない．「データ」という言葉から数字の羅列をイメージし，「数学が苦手なのでデータ分析はできない」と思う方もいるかもしれない．

実は，「データ」はそのままでは意味を持たない．並んだ数字をにらみながら，そこにどんな意味を見出せるのかと試行錯誤するのが「データ分析」である．言葉を変えれば，事実の積み重ねの中から，今まで見えていなかった関係性や問題の原因を読み解いていくのが「データ分析」である．それでは，「データを分析する」とは具体的にどのようなことをいうのだろうか．

例えば，2つのものごとが関わり合い，一方が変化するともう片方も変化する関係性のことを「相関」という．身近な例でいうと，「気温が上がるとかき氷の売上があがる」といったように，「一方が増えるともう片方も連動して増える」ことを「正の相関」，「気温が上がるとおでんの売上がさがる」といったように，「一方が増えるともう片方は連動して減る」ことを「負の相関」という．なお，全く関係なく2つの物事がランダムに動くことを「無相関」という．

この「相関」は関係性を説明する際に非常に便利であり，かつ，数字を用いるので説得力もある．しかし欠点もある．それが，「疑似相関」である．例えば，「貯金の金額が多い人ほど癌の罹患率が高い」という相関関係が観察されたとする．その関係性（貯金額が多いと癌になりやすいという説明）は正しいだろうか．

一般的に貯金額は働き出してからの年数が長い方が多い．すなわち，「貯金額が多い人が癌になりやすい」のではなく，「癌になりやすい人は年齢が高い」のであり，「年齢が高いと貯金額も多い」のである．要するに，貯金額と癌の罹患率が直接連動しているわけではなく，両者の関係性の間に「年齢」という第三の要素が関係しているのである．

こうした実際は直接連動していないのに連動しているように見えてしまう関係のことを「疑似相関」という．分析者はしばしばこの疑似相関に惑わされる．それを防ぐためには，「なぜそうなるのか」を考えなければならない．さまざまな手法はあくまで目的を達成する手段である．データを適切な形に整理・加工して分析し，その結果を解釈していくためには統計学や数学以外の様々な知識が必要となる．分野の枠を超えた学びを重視する政策学部では，分析手法とともにこうした知識を重視している．

「自分は文系だから数字は苦手」だとか「データ分析は理系の人がやるもの」などと決めつけてはいけない．データ分析によって，ただ漠然と観察しているだけでは見えてこなかった関係性が立体的に見えてくるかもしれない．そうした瞬間をぜひ体感してほしい．

第30章 付加価値創造に向けたものの見方を考える
──イノベーションに必要な不合理とは──

中森 孝文

> ここでは2つのことを取り上げる．1つは，私たちはどのように意思決定をしているのかについて「合理性」という切り口から眺める．私たちは普段から合理的にものごとを考えることが多いことに気づくだろう．もう1つは，いろいろなモノやコトに対して感じる「価値」について紹介する．人々が感じる価値には測りやすいものとそうでないものがあることに気づくだろう．そして，「合理性」と「価値」についての理解を深めたら，新しい価値を創造することと合理性との間にはどのような関係があるのかについて考えることにする．

I はじめに

私たちは「合理的」に行動することが大好きである．「そうかなぁ」と半信半疑の人は，普段の自分の行動を思い浮かべてもらうと，自分は合理的に行動していることがいかに多いかということに気づくだろう．

買い物をするときに"SALE"や"値引き"という値札のものを選んだり，"○%off"のクーポンを使えるお店で商品を買った経験があるはずだ．

最近は情報機器が発達して各種の情報サイトが充実していることから，旅行の宿泊先や食事の場所を決めるときにも，あまり時間をかけずに星の数で決めることもあるだろう．これらは合理的に行動している典型である．

買い物や趣味の場面だけでなく，勉強や学習の場面でも合理的に行動することが見られる．労力をかけずに単位をとることができないかと先輩たちの情報を集めたり，オンライン授業（特に録画を視聴するオンデマンド方式の授業）では倍速や3倍速で視聴したりするという話を学生から聞くことも少なくない．さらには就職やアルバイト先を決めるときに給料や時給の高さで決めることは，まさに合理的な行動そのものである．このように私たち人間は，合理性の追求にむけた行動が大好きなのである．

この合理性追求の基にあるのは，あまり労力をか

けずに楽に多くの成果を得たいという欲求である．そのおかげで，人間は多くの道具や新しい機能を生み出してきた．多くの荷物を運んだり，すばやく目的地に到着したり，最近では自分の頭で考えることもなく文章が書けたりする．このように，合理的追求にむけた人間の工夫によって世の中が進化してきた．

しかし，合理性の追求が必ずしも素晴らしいことばかりではない．便利さを追求すれば地球環境に負担をかけて，公害をはじめとする環境問題を引き起こしてしまうし，自分の得だけを求めて行動すると，自分以外の人々が苦しい思いをすることが少なくない．それが世界規模での貧困や領土問題をはじめとする世界の紛争の原因にもなる．このため，SDGsやESG投資といった行動変容が世界中で見られるようになってきた．しかし，それらの行動変容には，合理性の追求を一旦横に置いておいて，むしろ不合理な行動が求められることが多い．少々不便であっても，使い捨てのプラスチック容器を使わずに，瓶などのリユースやリサイクルが容易なものを使って環境保護に貢献するといった（自分にとっては手間となる）不合理さの受け入れが必要になる．

ところが，不合理さを受容するようにと言われても，人間はそれほど強くない．だから不合理さの追求こそが，実は回り回って自分を含む皆の得になるようにせねばならない．そこには，不合理さを新たな価値に変えるイノベーティブな発想や取組みが必

要である．本章では不合理さの追求と新たな価値の創造との関係性を紹介するので，各種の社会問題の解決にむけた思考の参考にしてもらいたい．

II 合理性とは

合理性と一言で言っても，論理的な合理性，正当性を得ることによる合理性，経済的な合理性など様々である（田尾 2012）．

論理的な合理性とは論理が一貫していたら合理的とみなすというもの．話の前後の辻褄がきちんと合っていることや，言ったことと行動が一致しているようなときに使う合理性とは，この論理的な合理性である．正当性を得ることによる合理性とは，社会から妥当・合法と認められることでその判断や組織などの存在が合理的になるというものである．長く続いている会社などは，世間から正当な会社と認められており，そのことをもって合理的とみなすというものである．

この章で取り上げる合理性とは経済的な合理性である．自分や自社の利益の最大化にむけた判断が合理的であるという考えである．つまり合理的か合理的でないかという判断の拠り所は経済性にあって，少ないコストでできるだけ多くの便益を得ることができれば合理的であると判断される．そのため，伝統的な経済学では，人間は自己の利潤が最大化するように行動するという仮定がなされ，社会の現象を読み解いてきた．企業は利益の極大化を狙うものであり，消費者は合理的な選択をするものであって，様々な取引がなされる市場（マーケット）は競争的であると仮定されることで，経済的な事象が説明されてきた．みなさんにとって馴染みのあるコスパ（コストパフォーマンス）やタイパ（タイムパフォーマンス）も，消費者が合理的な選択をするための判断材料の1つである．値段の割に量が多かったりすればコスパが良いと判断したり，時間をかけずに勉強できたりすればタイパが良いと判断する．その判断の拠り所は経済性そのものだということがおわかりいただけるだろう．要するに自分にとってお得なように行動するである．だから，人間の行動は予想しやすく

なって，さまざまな現象を説明しやすくなる．なぜなら人間はものごとを決める際に，経済的に合理的かどうかで判断しているからである．

ここまで読み進めてきて，勘の鋭い人は，「経済性」で判断できないときの合理的な判断とはどのような判断なのかと疑問に思うだろう．こちらの方があちらよりも100円安いという比較ができるので，経済的に合理的かどうかを判断できるのであって，それができないときにはどうするのかという疑問である．要するに，「どちらがお得か」という情報がない場合の合理的な判断の拠り所はいったい何なのだろうかということである．砂漠の真ん中でどちらに進めばオアシスがあるのか情報が全くない時に，どちらに進むのが合理的か（自分にとってお得か）わからない．そこに1つの足跡を見つけたとしよう．でも，その足跡の先にオアシスがあるかどうかは不明のままである．さあ，あなたならどうするか．その足跡をたどっていくだろうか．ここは迷いどころだろう．ところが，大勢の足跡を見つけたときはどうだろうか．もちろんその時でも，それらの足跡の先にオアシスがあるかどうかはわからない．でも，大勢の判断に従う人が多いだろう．そのときの判断の拠り所は，（大勢の）他人と同じかどうかなのである．つまり，判断の拠り所は「お得かどうか」ではなく「同じかどうか」になっているのである．ある時に判断を求められて，その判断が経済的にもっともお得な判断かどうかがわからないとき，いうなれば結果を予想・予測できないときに，大勢に従っておけば後悔しないだろうという意思決定が働くのである．つまり，経済的に得をするかどうかという結果で判断するといった帰結主義から，大勢の人々に従った方が後悔しないという行為で判断する行為主義が台頭するのである．だから，会社での意思決定は「同業他社はどうしているんだ」とか，行政の意思決定では「他の市町村はどうしているんだ」と尋ねて，同じ判断することが多くなる．つまり「人まね」することが合理的な判断となるのである．

このように，経済的に合理的かどうかを判断できる情報がない場合には，人間は「人まね」で判断し，経済的に合理的判断ができる情報があれば，「お得

かどうか」で判断するということがわかった．ここで一件落着と行きたいところだが，人間の判断はそう簡単に割り切れるものではないのが悩ましくもありおもしろいところでもある．

　例えば，あるくじ引き（ゲーム）をしてみよう．最初のゲームは，9割の確率で1000円もらえるくじ（はずれたら0円）と，確実に900円もらえるくじがあるとする．あなたなら，どちらを選択するだろうか．2番目のゲームは，確実に900円を失うくじと，9割の確率で1000円を失う（はずれたら何も失わない）くじであれば，どちらを選択するだろうか．

　実験してみると，最初のゲームでは，確実に900円がもらえるくじを選択し，2番目のゲームでは9割の確率で1000円を失うくじ（残りの1割に賭ける）を選択する人が多くなる．これらの期待値（確率×得られる利益（損失））は同じだからである．しかし，利益を得る場面では確実性を重んじて900円を確実に得られる方を選択し，失う場面では100円余分に失う可能性が高いのに，たった1割の可能性に賭けるというギャンブルを選択してしまう．これは，人間はネガティブな情報を過大に評価してしまうという性質を持っているからである．医者から，手術は「7割の確率で成功する」と言われるときと，「3割の可能性で失敗する」と言われた時では，後者の方が怖く感じてしまうのと同じで，人間はいついかなるときも冷静に（経済性を判断の拠り所として）合理的に判断できることはないのである．ましてやそこに，判断する人の経験や，こうなってほしいといった期待が入ってくればさらに合理的判断が歪められる．人間は自分の頭の中で似た事例を探し，またこうなってほしいというストーリーを想像し，あたかもその判断が合理的であるように思ってしまうのである．

　これらのことから，合理性に関して大事なことは，ものごとの判断において，それが必ずしも経済合理的な判断とは限らないということ，合理的に判断しようとしてもできないことが少なくないこと，また，人間は人まねがお好きだということを理解しておくことが大事なのである．企業や行政の現場でも，合理性という言葉をよく耳にするが，合理性の

実態をよく知った上での判断が大事なのである．

　また，合理的な判断が，いついかなるときも有益な判断とは限らないこと，いうなれば不合理な判断こそが大事な判断となることも理解しておく必要がある．次節ではそのことを紹介しよう．

Ⅲ　不合理を活かす

(1) 合理性と機能的価値・意味的価値

　これまで，人間は合理的な判断が大好きであること，合理的に判断しようにもできないことが少なくないことを紹介してきたが，ここでは，あえて合理性を犠牲にすること，すなわち不合理な判断が大切であることを紹介する．

　それを考えるにあたり，私たちは普段どのようなお金の使い方（消費）をしているのかを見てみよう．例えば，腕時計を想像してもらいたい．あなたの想像した腕時計は，中にクォーツ（水晶）が入っていて正確に時を刻み，年間で数秒も狂わないものなのか，あるいは，手巻きや自動巻きといわれるゼンマイ仕掛けのもので，1日に数秒以上も狂い，2〜3日放置すれば止まってしまうというものだろうか．このときに，人々は何に着目をするのかを考えると，それぞれ評価していることが違うことに気づく．前者は，いかに正確かということや，電池がどれぐらいもつのかといった機能に着目している．後者は，機能はあまり重視せずそれを持つことや買うことが嬉しいのである．その時計を持っていることがオシャレとか格好いいという，それを持つ（買う）ことに自分自身でなんらかの意味づけをしている．すなわち持つ（買う）意味に着目している．この「機能」と「意味」と合理性との関係性を考えると，面白いことに気づく．

　機能は客観的に評価がしやすい．例えば正確さならば，1年間に5秒の誤差と，30秒の誤差なら前者の方が優れている．あるいは水深5mまでの防水と水深50mまでの防水ならば，後者の方が優れていると客観的に評価が可能である．だから同じ機能ならば，少しでも安いものを買おうという判断ができる．

ところが，意味の評価はむずかしい．Ａさんがその時計を持つ意味と，Ｂさんが持つ意味は同じであるとは限らない．それぞれの人が買う意味づけをして主観的に判断しているので，客観的には評価ができない．ある人はそれがどうしても欲しいと思っていたら，違うものには見向きもしないのである．その人の意味づけの中に機能のことが入っていなければ，いくらその時計の機能を上げたとしても，その人は選んでくれない．

このように，人々は何に価値観を抱いているのかといった違いが存在する．前者の価値は「機能的価値」と呼ばれ，製品の機能をみて客観的に価値判断をしているし，後者の価値は「意味的価値」と呼ばれ，買い手や持ち手がそれぞれ主観的に意味づけしてその意味で判断している．このため，機能的価値で判断する場合には，同じ機能の場合には経済合理性での判断がなされる．すなわち，１円でも安いものが選ばれることから価格競争に陥りやすい．一方，主観で判断される意味的価値の場合には，顧客は何で判断しているのかがわかりにくいために，価格を下げたとしても買ってもらえるというものではない．これらは，日本製の腕時計とスイスなどの外国製の腕時計の購買行動などでよく見られる．時計の機能は変わらないのに値段が上がっても売れるのは，顧客は機能的価値よりもそれを買うことに意味的価値を感じているからである．反対に，機能的価値で評価されやすい商品の場合には，顧客の合理的判断の影響を受けやすい．このため，１円でも安い商品やお店に顧客が逃げてしまうのである．

では，機能的価値が顧客の評価対象になっているような品物って何だろう．例えば家電製品やパソコンなどの情報機器があげられる．サイズや容量，省エネ性能のような機能で評価されることが多く，同じ機能ならば価格の安い製品や，同じ製品でも価格の安い店で購入される．顧客にとって機能的価値は客観的な指標で評価しやすいために，合理的判断が可能になる．商品を売る側にとっても，顧客の行動を合理性で予測することができる．

一方，意味的価値が顧客の評価対象になりやすいものって何だろう．例えば鄙びた旅館での宿泊や，

美術品の購入などがその例として上げることができるだろう．顧客はその宿で癒しを感じるかもしれないし，そこに自分の居場所感や非日常感を感じるかもしれない．顧客はその旅館に宿泊することに，何らかの意味的価値を感じているのだろうが，それを客観的に評価することは難しい．美術品の場合も，美しさを感じているのか，美術品を所有することそのものを嬉しく感じているのか，はたまた優越感を感じたり，そのものを持つことによって何らかの達成感を感じているのかもしれない．この場合にも，その顧客が感じている意味的価値を客観的に評価することは困難である．価値観の近い人はなんとなく意味を想像することはできるかもしれないが，全く同じ意味的価値を想像することはできないために，顧客の購買行動を合理性で予測することは難しい．このため，機能的価値に比べ意味的価値で評価がなされるものは，価格競争に陥りにくいと言える．

(2) 不合理が付加価値向上に活きる

それでは，機能的価値で評価されるものは，価格競争に巻き込まれて値上げはもちろん価格維持すらできず値下げ競争をせざるを得ないのだろうか．

ここで大事になるのが，顧客へのおもいやりである．同じ値段であっても，あるいは少々値段が高くても買ってしまうという経験が，みなさんにもあるだろう．お店の店主や店員が時間をかけてわかりやすく説明してくれたり，自分の好みなどを丁寧に聞き取って最適なものを提案してくれたり，場合によれば，顧客の要望にぴったりのものがなければ自店の商品ではなく他のお店の商品を紹介してくれたりすると，その店主や店員に信頼感を抱くことが多い．次の機会におなじようなものを購入するときには，その店主や店員から購入しようとする．その場合，顧客は購入する商品の機能だけでなく，店主や店員に対する信頼を評価して購入している．その信頼は顧客が主観的に評価しているものであって，意味的価値そのものである．つまり機能は同じであっても，そこに意味的価値が加わることで，顧客はお得かどうかといった合理性のみでの判断をしなくなる．すなわち不毛な価格競争を避けることにもつな

がる可能性がある.

それどころか，普段から顧客に対しておもいやりの心で接しているお店は，コロナ禍のような有事の際に，顧客から応援してもらえることが筆者の研究でも明らかとなっている. 大切なのは，普段からのおもいやりの心での丁寧な応対なのである. 思いやりは利他心の表れとも言われており，他人の利益を尊重することである. すなわち，自分の利益の犠牲を伴いながらも他人の利益を尊重することなので，合理性で判断すれば，おもいやりは不合理なものとなる.

ここからわかることは，意味的価値を高めることには，不合理が有効であるということだ. もちろん意味的価値は主観的に判断されるものだから，すべての場面で不合理が有効だとは言い切れない. ただし，鄙びた旅館で横柄な態度の店主が対応していては，顧客は癒しや居場所感など感じないだろう. そこには顧客のことをおもいやって手間暇をかけた特別な対応などが見られると，顧客はそこに意味を感じて満足をして何度も足を運んだり，その店を紹介したり応援したりする.

最近では省力化やマニュアル化が進み，人の役割がどんどん減ってきている. 要するに合理化が進んでいる. しかし，自分の購買行動を振り返ると，合理性の追求に対して自分が評価してないことに気づく. 顧客が店に入ってきても，目を合わせることもなく背中越しに「いらっしゃーまーせー」（きっと「いらっしゃいませ」と言いたいのだろうが間延びした挨拶になっている）のように，マニュアルに書いてあるのでしかたなく声を出している（声をかけるのではなく出しているにすぎない）店員のお店と，自分の作業の手を止めてまで元気よく顧客の目をみて「こんにちは，いらっしゃいませ！」と挨拶する店員のお店では，たとえ後者のお店が少々高くても利用する回数が増えるだろう.

特に近年は情報化社会がものすごい勢いで広まっている. 合理性の追求によって利便性を高めようという考えが根底にある. もちろん情報化社会は我々に多くの便益をもたらすだろう. しかし，合理性の追求のみが人間社会の望ましい姿ではないし，合理

性の犠牲が人に優しい社会であることも少なくない. 情報機器が使えないお年寄りに「詳しくはホームページを見て」という対応と，丁寧に説明してくれるお店のどちらが優しいのか，どちらが選ばれるのかなんて聞くまでもない. だから，顧客がその店を選ぶには意味があり，その意味的価値は，（売主側の）合理性追求を少々犠牲にした不合理な判断や行動によって高められるということを改めて認識しておくべきである.

(3) 多面的なものの見方が必要

最後に，不合理を活かすために必要なことを紹介してこの章を終えることにする. 私たちを取り巻く社会の課題は，脱炭素問題や環境問題，経済格差といった地球規模での問題から，少子高齢化や過疎などの地域の問題，非正規雇用問題や伝統産業の継承，中小企業の人手不足といった労働や産業面での問題，国や地域の財政赤字といった財政面での問題など，科学技術を用いた合理性の追求のみでは解決できない多様な社会課題が山積している. これらの問題は法整備や財政支出のみでは解決できないものが少なくない. このため，社会課題の中から何かの可能性（ポテンシャル）を見出して，そこから新たな価値を生んで社会に変革をもたらすといったソーシャル・イノベーションが必要になる.

社会課題を特定の方向（特に合理性の視点）から眺めるだけでは，弱みにしか見えなくても，見方を変えると強みに変わることが少なくない. 高齢化の進む地域では，地域の担い手が不足して産業が衰退し，一方で社会保障費の増加が見込まれることにより，町の収入が減って財政支出が増えるために，合理性の視点から眺めると，高齢化は町にとって弱みと見られることが多い. しかし，見えるもの（豪華な建物や最新の設備といった有形のもの）だけを強みとしてとらえるのではなく，情報や知識といった無形の強みを尊ぶ知識社会においては，高齢者は長い間をかけて様々な経験を積んでいることから，高齢者の知恵は強みと考えることもできる.

和食料理の食材の横に添えられる花や木を「つまもの」と呼ぶのをご存知だろうか. 秋の料理にモミ

ジの葉や栗のイガなどが添えられているのを見たことがある人も多いのではないだろうか．その「つまもの」は，本当の季節よりも少しだけ「季節を先取り」して花や木を添えるというのが和食界の常識となっている．秋になったからといって秋の花や木を添えるのではなく，夏の終わりから初秋にかけて，秋の「季節を先取り」した花や木を添えないといけない．そのためには，通常の季節よりも少し早めに蕾をほころばせたり，葉っぱを色付けしたりすることが求められる．四国のある町では，高齢者がこの「季節の先取り」に対応できる花木の栽培技術を有しており，その技術を活かして「つまもの市場」という新たな産業を創出したことから，町に大きな経済利益をもたらした．

　ここで大切なのは，一方向からものごとを眺めていても，それらが秘めているポテンシャルを見抜くのが難しく，それまで見えていなかった強みを見抜くには，多面的な視点で眺める必要があるということだ．合理性の視点からのみ眺めていては，単に不合理なこととして見過ごしてしまいがちになる．むしろ不合理だと決めつけられている事象を多面的思考でしっかり考察すると，新たな可能性が見えてくる．社会課題の現状や原因を多面的な思考で丁寧に眺めてその中にあるポテンシャルを見つけ出し，それらを用いて新たな価値を創造することで，社会課題を解決するとともに，これまでの社会の常識や固定観念を超えた社会変革をもたらすことができる．

このようなことをソーシャル・イノベーションと呼び，そこには多面的なものの見方が不可欠なのである．

　合理性ばかりを追いかけるのではなく，敢えて不合理さに着目することの大切さをご理解いただけただろうか．不合理を活かすためにも，利他の心と多面的なものの見方を大事にしてもらいたい．

【参考文献】

田尾雅夫（2012）『現代組織論』勁草書房．

多田洋介（2003）『行動経済学入門』日本経済新聞社．

中森孝文（2017）『不合理を活かすマネジメント――人まねの呪縛から逃れるために』経済産業調査会．

横石知二（2007）『そうだ，葉っぱを売ろう！――過疎の町，どん底からの再生』ソフトバンククリエイティブ．

Ariely, Dan（2009）*Predictably irrational : The hidden forces that shape our decisions*（Revised and expanded edition），Harper Collins Publishers（熊谷淳子訳『予想どおりに不合理［増補版］』早川書房，2010年）．

Kahneman, Daniel（2011）*Thinking, fast and slow.* Allen Lane（村井章子訳『ファスト＆スロー（上・下）』早川書房，2012年）．

Surowiecki, James（2004）*The wisdom of crowds*, Doubleday（小高尚子訳『「みんなの意見」は案外正しい』角川文庫，2006年）．

第31章 仏教の視座から「共生」を考える

岡本 健資

　龍谷大学は，仏教，特に親鸞の思想を「建学の精神」として有する大学である．そのため，新入生全員が「仏教の思想」にふれる機会を設けている．それは，現実社会における諸問題を考える上で，高校までに学んできた視座に加えて，新たに「仏教」という角度からの視座を手に入れるためでもある．物事に対する際，視座は多い方がいい．平面的よりも立体的に捉える方が判りやすい．とはいえ，現実社会における問題に対する際に仏教が提供する視座というものは，イメージしにくいかもしれない．そこで，事例として，本章では「共生（きょうせい）」という問題に対して仏教が提供する視座について考える．「共生」は，人と人，人とその他の生物，人と自然環境など，様々な関係を考える場面で用いられ，現実社会の様々な問題と広く関係をもつ言葉だからである．

I 共生（きょうせい）という言葉は本来何を指していたか

　「共生」という言葉は，現在，「そうすべきこと」という倫理的な善悪判断を内包して用いられる場合が多い．しかし，本来はそういう言葉ではなかった．「共生」の原語 symbiosis という概念はもともと生物学の分野における言葉であり，「ともに生きるという意味での共生」は，明治生まれで昭和初期にかけて活躍した植物学者である三好学（1862–1939）が使い始めた言葉だという（堀内 2012：130）．

　堀内（2012）は，植物学や生物学などで用いられる「共生」を「自然の世界がそのようにしている」という意味でのものであり，他方，今日の「多文化共生」などの文脈で使われる共生はそれとは異なり，「目指されるべきあり方」を示す語であるとする．「共生」は，「共生している」という単なる事実と，「共生すべきである」という倫理的な善悪判断を内包するもの，との2つの異なる意味を持つ．しかし，「共生」は，もともと生物学上の「事実」を指すものであったことをおさえておこう．

II 「そうすべきこと」としての「共生」

　日本で，「人間に関わる語としての共生（きょうせ

い）」が用いられたのは，椎尾弁匡の1922年の「共生会（きょうせいかい）」に関わる主張が最初であったと言われる．浄土宗の僧侶で，政治家でもあった椎尾弁匡（1876–1971）は「共生会」を結成し，当時の現代社会の人々から離れた位置にあった仏教を，より解りやすく，社会と結びつくような活動へと展開させようとした．そこで彼が提唱したのが「共生（ともいき）」であった．

　しかし，この「共生（ともいき）」という言葉は，既に指摘されるように，仏教が古くから用いてきた言葉ではない．水谷幸正（1999：119）は，「「共生」は仏教的なものの考えかた見かたである」とした上で「共生」について，次のように述べる．

　　……翻訳語ではない．もともと日本語である．では仏教辞典ではどうなのか．どの辞典にもこの語は収録されていない．ただ『浄土宗辞典』（山喜房仏書林，一九七四年刊）にのみ「共生会」の項目があり，共生会運動の提唱者椎尾弁匡師が説く「共生」について解説している．現代用語としての「共生」の語源は一九二二年にはじまったこの椎尾弁匡師の用語にあるといってよい．日本ではいまやあらゆる分野で多用され，新世紀を導くキーワードとさえいわれている「共生」は，仏教現代化運動展開のキーワードとして七十五年前にできた用語なのである．

　椎尾の「共生（ともいき）」の典拠は，唐代に活躍

した僧である善導（ぜんどう）の著した『六時礼讃』である．そこに記述される「願共諸衆生」に含まれる共と「往生安楽国」に含まれる生とを，椎尾自身が一つに合したものが彼の言う「共生」である（前田1997）．なお，この漢文は，「願わくば，諸（もろもろ）の衆生と【共】に，安楽国に往【生】せん」であり，その意味は「生き物たちと【共（とも）に】，（阿弥陀仏国土である）極楽浄土に往（ゆ）き，そこで【生まれること】ができますように！」というものである．つまり，椎尾の「共生（ともいき）」は，「共に（浄土に）生まれる」を基礎とする．もちろん，その文脈なら，「共生（ともいき）」の「生」は「生きる」ではなく「生まれる」ではないか，という疑問が起こる．この点は，椎尾の独自の解釈に由来する．すなわち，彼は「皆一緒に浄土往生すること」を，「現世において実現すること」として目指したようだ．つまり，彼の言う「共生浄土（ぐしょうじょうど）」とは，この現世の浄土なのである（前田1997：158）．彼にとって，それは既に実現しているものではなく，人間・自然の向上によって実現するものであった．それなら，すでに浄土に居るわけだから，「生まれる」を意味する「生」を，善導が本来意図した意味から離れ，「生きる」という意味に解釈したことも首肯できる．1922年頃の日本において，人間と自然との共生などを訴えた椎尾の運動は画期的であったと言い得る．しかし，「浄土往生を共にする」という原点は今は霞んでしまっていると言える．

一方，現代において氾濫した「共生」という言葉については，その用い方に懸念を示す論文も少なくない．小内透（1999）は，「共生概念は心地よい響きをもつスローガンや修飾語として用いられる場合が多く，共生概念の濫用といってもいいすぎではない状況が生み出されている」とし，「本来，回避するのが困難な矛盾・対立・緊張の契機をはらんだもの同士の関係を，矛盾・対立・緊張の克服の道筋を厳密に描くことなく，共生の一語で問題の解決が可能なものとみなしてしまう機能を持つ場合もある」とする．「共生」という言葉とその用い方に，多くの懸念が示されていることも知っておく必要があ

る．

つまり，「共生」という言葉は，大雑把に言えば，「生物学上の術語symbiosis」由来のものと，「椎尾の造語である（浄土往生を共にすること）から派生した理想の生き方"ともいき"由来のものがある．しかし，それらが重なる部分を結び目にして両者を区別せずに用いることが，「共生」という概念を複雑化させている一因である．

従来，「共生」と仏教の繋がりと言えば，脚光を浴びるのが椎尾の「共生（ともいき）」や「共生浄土」という傾向にある．椎尾は「無我」や「縁起」などの仏教思想にも言及したが（水谷1999：122），それらに注目される機会は多いとは言えない．そこで，以下に，仏教における「世界がつながっている，という考え方」（大乗における相依性の縁起説）を，「共生」を考えるための視座として紹介したい．

Ⅲ 菩薩は誰も救わない

以下に引用するのは，大乗仏教の経典である『金剛般若経』（150年〜200年頃に成立（？））の記述である．ある時，釈尊が，弟子であるスブーティ（漢訳名：須菩提）に次のように語りかける．「スブーティよ，ここに，求道者の道に進んだ者は次のような心をおこすべきだ．すなわち，『わたしは生きとし生ける者を，汚れのない永遠の平安という境地に導き入れなければならない．しかも，このように生きとし生ける者を永遠の平安に導き入れても，実は誰ひとりとして永遠の平安に導き入れられたものはないのだ』と」（中村・紀野1960：91）．

引用中の「生きとし生ける者」とは「衆生（しゅじょう）」のことである．「いのちある者」と読み換えればよい．そして「永遠の平安」とは「涅槃（ねはん）」のことである．しかし，この文脈での「涅槃」は「死」ではない．「心の穏やかな境地」であり「寂静（じゃくじょう）」と言われる状態を指す．なお，この文章の末尾には，やや難解な箇所がある．すなわち，菩薩が人々を永遠の平安（涅槃：心の穏やかな境地）に導き入れたとしても，菩薩は「実は誰ひとりとして永遠の平安に導き入れられたもの

はない」と考えるべきだ，という，不可解な言葉である．この言葉は，後続する釈尊の言葉を読むと理解できる．

　釈尊はスブーティに次のように語る．「それはなぜかというと，スブーティよ，もしも求道者が，《生存するもの》という思いをおこすとすれば，かれはもはや求道者とは言われないからだ．個体という思いや，乃至個人という思いなどをおこしたりするものは，求道者とは言われないからだ．それはなぜかというと，スブーティよ，〈求道者の道に向かった人〉というようなものはなにも存在しないからだ」（中村・紀野 1960：91）．

　この文章も難解であるが，ゆっくり読むと，釈尊が語った言葉の意図が浮かび上がってくる．上記引用中の「求道者」とは悟りを求めて修行する「菩薩」を指す．彼ら菩薩たちは，「個体」や「個人」という思いを起こさない，というのである．

　ここで，例え話をしたい．ドーナツを想像してほしい．真ん中に穴があいた，輪っか状の洋菓子である．その穴を私たちは「ドーナツの穴」と呼ぶ．しかし，この「穴」は実在しない．「穴」だけを持ってくることは不可能だからである．本来は「ドーナツの輪に取り囲まれた部分」などと言うべきところを，より便利に短く「ドーナツの穴」と呼ぶ．すると，私たちは，「ドーナツの穴」を実在すると思ってしまう．

　個体や個人はどうだろうか．例えば私たち個人は，水や空気，食事などの他者とのつながりの上に浮かび上がり，他者なくしては発生しない現象のはずである．個体も同様であろう．だが，私たちにとってそのつながりは見えづらく，あるいは見ようとしないために，個体や個人は独立した存在のように見える．

　一方，「求道者」すなわち「菩薩」は，個体や個人が，ドーナツの穴のように，周囲や他者なくしては発生せず，つながりの中に浮かび上がっているに過ぎないことを知る．ある個人が，別の個人を助けていれば「導く」とも言い得るが，個人を見ない「求道者」たちは，人々を導きつつも，「自分が導いている」とも「人々が導かれている」とも意識しない

ことになる．菩薩は誰も救わないのである．

　以上のように，『金剛般若経』において，求道者すなわち菩薩が見るのは，他者なる世界が不可分に自己とつながっている有り様である．それはドーナッツと穴のように不可分で，善悪の倫理を内包する「共生」とは関係しない「事実」である．このような繋がりの世界は，自然科学の分野においても指摘されている．それを以下に見よう．

Ⅳ　あなたはあなたの食べた物

　大乗菩薩が見る世界とよく似た事実を示した研究がある．分子生物学者の福岡伸一は，自著『生物と無生物のあいだ』（福岡 2007：152-168）の中で，「食べること」の本質的な意味を確かめようとした「ある実験」を紹介している．その実験とは，生化学者ルドルフ・シェーンハイマーが行った実験である．

　具体的には，ネズミの体内に摂取されても特殊な方法によって追跡が可能な印（マーカー）が付いたアミノ酸（重窒素アミノ酸）を含む食べ物を，ネズミに食べてもらい，その食物がネズミの身体に吸収されて，体内のどの部分となっていくのかを確かめる実験であった．その実験結果を福岡は次のように記す．「外から来た重窒素アミノ酸は分解されつつ再構成されて，ネズミの身体の中をまさにくまなく通り過ぎていったのである．しかし，通り過ぎたという表現は正確ではない．なぜなら，そこには物質が「通り過ぎる」べき入れ物があったわけではなく，ここで入れ物と呼んでいるもの自体を，通り過ぎつつある物質が，一時，形作っていたにすぎないからである．つまりここにあるのは，流れそのものでしかない．……シェーンハイマーは論文に記している．

　　（エネルギーが必要な場合）摂取された脂肪のほとんどすべては燃焼され，ごくわずかだけが体内に蓄えられる，と我々は予想した．ところが，非常に驚くべきことに，動物は体重が減少しているときでさえ，消化・吸収された脂肪の大部分を体内に蓄積したのである」

(福岡 2007：161-162).

　すなわち，結果は食べた物（アミノ酸）が「ネズミの身体を通過した」というものだった．しかし，それは単に「消化器官」を通過する，というような在り方ではなかった．身体という「器」を食物が通過したのではなく，身体という「器」自体をも，この食物が形作り，一定時間とどまった後で立ち去った．すなわち，ネズミの骨や筋肉のあらゆるところに，それらの食物は分解された成分となって取り込まれ，身体を形作り，そして，次第次第に，後から来た食物に置き換えられ，後に外へと排出されたのである．

　つまり，ネズミは食べたもの（摂取した外界のもの）から成っていた．"You are what you eat（あなたは，あなたの食べたものでできている）"という，ことわざの通りだったわけである．私たちは日常，この当たり前の事実を殆ど意識していない．

Ⅴ　命は世界と不可分

　シェーンハイマーの実験は，「動物は体重が減少しているときでさえ，消化・吸収された脂肪の大部分を体内に蓄積した」ことを明らかにした．つまり，燃焼に回され消費されるのは古くから蓄えられた脂肪の方であり，これに代わって蓄えられるのが，新しく摂取した食べ物だということである．それは，外界からやってきた食物が，ネズミの身体をゆっくりと通過した，と言えるわけである．「脂肪組織は驚くべき速さで，その中身を入れ替えながら，見かけ上，ためている風をよそおっているのだ．すべての原子は生命体の中を流れ，通り抜けているのである」(福岡 2007：162).

　以上の実験を紹介して後，福岡は次のように結論づけている．「肉体というものについて，私たちは自らの感覚として，外界と隔てられた個物としての実体があるように感じている．しかし，分子のレベルではその実感はまったく担保されていない．私たち生命体は，たまたまそこに密度が高まっている分子のゆるい「淀み」でしかない．しかも，それは高速で入れ替わっている．この流れ自体が「生きてい

る」ということであり，常に分子を外部から与えていないと，出ていく分子との収支が合わなくなる」(福岡 2007：163)という．

　この結論は，「個体」や「個人」を独立した存在とは見ず，世界のつながりの上に成り立つものとして見ようとする「大乗の仏・菩薩の視界」に近い．ここに，「共生」を考えるための1つの視座が得られる．つまり，世界はもともと繋がっているのであって，そこから離れた「もの（個体）」や「私（個人）」はあり得ない，という事実を知る視座である．

Ⅵ　兄王による異教徒弾圧がもたらした弟の死

　個体や個人は独立して存在しておらず，世界のつながりの上に成り立つものという事実を知る者は，自己のみを肯定して守り，他者を否定し顧みないことは不合理だということを知る．自己を肯定しつづけ，他者を否定しつづけると，自己をも失うことになる．他者は自己に深く繋がっているばかりでなく，自らを構成するものだからである．

　世界史の教科書にもその名が挙がる，紀元前3世紀のインド・マウリヤ朝の王アショーカは，仏教説話の編者に好まれた王の一人である．アショーカ王が登場する説話の内，比較的早期に編纂されたものは，306年の漢訳『阿育王伝』（安法欽訳）である．以下に紹介する話は『阿育王伝』に含まれるが，その平行話はサンスクリット語文献「ヴィータショーカ・アヴァダーナ」にも内包されている．この平行話は，平岡聡による現代語訳（平岡 2007：176-194）が存在するので，以下，サンスクリット語版をもとに話の概略を示す．

　釈尊の般涅槃の100年後に王位に就いたアショーカは，仏教を信仰するようになった．ある時，プンダヴァルダナという地方都市で，出家の異教徒（仏教徒ではない）の足下にひれ伏している釈尊の絵が，在家の異教徒によって描かれた．釈尊をとても尊敬していたアショーカ王はこのことを知って激しく怒り，部下に命じて，プンダヴァルダナにおける1万8000人の異教徒を1日で殺害させた．しばらくし

て，今度は王都パータリプトラ（現在のパトナ）にて，在家の異教徒が同じような絵を描いた．再び怒ったアショーカ王は，その在家の異教徒を親戚と家族ともども建物に入れ，火で焼き殺した．

さらに，出家の異教徒の首を持参した者には賞金を与える，と告知した．

この告知を，牛飼いの夫婦が知った．その時，ちょうどこの夫婦のもとに身を寄せていたのが，アショーカ王の実弟ヴィータショーカであった．この実弟は，すでに出家の仏教徒となり遊行生活を送っていたが，体調を崩し，この夫婦のもとに逗留していた．長期間，病に伏していたせいで，ヴィータショーカの髪と爪は伸び，賞金の懸かった出家の異教徒に見えた．夫婦は「うちに賞金首がころがりこんできた」と喜び合い，早速，出家の異教徒（しかし実際はヴィータショーカ）の首を切り落とし，王に献上して賞金を要求した．夫婦が賞金をもらって帰った後，王はその首が実弟のものだと気づき，気を失って倒れた．やがて意識が戻った王に，大臣たちは，「欲望を滅した聖者までが殺害されてしまいます」と言って，懸賞金を取り下げるよう懇願したので，王は承諾した．

以上が，アショーカ王による異教徒弾圧がもたらした弟の死の話である．

この説話の筋書は，兄王であるアショーカが，自らの信仰（仏教）と異なる信仰（異教）を懐くもの者を排除しようと試みたが全く実現できず，却って，実弟という大切な存在を失ってしまうというものである．

価値観を異にする者（ここでは異教徒）の排除が，自らの価値観から見ても望ましい結果を生まない，という教訓とも解釈できる．そうだとすると，この説話は，釈尊に対して不敬な者をも排除すべきでなく，排除の試みは良い結果を生まない，と示していることになる．仏教における信仰は，異教の信仰の

排除を意味しない，ということなのだろう．異教徒との「共生」について，仏教徒の姿勢を知ることができる話である．

Ⅶ 共生を手がかりに

つながりあう世界において，何かを排除したり犠牲にして享受する繁栄は「持続」しない．現代社会において，「共生」ばかりでなく，「持続可能性」が重要であるとされる理由にも，『金剛般若経』に示されているような，あるいは，シェーンハイマーの実験結果が示しているような，「世界が不可分に繋がっている」という世界認識が深く関わっている．

以上，「共生」という言葉を手がかりに，大乗仏教に示される世界のつながりを見た．そして，福岡（2007）の紹介する実験においても，これに近いことが示されていた．「共生」を目指す動機や理由について考える際に，このような視座のあることを思い出して頂ければ幸いである．

【参考文献】

小内透（1999）「共生概念の再検討と新たな視点——システム共生と生活共生」『北海道大學教育學部紀要』79．

中村元・紀野一義［訳注］（1960）『般若心経・金剛般若経』岩波書店．

平岡聡（2007）『ブッダが謎解く三世の物語——「ディヴィヤ・アヴァダーナ」全訳［下］』大蔵出版．

福岡伸一（2007）『生物と無生物のあいだ』講談社．

堀内俊郎（2012）「仏教における共生の基盤の可能性としての『捨（upekṣā）』」『国際哲学研究』1．

前田恵学（1997）「椎尾弁匡師と共生の思想」『印度學佛教學研究』45(2)．

水谷幸正（1999）『仏教・共生・福祉』（佛教大学鷹陵文化叢書１），佛教大学通信教育部．

龍谷大学地域公共人材・政策開発リサーチセンター関連書籍一覧

以下の書籍は龍谷大学政策学部の教員が中核となって取り組んできた LORC（Research Centre for the Local Public Human Resources and Policy Development：地域公共人材・政策開発リサーチセンター）の研究蓄積です.

地域公共人材叢書

白石克孝・新川達郎編（2008）『参加と協働の地域公共政策開発システム（第1期第1巻）』日本評論社.

土山希美枝・大矢野修編（2008）『地域公共政策をになう人材育成——その現状と模索（第1期第2巻）』日本評論社.

富野暉一郎・早田幸政編（2008）『地域公共人材教育研修の社会認証システム（第1期第3巻）』日本評論社.

斎藤文彦・白石克孝・新川達郎編（2011）『持続可能な地域実現と協働型ガバナンス——日米英の事例比較を通じて（第2期第1巻）』日本評論社.

白石克孝・新川達郎・斎藤文彦編（2011）『持続可能な地域実現と地域公共人材——日本における新しい地平（第2期第2巻）』日本評論社.

白石克孝・石田徹編（2014）『持続可能な地域実現と大学の役割（第3期第1巻）』日本評論社.

矢作弘・阿部大輔編（2014）『持続可能な都市再生のかたち——トリノ，バルセロナの事例から（第3期第2巻）』日本評論社.

白石克孝・的場信敬・阿部大輔編（2017）『連携アプローチによるローカルガバナンス——地域レジリエンス論の構築にむけて（第4期第1巻）』日本評論社.

白石克孝・村田和代編（2019）『包摂的発展という選択——これからの社会の「かたち」を考える（第4期第2巻）』日本評論社.

村田和代・阿部大輔編（2022）『「対話」を通したレジリエントな地域社会のデザイン（第5期）』日本評論社.

その他の書籍

阿部大輔・的場信敬編（2013）『地域空間の包容力と社会的持続性』日本経済評論社.

地域ガバナンスシステム・シリーズブックレット

土山希美枝著，龍谷大学地域人材・公共政策開発システムオープン・リサーチ・センター企画・編集（2005）『地域人材を育てる自治体研修改革（No.1）』公人の友社.

坂本勝編著（2005）『公共政策教育と認証評価システム——日米の現状と課題（No.2）』公人の友社.

龍谷大学地域人材・公共政策開発システムオープン・リサーチ・センター，東京農工大学COE-新エネルギー・物質代謝と「生存科学」の構築企画・編集（2005）『暮らしに根ざした心地良いまち——三重県政策開発研修センター平成16年度第6回トレンドセミナー記録（No.3）』公人の友社.

龍谷大学地域人材・公共政策開発システムオープン・リサーチ・センター企画，白石克孝・イクレイ日本事務所編（2007）『持続可能な都市自治体づくりのためのガイドブック——「オルボー憲章」「オルボー誓約」翻訳所収（No.4）』公人の友社.

白石克孝編，的場信敬監訳（2006）『英国における地域戦略パートナーシップへの挑戦（No.5）』公人の友社.

白石克孝編，園田正彦著（2007）『マーケットと地域をつなぐパートナーシップ——協会という連帯のしくみ（No.6）』公人の友社.

的場信敬編著（2008）『政府・地方自治体と市民社会の戦略的連携——英国コンパクトにみる先駆性（No.7）』公人の友社.

大矢野修編著（2007）『多治見モデル——財政縮小時代の人材戦略（No.8）』公人の友社.

土山希美枝編著（2008）『市民と自治体の協働研修ハンドブック——地域が元気になるパートナーシップのために（No.9）』公人の友社.

坂本勝（2007）『行政学修士教育と人材育成——米中の現状と課題（No.10）』公人の友社.

早田幸政（2008）『アメリカ公共政策大学院の認証評価システムと評価基準——NASPAAのアクレディテーションの検証を通して（No.11）』公人の友社.

小山善彦（2009）『イギリスの資格履修制度——資格を通しての公共人材育成（No.12）』公人の友社.

井上芳恵編著（2011）『炭を使った農業と地域社会の再生——市民が参加する地球温暖化対策（No.14）』公人の友社.

土山希美枝・村田和代・深尾昌峰（2011）『対話と議論で「つなぎ・ひきだす」ファシリテート能力育成ハンドブック（No.15）』公人の友社.

土山希美枝編著（2012）『「質問力」からはじめる自治体議会改革（No.16）』公人の友社.

清水万由子・尹誠國・谷垣岳人・大矢野修（2014）『東アジア中山間地域の内発的発展——日本・韓国・台湾の現場から（No.17）』公人の友社.

定松功編著（2014）『カーボンマイナスソサエティ——クルベジでつながる，環境，農業，地域社会（No.18）』公人の友社.

白石克孝・櫻井あかね（2019）『ため池ソーラー発電と再エネ条例——地域貢献型発電事業へのチャレンジ（No.19）』公人の友社.

執筆者一覧（執筆順，＊は編著者）

＊只 友 景 士……………はしがき，第3章

＊南 島 和 久……………………第1章

　安　　周 永……………………第2章

　今 里 佳奈子……………………第4章

　大 田 直 史……………………第5章

　奥 野 恒 久……………………第6章

　白 石 克 孝……………………第7章

　村 田 和 代……………………第8章

　深 尾 昌 峰……………………第9章

　松浦 さと子……………………第10章

　船 田 智 史……………………第11章

＊阿 部 大 輔……………………第12章

　服 部 圭 郎……………………第13章

　井 上 芳 恵……………………第14章

　石 原 凌 河……………………第15章

　櫻 井 次 郎……………………第16章

　大 島 堅 一……………………第17章

　的 場 信 敬……………………第18章

　金　　紅 実……………………第19章

　村 田 健三郎……………………第20章

　石 倉　　研……………………第21章

　高 畑 重 勝……………………第22章

　内 田 恭 彦……………………第23章

　大 石 尚 子……………………第24章

　谷 垣 岳 人……………………第25章

＊清 水 万由子……………………第26章

　碓 井 智 子……………………第27章

　吉 本 圭 佑……………………第28章

　地頭所 里 紗……………………第29章

　中 森 孝 文……………………第30章

　岡 本 健 資……………………第31章

※執筆者は2025年3月現在龍谷大学政策学部所属教員

市民のための政策学

2025年3月20日　初版第1刷発行		＊定価はカバーに 表示してあります

編著者	只	友	景	士
	阿	部	大	輔
	清	水	万由子	
	南	島	和	久
発行者	萩	原	淳	平
印刷者	藤	森	英	夫

発行所　株式会社　晃 洋 書 房

〒615-0026　京都市右京区西院北矢掛町7番地
電話　075(312)0788番(代)
振替口座　01040-6-32280

装丁　クリエイティブ・コンセプト　印刷・製本　亜細亜印刷㈱
ISBN 978-4-7710-3931-5

JCOPY 〈㈳出版者著作権管理機構 委託出版物〉
本書の無断複写は著作権法上での例外を除き禁じられています.
複写される場合は,そのつど事前に,㈳出版者著作権管理機構
(電話 03-5244-5088, FAX 03-5244-5089, e-mail: info@jcopy.or.jp)
の許諾を得てください.